Karl-Markus Gauß

Der Alltag der Welt

Zwei Jahre und viele mehr

dtv

Ausführliche Informationen über
unsere Autoren und Bücher
www.dtv.de

MIX
Papier aus verantwortungsvollen Quellen
FSC® C019821

Ungekürzte Ausgabe 2017
dtv Verlagsgesellschaft GmbH & Co.KG, München
Lizenzausgabe mit Genehmigung des Hanser Verlags München

Umschlaggestaltung: dtv nach einem Entwurf von
Designbüro Lübbeke Naumann Thoben unter Verwendung
eines Fotos von plainpicture/Damir Ivankovic
Satz: Eva Kaltenbrunner-Dorfinger, Wien
Druck und Bindung: Druckerei C.H.Beck, Nördlingen
Gedruckt auf säurefreiem, chlorfrei gebleichtem Papier
Printed in Germany · ISBN 978-3-423-34922-2

Die Plünderung dessen, was nicht mehr war,
und dessen, was hätte gewesen sein können,
war grenzenlos.

Tomás Eloy Martínez, »Purgatorio«

1. Kapitel

Vom Verschwinden

Ich habe eine gute Nachricht für Sie: Jetzt beginnen die Jahre, in denen Sie nicht mehr zurückschauen, nur mehr nach vorne blicken werden! An einem Skelett auf Rädern, das er in die Mitte des Behandlungszimmers geschubst hat, führt der Orthopäde gut gelaunt vor, warum die Haltung, mit der ich der Welt entgegengetreten bin, schon immer die falsche war. Das Röntgenbild, auf das er mit leichenweißen Fingern deutet, zeigt mir nichts als Nebelschwaden, die aus dunklen Wassern aufzusteigen scheinen; es sind meine Halswirbel, die nicht schätzen, wie ich lebte. Zur Strafe bin ich halsstarrig geworden, binnen weniger Wochen. Versuche ich den Kopf nach hinten zu drehen, ohne mit dem Oberkörper mitzuschwingen, kracht es, dass die Umstehenden erschrocken in Deckung gehen. Bin ich verwegen genug, die Augen zu heben, um nach oben zu blicken, peitscht der jähe Schmerz vom Genick zur Schläfe, und wenn das Feuerwerk im Schädel niedergebrannt ist und seine gleißenden Funken erloschen sind, höre ich es, dieses Keuchen.

Krachend und keuchend habe ich mich den Zahllosen zugesellt, die schon länger in die Schule des Schmerzes gehen und wissen, dass in dieser die Einsamkeit gelehrt wird. Psychische Qual, seelisches Leid mildern sich ab, sobald man mit anderen darüber sprechen kann, mit dem körperlichen Schmerz aber bleibt man alleine, so vielen mitleidigen Zuhörern man auch klagt. Der Schmerz, ob er in den Eingeweiden wühlt oder in den Gelenken scheuert, verurteilt dich zur Einzelhaft, er wirft dich in ein Gefängnis, in dem du zwar Besuch erhalten kannst, dich aber niemand an der Hand nehmen und hinaus ins Freie, Lichte führen wird.

Nicht mehr zurückschauen und, so oft wie möglich, den Blick zu Boden senken: Gibt es etwas, das mir mehr widerspräche? Zu Hause hole ich das alte Fotoalbum hervor, in dem die Aufnahmen eingeklebt sind, die von mir zwischen meinem ersten Geburtstag und der Matura gemacht wurden (was damals ausreichte, eine ganze Kindheit und Jugend zu dokumentieren, genügt heute nicht, von einem einzigen Sommerurlaub zu bezeugen, dass er überhaupt stattgefunden hat), und mir fällt auf, dass es fast kein Bild von mir gibt, für das ich mich nicht gerade so aufgestellt hätte: aufrecht, den Hals durchgestreckt, das Kinn vorgeschoben, das Haupt nach hinten gedrückt. Seitdem ich bemerkt hatte, dass ich der kleinste unter den Spielgefährten war, hielt ich den Kopf stets hoch erhoben. Neigte ich ihn dann nach hinten, ins Genick, konnte ich aus schmalen Augenschlitzen selbst jene von oben mustern, die größer waren als ich.

Ich blättere durch das Album und hole ein zweites, ein drittes hervor, und ich entdecke nach dem Kind, das bereits mit seinem Hochmut zu experimentieren scheint, einen Jugendlichen, dessen Trotz etwas Abschätziges hat, und endlich den Erwachsenen in seiner Pose freundlicher Überlegenheit. Die drei, die sich sonst seltsam wenig ähneln, denn das Kind ist blond und kräftig, der Jugendliche schwarz gelockt und mager, und den Erwachsenen kann man geradezu dabei beobachten, wie er zulegt und frühzeitig ergraut – diese drei, die einander sonst nicht gleichen, sind unverkennbar ein- und derselbe in der Manier, wie sie sich erhobenen Hauptes zu präsentieren bemühen. Diese Haltung haben sie stets wie von selbst eingenommen, sie hat ihnen gutgetan, mir aber die Halswirbel abgeplattet und die verdammte cervikuläre Cephalea, den vom Nacken zur Schläfe schießenden Kopfschmerz, eingetragen (so geht diese Sprache, die jetzt die meine wird).

Mai 2011, 57. Geburtstag: Nicht mehr zurückschauen, dorthin, wo unablässig die Welt verschwindet, aus der ich gekommen bin, und in der großen Mühle gleichermaßen zermahlen wird, wofür wir uns begeistert haben und wogegen wir uns empörten? Gerade weil es anders kam, darf ich nicht vergessen, wovon ich geträumt habe, und erst recht nicht vergessen, wovon ich überzeugt war, dass ich mich niemals mit ihm abfinden werde.

Ich war eingenickt, zu Mittag, und als ich aus dem Dämmer erwachte, umschloss mich ein geradezu räumliches Gefühl der Glückseligkeit. Es hatte mit der Musik zu tun, die aus dem Radio kam und von der mir bewusst wurde, dass sie mich schon seit einigen Minuten durch den Halbschlaf geleitete. Ich lauschte den Tönen, einem tief und sordin gestimmten Streichinstrument, auf dem in einem leicht hallenden Raum Akkord auf Akkord gestrichen wurde, kein Cello und keine Bassgeige. Nach einigen Minuten, von denen ich wünschte, sie würden nicht zu schnell vergehen, deren Ende ich aber doch mit angespannter Aufmerksamkeit erwartete, denn die Abmoderation durfte mir nicht entgehen, erfuhr ich vom Radiosprecher, dass es sich bei dem Instrument um eine Gambe, bei dem Komponisten um Carl Friedrich Abel und bei dem Stück um dessen berühmtes Arpeggio Nr. 205 handelte. Der Gestalter der Sendung erwähnte noch, dass die Gambe in der zweiten Hälfte des 18. Jahrhunderts ihre Stellung in den Orchestern verlor und ihre Bedeutung als Soloinstrument einbüßte, nach und nach kaum mehr Stücke für Gamben geschrieben wurden und jener Carl Friedrich

Abel zu seiner Zeit als der letzte Virtuose und der bedeutendste Komponist von Stücken für dieses Instrument galt. Als er 1787 starb, habe ein Verehrer geschrieben, mit ihm sei die Kunst der Gambe selbst ins Grab gesunken.

Abel stammte aus Köthen in Sachsen-Anhalt und hatte jahrelang in London gelebt, als gefeierter Virtuose, gefragter Komponist und grandios scheiternder Konzertveranstalter. Er war damals so berühmt, dass der junge Mozart zu ihm pilgerte, um Tonsatz bei ihm zu studieren, und die Sinfonie, deren Noten er sich zu diesem Zweck bei Abel kopierte, galt eine Zeitlang als seine eigene, wurde in das Köchelverzeichnis aufgenommen und erst später wieder als Abels Werk identifiziert. Im Lexikon schlage ich nach, was es mit dem Schöpfer dieser wundersamen Musik auf sich hat, und lese, dass sich der Vielbewunderte nach mancher Enttäuschung entschlossen in den frühen Tod gesoffen hat und in London in der Gosse gestorben ist – kein Avantgardist, der die Musik der Zukunft vorwegnahm, sondern ein Arrièregardist, der dem Ton seiner Zeit nachtrottete und endlich, als neue Töne angeschlagen wurden, zur Seite trat und die Musik der Gambe, ein verschwindender Klang der Welt, mit sich in die Grube nahm. Und doch muten seine Gambensuiten an, als würden sie viel spätere Töne vorwegnehmen, sie klingen, als würden darin, in hohem Tempo, fortwährend Akkorde ausgespielt werden, und erinnern mich so daran, was mancher in rasanten Läufen mit seiner Elektrogitarre aufzuführen versuchte.

Wenn es in einem Amt, in dem man etwas zu erledigen hat, leer und still ist, dann hat man das Gefühl, es wäre, was es nicht sein kann und sprachlogisch unmöglich ist, nämlich leerer als leer und stiller als still, ein schwarzes Loch der Bürokratie, das alles Leben eingesaugt und verschlungen hat. So empfand ich es, als ich gestern im zweiten Stock des Amtsgebäudes diesen unerhört langen Gang erblickte. Vor jeder der zahllosen Türen blieb ich stehen, auf der Suche nach dem Zimmer mit der Nummer Abt. VII, 1.21, in dem ich mit meiner Unterschrift genehmigen würde, was notfalls auch gegen meinen Willen erzwungen werden könnte, dass nämlich die Oberleitung des städtischen Busses, der durch meine Straße fährt, eine neue Verankerung in der Fassade unseres Wohnhauses erhalte, direkt neben unserem Küchenfenster im zweiten Stock. Kein Mensch war zu sehen, offenbar war der Amtsverkehr mit und ohne Oberleitung erloschen, fast schon, dass ich die Sehnsucht verspürte, einer der Inspektoren oder Adjunkten von früher, wie längst keine mehr existieren, würde aus seinem Zimmer stürmen, mich anherrschen und mit dem mündlichen Bescheid, dass ich schon wieder die Frist übersehen habe, mein Anliegen gebührenpflichtig einzureichen, von der Schwelle scheuchen. Mit der eilfertigen Beflissenheit, mit der ich immer alles richtig zu machen versuche und die alles in allem das ist, was ich in meinem Leben seit jeher falsch mache, schlich ich über den Gang und bemühte mich, so leise wie möglich aufzutreten und einzuatmen. In der vollkommenen Ämterstille aber fehlte etwas, das es vor den zwanzig Jahren, als ich das letzte Mal hier gewesen war, noch gegeben hatte. Erst auf dem Nachhauseweg fiel mir ein, was es war: das Klappern der Schreibmaschinen.

Damals hatte es aus allen Zimmern geklappert, selbst durch geschlossene Türen und dicke Wände, die sonst jedes Lebenszeichen verschluckten, war es zu hören gewesen, und dieses Klappern war monoton, aber nicht gleichmäßig und nicht eintönig, denn es kannte Takte, in denen es sich beschleunigte, und Pausen, in denen es abrupt stockte, und je schneller es voranging, umso höher schien die Tonlage zu werden, während die von ungelenker Hand nur sporadisch gesetzten Anschläge bedeutungsschwer tief klangen. Wer damals einen Behördengang zu erledigen hatte, ging wie durch eine vormittägliche Musikschule, in deren Übungsräumen die Schüler an Ersatzklavieren klappernd immer dieselben Etüden spielten.

Die Schreibmaschine ist aus den Büros verschwunden, und der Zeitschrift, die ich herausgebe, schicken nur mehr zwei Mitarbeiter ihre Texte nicht als elektronische Dateien, sondern auf dem Postweg als Typoskripte zu, die mit Schreibmaschine verfertigt wurden und die sie mit etlichen handschriftlichen Korrekturen versehen. Größere Passagen korrigieren sie mithilfe jenes weißen Plättchens, das man zwischen Papier und Farbband fixieren musste, damit man die falschen Buchstaben und fehlerhaften Worte wieder entfernen konnte, und ich muss Hermann Schreiber und Hansjörg Graf, die beiden neunzigjährigen Münchener aus Österreich, einmal fragen, woher sie diese Plättchen noch beziehen oder ob sie seinerzeit einfach so viele Tipp-Ex im Voraus gekauft haben, dass es für ihr Leben und viele tausend Manuskriptseiten reichen mag. Das Tipp-Ex war ein Hilfsmittel aus der Zeit der mechanischen Schreibmittel, ich bilde mir ein, es hatte sogar einen eigenen Geruch, jedenfalls gab es etwas von dem mehligen Weiß, mit dem es die Buchstaben überschrieb, die fehlerhaft in das Manuskript gestanzt waren, auch an die Hände und Finger ab. Später kam das flüssige Tipp-Ex dazu, das mit einem winzigen Bartwisch, der die kleine Tube verschloss, auf das Papier und jedenfalls auch auf die davon klebrig werdenden Finger verteilt wurde, und auf dem, wenn es auf dem Papier gestockt war, fehlerhafte Stellen überschrieben wurden. (Und erst die bläulich schimmernden, hauchdünnen Blätter, von denen man zwei oder drei zwischen die weißen Seiten legte, um damit sogenannte Durchschläge herzustellen! Eine sinnreiche Plage, die den Heutigen fast nicht mehr zu erklären ist, man bräuchte dazu ein Museum, in dem die Besucher sich praktisch an den Ausstellungsstücken erproben dürften!)

Mit der Schreibmaschine ist der Schreibmaschinenklang aus unserer Welt verschwunden, dieses rhythmische Hämmern und beständige Klappern. Wenn ich lange genug von der Schreibmaschinenzeit meines Lebens erzähle, komme ich noch so weit, das für einen unwiederbringlichen Verlust zu halten. War es nicht herrlich, damals, als ich meine universitäre Abschlussarbeit nächtens in die Schreibmaschine klopfte und oft, wenn ich besonders gut in Fahrt war, abbrechen musste, weil der Ingenieur, der in der Wohnung über mir wohnte, im Schlafrock an der Tür läutete und mit der Hausverwaltung drohte, wenn ich das elende Geklapper, mit dem ich ihn um den Schlaf brachte, nicht sofort einstellte? Wann habe ich seither so begeistert in die Nacht hineingeschrieben, jetzt, da das Tippen auf der Tastatur des Computers nahezu geräuschlos dahingeht (wenn es überhaupt dahingeht) …

Peter Mitterhofer wandert nach Wien
Sternstunden des Scheiterns (1)

Im schneereichen Dezember 1866 machte sich der 44-jährige Zimmermann Peter Mitterhofer aus seiner Heimatgemeinde Partschins in Südtirol auf den Weg, um dem Kaiser im fernen Wien von einer wichtigen Sache in Kenntnis zu setzen. Mit einer Tragekraxe auf dem Rücken überquerte er die verschneiten Pässe der Alpen und zog wochenlang durch den Winter Österreichs. Was ihn Anstrengung und Kälte ertragen ließ, war die Gewissheit, dass ihn Gott mit einer herrlichen Begabung ausgestattet und zu Großem berufen hatte. Denn das Kind der Tiroler Provinz, das sich in seiner Jugend auf Walz begeben und halb Europa gesehen hatte, war nicht nur Zimmerer und Tischler, sondern auch Erfinder. Jetzt trug er in der von ihm selbst erfundenen praktischen Kraxe, die sich mit wenigen Griffen in einen Schubkarren verwandeln ließ, eine Erfindung mit sich, die den Staat der Habsburger, dem er untertan war, mehr noch, die Zivilisation selbst verändern und zahllosen Menschen die Arbeit erleichtern würde. Drei Jahre hatte Mitterhofer an einer Maschine gearbeitet, die das Schreiben, diese anstrengende Arbeit der Hände, der in den k. k. Ämtern ein unüberschaubares Heer von Kopisten und Konzipienten Zeit und Gesundheit der Gelenke opferte, zur maschinellen Angelegenheit machte. Bewundert im Dorf von den einen, verlacht von den anderen, hatte er in seiner Tischlerwerkstatt die Schreibmaschine erfunden.

Seinem persönlichen Besuch beim Kaiser schickte er ein amtliches Gesuch voraus, das dieser vermutlich nie zu Gesicht bekam, mit dem sich aber die Beamten, denen es oblag, die vielen Dinge zu prüfen, die mit der immer lästiger grassierenden Mode der Erfinderei zu tun hatten, gewissenhaft auseinandersetzten. In seinem Gesuch wusste Mitterhofer die Eigenheiten und Vorzüge seiner Schreibmaschine selbstbewusst in klarer Sprache darzulegen, war er doch kein verschrobener Tüftler, der, überworfen mit der Welt, das Rad noch einmal erfand, und auch kein genialischer Wirrkopf, der in der Abgeschiedenheit an einer Weltmaschine bastelte, sondern ein technisch versierter Mann, der wusste, was er schuf. Nachdem er die technischen Grundlagen seiner Erfindung erklärt hatte, wies er in seinem Memorandum darauf hin, dass sich mithilfe seiner Maschine jedwedes amtliche Dokument nicht nur schneller werde verfertigen lassen, sondern alle Kanzleidokumente der Monarchie auch dasselbe Schriftbild und die gleiche Leserlichkeit aufweisen würden, da es künftig nicht mehr auf die individuelle Handschrift des Kanzleibeamten ankam. Selbst Blinde und »talentvolle Leute«, die wegen Verletzung oder Erkrankung der Hände schwungvoll die Feder zu führen außerstande waren, würden mit seiner Schreibmaschine wieder schreiben können und so ihrem Berufe erhalten bleiben.

Mitterhofer erreichte Wien nach fast zwei Monaten und harrte ungeduldig der Audienz, die er aber nicht erhielt. Huldvoll ließ Franz Joseph I. seinem wunderlichen Untertan aus den Südtiroler Bergen für seine Erfindung, an der die Gutachter des Kaisers zu tadeln fanden, dass sie einem Missstand abhelfen wolle, der gar keiner sei, stattdessen eine Schenkung von zweihundert Gulden zukommen. Wir wissen nicht, in welcher Stimmung Peter Mitterhofer zurück nach Partschins zog, jedenfalls war er nicht so entmutigt, dass er zu Hause die Arbeit an seiner Schreibmaschine nicht sogleich wieder aufgenommen hätte. Im Gegenteil, er baute neue, verbesserte Modelle und machte sich nach ein paar Jahren mit dem insgesamt fünften Typus seiner Maschine neuerlich auf den Weg nach Wien. Wieder war er zu Fuß unterwegs, mit seiner Kraxe am Rücken und in dieser eine Schreibmaschine, die den späteren, industriell gefertigten schon ausgesprochen ähnlich und funktionstüchtig sowie tauglich zur Massenfertigung war. Wieder wartete er vergeblich darauf, bei Hofe vorgelassen zu werden, wieder beschieden ihm die Gutachter seines Kaisers, dass seine Erfindung überflüssig sei und sich mit ihr weder Geld verdienen noch Ruhm erlangen ließe. Und wiederum bedankte Franz Joseph I. sich bei seinem lästigen Untertan aus Partschins dafür, dass er ihn so mannhaft von der Ernsthaftigkeit seines Strebens unterrichtet habe, dann kehrte Mitterhofer mit zweihundert Gulden im Sack nach Hause zurück.

Dieses Mal aber soll er in grimmiger, ohnmächtiger Wut fortgegangen sein, und seine Verzweiflung hat sich in den Jahren, die ihm noch blieben, nie mehr aufgehellt. Aus der Ferne konnte er beobachten, dass der Amerikaner Christopher Latham Sholes unter den etlichen findigen Leuten, die, jeder für sich, ihre Zeit mit dem Bau von vertriebstüchtigen Schreibmaschinen verbrachten, der Einzige war, der das Ziel erreichte, das auch sein Ziel gewesen war. Sholes hatte aber auch nicht an den Kaiser von Österreich, sondern den König von Amerika, den Waffenfabrikanten Remington, appelliert, der ihn nicht mit zweihundert Dollar entließ, sondern seine Erfindung prüfte, ihren Wert erkannte und dann generalstabsmäßig mit seinem neuen Produkt den Markt eroberte. Zwanzig Jahre später war Peter Mitterhofer tot, gestorben in seiner großen Partschinser Bitterkeit, da waren bereits Abertausende Schreibmaschinen der Marke Remington in die Monarchie importiert worden.

Um Schreibmaschinen geht es den Jugendlichen nicht, die in den englischen Städten die Einkaufszentren stürmen und sich holen, wovon ihnen lange genug eingeredet wurde, dass sie es zu einem erfüllten Leben benötigen. Wofür sie in diesen heißen Sommernächten des Aufruhrs die Geschäfte stürmen, das sind elektronische Waren, Flachbildschirme, Mobiltelefone, vor allem Blackberrys, mit denen sie an die weite Welt der Unterhaltungsindustrie angeschlossen sind, den Luxus, der dort propagiert wird, im demokratischen Taschenformat bestaunen, aber untereinander auch in beständigem Austausch bleiben können. Der Aufstand der Jugendlichen aus der britischen Unterschicht ist vielleicht der erste, der mittels neuer Technologien organisiert wurde und nichts anderes als den Besitz gerade dieser Technologien zum Ziel hat. Denn die wütenden Burschen und Mädchen aus der Vorstadt von London und Birmingham verabreden sich über ihre Handys und über Facebook, in welcher Straße sie sich treffen, um sich gemeinschaftlich in den Besitz jener Handys, Blackberrys und Computer zu setzen, mit denen sie miteinander kommunizieren und sich ihr Bild von der Welt erschaffen.

Jahrelang wurden sie mit einer brutalen Pädagogik des Konsumismus traktiert, die in England die alte Rohrstockpädagogik des Verzichts ersetzt hat. Das Fernsehen mit seinen Reality-Serien und Shows, in denen die Verlierer auf nichts als den Triumph des Gewinnens, die Sozialhilfeempfänger auf das Glück des Habens eingeschworen werden, diese mediale Maschinerie, die gerade in Großbritannien unerbittlich rattert, hat einen Hunger geweckt, den sie aus Eigenem nicht stillen können. Denn der von Margaret Thatcher methodisch angestrebte, von den sozialdemokratischen Regierungen vorangetriebene Zerfall der englischen Gesellschaft hat zu einem kleinen Problem geführt: dass nämlich vielen schlichtweg das Geld fehlt, die Dinge, nach denen sie streben sollen, auf legale Weise zu erwerben. Wer die Leute auf den Konsum dressiert, kann ihnen dessen Freuden aber nicht immer nur für die Jahre nach dem wundersamen sozialen Aufstieg versprechen, er muss sie ihnen periodisch jetzt schon gewähren.

Der Aufruhr war im Norden Londons aufgeflammt, in

Tottenham, wo sich einst osteuropäische Juden ansiedelten und heute Kariben, Araber, Südeuropäer und depravierte Briten leben. Gleichsam über Nacht sind die jungen Leute des Viertels dazu übergegangen, sich die Markenwaren, die ihre Helden in Werbespots und auf Leuchtreklamen anpreisen, rabiat anzueignen. Weil sie niemals das Geld aufbringen können, sie rechtens zu erwerben, setzen sie sich als Plünderer in ihren Besitz, aufgestachelt von den Hasspredigern der individuellen Bereicherung, deren fanatischen Appellen sie im Fernsehen, in den Magazinen, im öffentlichen Raum beständig ausgesetzt sind und die sich jetzt pflichteifrig von ihnen distanzieren.

In einer Zeit, in der individuelle Bereicherung gepredigt und allgemeiner Sozialabbau betrieben wird, finden sich die Jugendlichen der Unterschicht in einem Konflikt zweier Gebote, der durch jeden Einzelnen von ihnen schneidet. Das alte Gebot verlangt von ihnen, dass sie Dinge, die sie haben möchten, nicht stehlen dürfen, sondern kaufen müssen. Das neue Gebot fordert hingegen von ihnen, dass sie unentwegt konsumieren, weil sie, sobald sie ihren Status nicht mittels Markenartikeln präsentieren können, nichts bedeuten, nichts sind als menschlicher Abfall, Gesindel an den hereinbrechenden Rändern der Gesellschaft.

Es ist ein unglaubliches Spektakel, das die Jugendlichen aus der Unterschicht bieten, wenn sie die Tempel des Konsums stürmen, ausplündern und schließlich abfackeln. Noch indem sie alles kurz und klein schlagen, huldigen sie der Religion, zu deren Lobpreis diese Tempel errichtet wurden, und indem sie sich durch brennende Straßen mit lauter Diebesgut auf den Weg nach Hause machen, in desolate Sozialwohnungen, die sie mit neuestem technischen Zeug ausstatten, bieten sie einen staunenswerten Anblick: Anarchisten, die die herrschende Ordnung bestätigen, Rebellen, die sich plündernd und prügelnd unter die Herrschaft jener Werte stellen, gegen die sie verstoßen. Bewaffnet mit Handys, Brandfackeln, Schlagstöcken stürmen sie die Bastionen des Konsumismus, um sich diesem zu unterwerfen. Das Stück, das auf der englischen Sommerbühne in diesem August 2011 gespielt wird, hat den Titel: Die Brandstifter als Biedermänner.

Wie vielen Menschen begegnet man im Laufe seiner Jahrzehnte, die nicht bloß Passanten unseres Lebens sind, Passanten, von denen wir flüchtig Kenntnis nehmen, wenn sie an uns vorüberhuschen, die aber keinen Abdruck in unserer Seele hinterlassen und die wir gründlich vergessen, kaum dass wir sie aus den Augen verlieren? Aus einer soziologischen Studie erfahre ich, dass der Bewohner einer mittelgroßen Stadt im Europa von heute auf etwa 2500 Menschen kommt, mit denen ihn irgendwann eine persönliche Beziehung verband und die seine Existenz als deren gewissermaßen unerkannter Teil mitgeprägt haben und mitformen. 2500? Diese Zahl hielt ich aufs Erste für maßlos übertrieben. Ich kenne doch keine 2000 Menschen und werde in den nächsten Jahren gewiss nicht noch einmal 500 dazubekommen! Aber in dieser Zahl sind schon die dreißig Schüler mitgezählt, mit denen ich in meiner ersten Schulklasse saß, denn sie haben, auch wenn ich sie heute nicht mehr alphabetisch vor das Katheder meiner Erinnerung rufen kann, doch zweifellos einen Einfluss auf mich gehabt, als die erste Gruppe von Fremden, die ich zu einer Gemeinschaft meiner Freunde machen musste und die darüber entschied, wie ich mich in all den späteren Gruppen zu behaupten wissen würde; weiters zählen zu ihr manche Lehrer dieser Schule –

als Erste der bizarren, lächerlichen, beeindruckenden Autoritäten, mit denen ich es noch zu tun bekam – und gewiss auch der Schulwart, dieser hagere, dunkelhaarige Mann, der mit dem hüpfenden Gang des Kriegsversehrten durch die Schulgänge zog, stets in einem geradezu undurchdringlichen Schweigen befangen, und der uns Schülern die abweisende, geradezu rätselhafte Macht repräsentierte. Einige von den Erwachsenen gehören dazu, die ich auf dem Schulweg regelmäßig traf und die grüßend oder schweigend etwas von der Welt vorstellten, die täglich um mich wuchs. Denn sie wuchs unaufhörlich, und jetzt hat sie neuerlich zu wachsen angefangen, da ich mich, von der Studie auf die Spur gesetzt, meiner Menschen zu erinnern versuche und mir zahllose verschollene Gestalten vor Augen treten. Sie wächst mit dem Wechsel der Wohnungen, der Entdeckung anderer Stadtviertel, mit neuen Freundschaften, sie wächst, indem wir die Schule verlassen und eine Lehre oder ein Studium beginnen, einen Beruf ergreifen, in andere Gegenden, Städte, Länder ziehen, wir lernen unablässig Menschen kennen, die wir nicht zu unseren Freunden, nicht einmal zu unseren Bekannten rechnen, die aber trotzdem zu unserer kleinen, zu unserer eigenen Welt gehören, und wir begegnen manchen von ihnen erst nach Jahren, Jahrzehnten wieder, von denen wir nicht einmal den Namen kannten, und die wir doch sogleich in der Menge, in der imaginären von gestern und der realen von heute (erst zusammen ergeben sie meine Wirklichkeit), identifizieren können, an ihrem Gang, ihrer Stimme, ihrem Gesicht. Und indem wir so leben und alt und noch älter werden, sind wir eines Tages bei den 2500 angekommen, auf die wir es durchschnittlich bringen.

Wenn es auch nicht gerade das Glück des Lebens ausmacht, gehört es jedenfalls zu diesem Lebensglück, möglichst viele von ihnen nicht vergessen, nicht aus dem Gedächtnis getilgt zu haben, sondern zum eigenen Leben rechnen zu können, weil wir den Schnitt dieses Profils noch im Auge haben, der Fetzen eines Gespräches in unserer Erinnerung flattert, die Ahnung eines Nachmittags auf der Wiese, ein Gesicht, das sich aus der Tiefe der Jahre zu uns neigt … Glücklich, wer sich so auf seinen Wegen weiß, mit 2500 Menschen in seinem leichten Reisegepäck aus Bildern und Worten.

R. ist in der Zeitung als »Vordenker« bezeichnet worden und verbirgt seine Genugtuung nicht, öffentlich als der approbiert zu werden, der er immer sein wollte: ein energischer Intellektueller, dessen Talent, die Dinge auf den Punkt zu bringen, mir imponiert, und der an den Zeichen von heute zu ergründen versucht, was morgen aus uns geworden sein wird. Ich hingegen: Viel öfter, als dass ich mir überlegte, wie die Dinge morgen aussehen werden, war ich damit beschäftigt, über die von gestern zu sinnen. (Ja, zu sinnen, das ist das richtige Wort!) Wie schnell aber nicht nur das Heute vergeht, sondern auch dieses Gestern verschwindet! Wer den Dingen hinterher zu denken versucht, dem ist das Gefühl der Vergeblichkeit vertraut, denn was verschwindet und vergessen wird, wächst schneller als alles, das er in die Erinnerung zu retten vermag. Was aus dem Gedächtnis getilgt ist, gehört aber nicht mehr zu meiner Vergangenheit, es gehört zu niemandem, es ist gar nichts, selbst dass es einmal existiert hat, haben wir vergessen.

Was hast du nur immer mit dem Verschwinden! Abgesehen davon, dass die Welt vollgestopft wäre mit abgelebten Gefühlen und Haltungen, überflüssig gewordenen Dingen und dem ganzen geistigen und materiellen Gerümpel von Generationen, wenn sie nicht regelmäßig Kehraus hielte; ganz abgesehen davon, weißt du doch, dass wir in einer Ära leben, in der das Vergessen technologisch abgeschafft wurde und der Kampf um das Menschenrecht des Vergessens überfällig ist. Kein Foto, das ins Netz gestellt wurde, verschwindet je wieder aus diesem, sosehr die auch leiden, die auf ihm in demütigender Pose, in beschämender Situation oder auch nur in schlechtem Winkel aufgenommen wurden; was je unbedacht über Facebook öffentlich gemacht wurde, kann niemals wieder zurückgenommen und privatisiert werden, und ein unglücklich formulierter Satz, der einem Politiker in einem ihn überfordernden Spiel von Frage und Antwort widerfuhr, kann noch nach zehn Jahren aus dem unermesslichen Archiv des Netzes geholt und bei Bedarf gegen ihn gewendet werden. Es ist eine fixe Idee von dir, dieses Verschwinden, die Angst, die Dinge würden verloren gehen für immer, und mit ihnen eine ganze Welt.

Im Althochdeutschen bedeutete »sinnen« so viel wie reisen, gehen, unterwegs sein. »In Galiläa sinnen«, wie es in den alten Schriften steht, hat nicht gemeint, in Galiläa vor sich hin zu grübeln, ob es sinnvoll sei, die Zeit an diesem Ort zu verbringen, sondern – sich auf den Weg nach Galiläa machen. Worte haben ihre Geschichte und nehmen neue Bedeutungen an, aber etwas von den alten klingt in ihnen fort. Bezeichnet das Sinnen auch längst keine Veränderung des Ortes mehr, schwingt in ihm doch die Bewegung mit, die das Denken als geistige Raumergreifung auszeichnet, eine Bewegung, die auf kein festgesetztes Ziel gerichtet ist, sondern sich dieses Ziel in der Bewegung erst selber erschafft. Wer sinnt, der denkt weder statuarisch noch zielgerichtet, er betrachtet einen Gegenstand von allen Seiten und geht gedanklich mit ihm ein wenig in diese, dann in die andere Richtung.

Kommt hinzu, dass im Sinnen als Form des beweglichen Denkens die Sinne nicht in die Schranken gewiesen werden, sondern präsent sind, und damit ist es auch die Fülle der Welt, die sinnlich wahrgenommen wird. Zu sinnen heißt also denken, ohne sich dabei auf Logik und Abstraktion allein zu verlassen, vielmehr beweglich denken mit allen Sinnen, eine Art von wandelndem (verwandelndem) Denken. (Wenn wir das Denken doch als Sinnen erlernten: fühlendes Denken, intelligentes Fühlen!)

Die einzige Unerschrockenheit, die die meine ist, habe ich mir nicht persönlich erfochten, sie ist meiner Generation als Privileg zugefallen. Als ich die Oberstufe des Gymnasiums besuchte, in den frühen siebziger Jahren des vergangenen Jahrhunderts, verließen einige Schüler, die mit dem Lernen oder den Lehrern nicht zurande kamen, die Schule, doch jeder von ihnen befand sich nach wenigen Wochen in einer beruflichen Ausbildung, die sich lohnte. Die nach der Matura nicht studieren wollten, suchten Arbeit bei der Post, der Bank, im Reisebüro, als stünde ihnen dort nicht bloß eine bescheidene Karriere bevor, sondern geradezu die Welt selber offen. Die das Studium aufgaben, gingen in die freie Wirtschaft und wurden wohlhabend, die es abschlossen, wurden Beamte und verdienten weniger, um das aber mussten sie nicht bangen. Selbst die Mutlosen brauchten sich nicht auf die Schleimspur zu begeben, um irgendwo als Angestellte unterzukriechen, sondern konnten überlegen, wofür sie sich wirklich interessierten, war doch immer etwas zu finden, mit dem sich die Existenz bestreiten ließ.

Die Hochkonjunktur, in der sich die Wirtschaft befand, und die Vollbeschäftigung, die der Staat verfocht, ließen einen Sozialcharakter reifen, der sich nicht in alles fügen wollte und begriff, dass es sich nicht lohnt, allezeit zu kuschen. Während die linken Studenten, denen ich mich sogleich zugesellte, verbissen behaupteten, es müssten die Widersprüche sich verschärfen, die Armen ärmer, die Not größer werden, damit der Unmut zu Widerstand und dieser revolutionär werde, erwies die Wirklichkeit, skandalös wenig an der Theorie interessiert, vor unseren Augen und mit uns als Protagonisten gerade das Gegenteil: Ausgerechnet wir, denen es besser als den Generationen davor und, wie jetzt zu sehen ist, danach ging, standen dem verächtlich so genannten »System« kritischer gegenüber als die vor und die nach uns. Nicht soziale Unsicherheit hat eine selbstbewusste Generation hervorgebracht, sondern die Vollbeschäftigung. In der Ära der Vollbeschäftigung wusste jeder, dass er sich zur Not schon irgendwie werde durchschlagen können. Die Heutigen hingegen wissen, dass sie sich trotz all ihrer Zusatzausbildungen und Praktika womöglich ein Leben lang nur immer so durchschlagen werden. Für meine Generation war es wahrlich nicht schwer, keine Zukunftsangst zu haben. Umso verwerflicher, dass wir heute jenen ihre Ängstlichkeit vorwerfen, denen wir keine Zukunft hinterließen, wie wir selbst sie vorgefunden haben. (Ja, das kann man wirklich: eine Zukunft hinterlassen. Man kann das, was erst kommen wird, sogar in besserem oder schlechterem Zustand hinterlassen.)

Die sich radikal der Wirklichkeit verweigernden Studenten von damals entdecken heute als Rebellen nahe der Pension ihre falschen Theorien von einst und verlieben sich gleich wieder in sie. Darum ärgern sie sich, dass die Jungen von heute, über die die soziale Unsicherheit verhängt ist, sich schuldhafter Weise nicht zu Revolutionären läutern, sondern, jeder für sich und gegen alle, um nichts als einen lumpigen Job kämpfen. Jetzt tadeln wir, die wir in unserer Jugend vielfältige Wahl hatten, die Jungen wechselweise als ängstlich, selbstbezogen, verzagt oder aber als oberflächlich, unterhaltungssüchtig, gedankenlos. Was diesen jedenfalls vorgeworfen wird, gleich ob sie sich kleinmütig fügen, ausgelassen ihr Leben genießen oder vermeintlich theoriefrei revoltieren: dass sie der Gesellschaft nicht jenen Prozess machen, den wir der unseren gemacht zu haben meinen. Allerdings ist die Gesellschaft, gegen die sie antreten sollen, die unsere, und was sie zu verwerfen hätten, das wären wir selbst.

Manchmal erschrak er, wenn er auf einen Lebensabschnitt zurückblickte, weil ihm erst nun bewusst wurde, wie viele Gefahren er geborgen hatte. Die Zukunft hat ihn das Fürchten immer erst gelehrt, wenn sie schon zur Vergangenheit geworden war.

Die nach uns kommen, finden keine Zukunft vor, wie wir sie hatten. Dass sie uns das vorwerfen, ist zu verstehen. Seltsam aber ist, dass sie sich ihre Zukunft überhaupt nach dem Maß der unseren entwerfen und allenfalls darüber klagen, dass ihnen verwehrt wird, was uns wie von selbst zugefallen ist. Dass Kinder nicht so leben wollen wie ihre Eltern und für eng, falsch, nichtig, feig, spießig, ungerecht, borniert halten, wonach diese strebten, ist bisher nämlich eine Konstante des Generationenwechsels gewesen, seitdem sich die bürgerliche Gesellschaft entfaltet hatte.

Nun aber sehen wir befremdet auf eine Jugend, die es

gerne hätte, wie wir es hatten. Dass die Jungen nicht mehr anders leben wollen als die Alten, hat mit einem Prozess zu tun, der die Gesellschaft gerade fundamental verändert: Der Kapitalismus ist dazu übergegangen, seinen historischen Kompagnon, das Bürgertum, zu beseitigen. Eine von vielen fatalen Folgen, die das zeitigt: dass der urbürgerliche Konflikt, die Erneuerung der Gesellschaft durch den regelmäßig wiederkehrenden Aufstand der Kinder gegen die Eltern, in sich zusammenbricht. Ihm fehlt gleich alles drei, die persönliche Motivation, die soziale Notwendigkeit, die historische Chance.

Über ein paar Generationen stimmte, was gepredigt wurde: dass Wissen Macht sei, und sich zu bilden, Wissen zu erwerben, gar ein Studium abzuschließen, sich endlich auch lohnen werde. Nicht nur, weil Wissen befreiende und beglückende Erfahrungen ermöglichte, sondern auch im trivialen materiellen Sinne. Wer mit Diplom und Zeugnis nachweisen konnte, die Leiter der Bildungsinstanzen hinaufgeklettert und glücklich ziemlich weit oben angelangt zu sein, hatte den Anspruch auf eine berufliche Stellung erworben, die gut bezahlt war, und als Stütze der bürgerlichen Gesellschaft geachtet zu werden. Je weniger die alte Gleichung noch stimmt, umso brachialer wird sie dem Publikum eingehämmert, als gälte es die Gehirne zu waschen, bis sie von der schmutzigen Realität gar nichts mehr mitbekommen. Gibt es in Europa mittlerweile nicht Millionen von Arbeitslosen, die ein Universitätsdiplom in der Tasche haben, aber ihren Eltern noch immer auf dieser liegen müssen? Unbeeindruckt verlangen Politiker und Bildungsexperten, dass die Jungen durch Ausbildungen gejagt werden, die nichts gelten, und sich auf Abschlüsse dressieren lassen, mit denen sie sich dann um unentlohnte Praktika bewerben dürfen.

Das Versprechen des Staates, der Mittelstand werde seine Stellung von Generation zu Generation behaupten können, wenn er seine Kinder nur dazu bringt, nicht aus Eigenem dieser Tradition abzusagen, sondern sich von den Bildungsinstitutionen formen zu lassen und sich in den Staat zu integrieren, wird heute millionenfach gebrochen; die Propaganda läuft trotzdem weiter, als wäre nicht sie, sondern die Realität irreal. Der Kapitalismus speit die Kinder des Bürgertums, die ihm dargeboten werden, wieder aus, doch die Bildungspolitik führt ihm unaufhörlich weitere, stets größer werdende Massen an gut ausgebildetem und mit dem Gütesiegel von Gymnasien und Universitäten versehenem Menschenmaterial zu, das er sich einverleiben kann und bei Bedarf wieder ausspeien wird.

Eine Reservearmee: diplomierte Abgänger der Universitäten, mit denen sich der Lohn drücken, die sichere Anstellung für überholt erklären, die Ausbildung als Waffe gegen die Ausgebildeten wenden lässt.

Die umfassende Akademisierung der Gesellschaft führt Teile der akademischen Jugend ins Prekariat und erschafft langfristig ein eigenes Lumpenprekariat. Was gerade in den Ländern Nordafrikas geschieht, dass die gut ausgebildeten jungen Leute, die nicht als Ingenieure oder Beamte wirken können, sondern als Taxifahrer und vazierende Blumenhändler ihr Überleben fristen müssen, wütend aufbegehren und sich die Straße erobern, diese Revolte kann eines Tages auch in Europa aufflammen. Was Europa vor der brennenden Revolte schützt? Dass die Wohnungsnot nicht, wie in den arabischen Staaten, zum sexuellen Triebstau führt, der nach Entladung drängt. In Ägypten oder Tunesien wird eine ganze Generation nicht nur um das Recht betrogen, ihre Existenz mit ihr angemessener Arbeit zu bestreiten, sondern auch darum, ihre Sexualität auszuleben, weil an eine eigene Wohnung oder Familiengründung nicht zu denken ist. Die europäischen Jungakademiker hingegen, die nach dem Studium aus dem Studentenheim in die Wohnungen ihrer Eltern zurückkehren müssen, dürfen, was sexuelle Aktivitäten betrifft, mit deren Verständnis rechnen. Dass die Freundin, der Freund im Haus übernachten, das gilt für selbstverständlich. Hierbei erweist es sich als Vorteil, dass die Intimität längst abgeschafft ist und die intimen Dinge ihren intimen Charakter eingebüßt haben.

Ich kenne nur mehr wenige Telefonnummern auswendig, vielleicht drei oder vier. Ich muss auch keine mehr kennen, denn mein Handy kennt sie alle. Mehr Telefonnummern als von heute habe ich von früher im Gedächtnis, als ich Schüler war und fünfstellige Zahlen für das telefonische Netz meiner Stadt ausreichten. Damals hatte man die Nummern aller Freunde und Freundinnen im Kopf, freilich nicht den Bruchteil so viele, wie man heute im Handy gespeichert hat. Ich kenne auch kaum eine E-Mail-Anschrift und muss mir keine merken, denn mein Computer hat sie sich gemerkt und gespeichert. Ich habe schnellen Zugang zu unendlich viel mehr Informationen als früher, ich kann diese jederzeit abrufen, darum brauche ich sie mir nicht einzuprägen.

Ich frage mich, ob der Verlust meiner Merkfähigkeit, der mich mit Wut gegen mich und die ganze Welt erfüllt, damit zu tun hat, dass ich älter werde oder dass ich mich, nach hinhaltendem Widerstand, den neuen Technologien ergeben habe, die mir so viele alltägliche Leistungen des Merkens, zugleich aber die tägliche Übung der Merkfähigkeit abnehmen. Ich weiß viel mehr als früher, aber mein Wissen, das vorher in meinem Kopf war (und ausgelagert in den Büchern, mit denen ich ein wachsendes Wissen um mich sammelte), ist in den technischen Geräten gespeichert, die mir zu Diensten stehen. Ist mein ganzes schönes Wissen nicht lächerlich gegen die Fähigkeit, rasch zu Informationen über jedwedes Wissensgebiet zu gelangen, und dagegen, dass diese Kompetenz selbst dem Idioten unendlich viel mehr an Wissen zur Verfügung stellt, als es der Gebildete je in seinem armen Schädel anzuhäufen verstand? (Selbst dem Deppen von morgen wird ein Wissen zugänglich sein, von dem der Denker von gestern nur etwas ahnen konnte; sogar der Spießer von heute ist ja über manches Vorurteil hinausgelangt, an dem einst noch der Freidenker heftig laborierte. Trotzdem werden die kommenden Einfaltspinsel womöglich noch einfältiger sein als die von heute und gestern, weil ihre Dummheit digital hochgerüstet und technologisch abgesichert ist.)

So habe ich gestern gewohnheitsmäßig im Freundeskreis gegen die neuen Medien gewettert, doch mit einem Mal freute es mich nicht mehr. Meine Frau und ich hatten immer einträchtig über das ideologische und das konsumierende Personal des technischen Fortschritts gespottet. Während andere sich mit ihren Kreditkarten abmühten, fuhren wir befreit von dieser Mühsal mit Packen italienischer Lira auf Urlaub, die Scheine bündelweise in den Socken und den Büchern versteckt, und alle paar Tage überprüfte ich, nachdem ich die Tür versperrt, die Vorhänge zugezogen hatte, die geheimen Verstecke in den Hotelzimmern oder Ferienwohnungen, die gewiss jeden Versuch, uns zu bestehlen, überstanden haben würden, um nachzurechnen, wie viel Geld wir noch hatten und täglich ausgeben durften, damit es für das Benzin zur Heimfahrt ausreiche. Die Leute um uns bedauerten wir, weil sie sich wehrlos der Strategie des Kapitals ergeben hatten, das zum einen daran arbeitete, das Geld, das die Welt regierte, unsichtbar werden zu lassen, eben damit seine Herrschaft vergessen werde, und das zum anderen über Menschen als dienstfertige Konsumenten verfügen wollte, die jederzeit kaufen sollten, was ihnen gerade ins Auge stach oder wonach ihnen der jähe Gusto stand. Wir lebten auf größerem Fuß als manche Freunde, weil wir immer ausgaben, was wir hatten, aber wir waren trotzdem keine lächerlichen Konsumisten wie sie, weil wir uns die Dinge nicht sofort und bequem mittels Kreditkarte aneignen konnten, sondern in der Mittagshitze erst ins Hotel gehen, die Verstecke finden, die Scheine einstecken und wieder ins Geschäft eilen mussten, eine Erschwernis des Konsums, die alleine uns diesen moralisch rechtfertigte. Endlich knickten sogar wir ein, aber nur der Kinder wegen, denen im Urlaub immer etwas passieren konnte, und erwarben sicherheitshalber Kreditkarten, von denen wir vereinbarten, dass wir sie nur in Notfällen verwenden würden. Nach sechs Monaten war es der größte Notfall, wenn einer von uns die seine vergessen hatte.

Die lächerliche Mode, mit dem Mobiltelefon durch die Stadt zu hasten oder im Linienbus in ein solches zu brüllen, zeugte uns von einem Verfall, der die Zivilisation selbst betraf und zugleich mit der Intimität auch die Öffentlichkeit zerstörte. Nach Jahren, in denen um uns die Brüllaffen den öffentlichen Raum in Besitz genommen hatten und wir uns im Menschenzoo als die einzigen Tiere ohne mobiles Telefon zu fühlen begannen, gaben wir nach und erstanden ein Handy. Es dauerte eine Weile, bis wir bemerkten, dass ein Handy nur dann geeignet ist, die Kommunikation eines Paares zu erleichtern, wenn es in zweifacher Ausfertigung vorhanden ist. Wir haben jedenfalls anfangs immer verdammt, was wir verspätet doch erstanden, auf dass es binnen kurzem aus unserem Alltag nicht mehr wegzudenken war. Deswegen bin ich fest entschlossen, irgendwann bei einer technischen Innovation nicht verstimmt über den allgemeinen Kulturverfall abseits zu stehen, sondern ganz vorne mit dabei zu sein, vielleicht als der Erste im weiten Bekanntenkreis, der im Augenblick seines Todes seine gesamte intellektuelle Festplatte hinaus in die virtuelle Ewigkeit lädt.

Abermillionen Menschen werden durch den öffentlichen Raum geschleust, sind zu Fuß oder mit Verkehrsmitteln von da nach dort unterwegs und halten sich dabei ihr Handy ans Ohr, und das Häufigste, was sie in dieses schreien, ist die Ortsangabe, die simple Übermittlung, wo sie sich gerade befinden. Es ist, als hätte die Digitalisierung der Welt uns die räumliche Sicherheit geraubt, das Vertrauen, uns auch tatsächlich in Räumen zu bewegen, die, anders als die digitalen, noch zu einem festen Territorium gehören, als hätte man uns zu entwurzelten Wesen gemacht, die in der Virtualität überall zugleich sein können, aber nirgendwo festen Boden unter den Füßen haben.

Tatsächlich scheint aber niemand mehr auf den realen Ort zu achten, sondern sich seiner nur gesprächsweise zu versichern. Ich wartete an der Haltestelle auf den Bus, und von den vieren, die mit mir warteten, blickte nur die alte Frau gelegentlich ans Ende der Straße, wo der Bus verspätet endlich auftauchen musste; die anderen hoben ihre Augen nicht von dem Kästchen, das sie in der Hand hielten. Wenn sie doch von ihm aufblickten, schauten sie nicht die lange Straße hinauf, ob sie den Bus erspähen konnten, sondern zur Tafel der Haltestelle, auf der seit fünf Minuten in roter Leuchtschrift stand, dass der Bus in vier Minuten eintreffen werde. Als er endlich gekommen war, war ich in ihm von lauter Fahrgästen umgeben, die nicht hinaus auf die Stadt schauten. Die Leute musterten einander auch nicht, jemandem ins Gesicht zu sehen, wird als provokativer Akt, als Versuch, Streit anzubahnen, verstanden, darum sind alle, die mit öffentlichen Verkehrsmitteln unterwegs sind, angespannt bemüht, ihren Blick nicht zu heben, sondern auf das kleine Kästchen in ihrer Hand zu richten: Das Smartphone entrückt uns der nahen Welt und verbindet uns zugleich mit der ganzen Welt.

Dabei gäbe es für den, der mit der Straßenbahn oder dem Obus fährt, immerhin noch eine Stadt zu sehen und ein städtisches Leben zu beobachten! Wer hingegen mit dem Zug unterwegs ist, wird wie in einer Röhre durch das Land geschleust, kaum dass sein Blick noch auf eine Landschaft, eine Ansiedelung fallen könnte. Meterhoch ragen die schalldämmenden Wände und Wälle, die das Land, das die Schienen der Züge durchschneiden, verschwinden lassen. Wer früher im Zug unterwegs war, hat vom Land viel erfahren, durch das er fuhr, und sich selbst oft erhoben gefühlt, indem er, unbekannte Land- und Stadtschaften im Sitzen durchquerend, zugleich außer sich geraten und doch wieder ganz zu sich kommen konnte: Reiz des Zugfahrens. Diesem Reiz werden künftige Generationen nur in alten Romanen und Filmen nachspüren, ihm aber selbst nicht mehr erliegen können. (Ich beklage das, wie ich seinerzeit, als die Eisenbahn erfunden und als Verkehrsmittel eingeführt wurde, die

Schönheiten des Reisen mit der Kutsche, die Vorzüge, das Land auf holprigen Straßen zu durchqueren, gepriesen und die kulturzerstörenden Kräfte des stampfenden Maschinenverkehrs beklagt hätte.)

Wenn ich abends meine E-Mails abrufe, wird mir stets eine verfängliche Ermutigung zuteil. Als ich vor einigen Jahren nach Plovdiv musste und nach einer günstigen Flugverbindung suchte, bin ich auf ein im Internet tätiges Reisebüro gestoßen, das »ab-in-den-urlaub.de« heißt, bei dem man aber auch für beruflich notwendig gewordene Reisen vorstellig werden darf. Seit ich mich auf den Informationsseiten dieses Reisevermittlers umgesehen habe, bin ich in seinen riesigen elektronischen Verteiler aufgenommen, der mir täglich von einer Frau namens Anja Stern die neuesten Angebote schicken lässt. Manchmal versuche ich mir vorzustellen, wie sie aussehen mag, ob sie an ihrer Arbeit Freude empfindet oder nur aushilfsweise bei »ab-in-den-urlaub.de« arbeitet, um ihr Studium der Numismatik zu finanzieren. Auch wenn ich manchmal vermute, dass sie nicht aus Fleisch und Blut, sondern Bits und Bytes besteht und keine Wohnadresse, nur eine firmeneigene Domain hat, bin ich doch immer wieder versucht, mir ein Bild von der rätselhaften Schönen zu machen, die ihren Angeboten immer einen ermutigenden Satz voranstellt. Heute begrüßt sie mich mit: »Nützen Sie Ihre Freiheit, Herr Gauß.« Ja, liebe Anja Stern, du treue Seele aus Chips, ich gelobe es, ich gebe mir jeden Tag wieder Mühe, über all den Mühen nicht zu vergessen, dass ich sie habe, diese Freiheit, und ich sie mir nur jeden Tag wieder nehmen muss.

Welche Freiheit aber lässt mir »ab-in-den-urlaub.de«? Arglos hatte ich geglaubt, die große Maschine für mich arbeiten und den Flieger, der mich nach Plovdiv bringen wird, aussuchen zu lassen. Aber die Maschine, sehe ich jetzt, denkt, obwohl sie ganz woanders rattert (wo eigentlich?), direkt aus mir heraus. Sie erinnert sich nicht bloß an die Information, die sie mir damals zur Verfügung gestellt hat, sondern auch daran, wofür ich mich interessierte; sie ist meine Wunschmaschine, die mich daran erinnert, welche Wünsche ich haben könnte, die zu erfüllen sie mir das günstigste Angebot erstellt. Manche finden, so etwas sei praktisch und erspare dem Menschen als Konsumenten Zeit und Arbeit. Ich weiß nicht, ob ich praktisch und sparsam sein will, jedenfalls stört mich, dass mir von »ab-in-den-urlaub.de« immer nur osteuropäische Städte vorgeschlagen werden, in die man (wer?) mich schicken möchte und denen mein bevorzugtes Reiseinteresse ja tatsächlich gilt.

Ich mag es trotzdem nicht, dass Anja ein so simples Bild von mir hat, ja, es grämt mich, dass sie mich über meine Gewohnheiten zu kennen glaubt und sicher langweilig findet. Dabei könnte sie ruhig selbst beherzigen, wozu sie mich auffordert, also ihre Freiheit nützen und mir, warum nicht, einmal die günstigsten Angebote für Flüge auf die Malediven vorlegen. Dorthin werde ich mich zwar niemals bringen lassen, aber immerhin, dass diese arrogante Ziege es mir zutraut, das möchte ich.

Chen Wie Yi heiratet sich selbst
Liebesgeschichten (1)

Chen Wie Yi wollte kein Single mehr sein und hat sich deswegen selber geheiratet. Die dreißigjährige Büroangestellte, eine aparte Frau mit rotbraun gefärbtem Haar und der verständlichen Sehnsucht, ihr Glück in einer dauerhaften Liebesbeziehung gesichert zu wissen, hat in Taipeh den Bund fürs Leben geschlossen. »Wir müssen uns selbst lieben, um andere lieben zu können«, hat sie über Facebook verlautbart und sich anschließend in einer öffentlichen Zeremonie geehelicht. Sie trug dabei ein weißes Brautkleid, der Ehering, durch den sie ihren zarten Finger schob, wurde ihr von der stolzen Mutter gereicht, den Brautstrauß stifteten Freunde, und das Gelöbnis, stets treu zu bleiben, gab sie sich selbst. Es ist gewiss schwerer, diesen Schwur nicht zu brechen als jenen, der bei der überkommenen Form von Eheschließung abgestattet wird und der sich nur auf die Treue einem anderen Menschen, zwar einem geliebten und nahen, aber eben doch einem anderen gegenüber bezieht, nicht auf die allumfassende Treue eines Menschen zu sich selbst.

Ob Chen Wie Yi glücklich wird in ihrer Ehe? Es ist ihr zu wünschen, doch der Anfechtungen, deren sie sich zu erwehren haben wird, gibt es viele. Was, wenn ihre Liebe nach und nach erkaltet, öde Routine den Alltag beherrscht oder sie sich gar, gottbehüte, betrügt mit fremden Wünschen, unbekanntem Begehren? Gesetzt den Fall, sie wird sich untreu, wen wird sie dann um Vergebung bitten und wer ihr verzeihen? Wird sie vor den Scheidungsrichter und in einen hässlichen Rosenkrieg mit sich treten, um die Obsorge für ihre behüteten und geliebten Marotten, die kleinen Lieblinge unter ihren Neurosen zu erlangen? Oder wird sie nach der

Scheidung von sich zu einem vernünftigen Miteinander mit sich finden, kurz: Könnte es sein, dass an die Stelle der leidenschaftlichen Liebe später eine abgeklärte Freundschaft tritt? Vom Gelingen der taiwanesischen Ehe hängt vielleicht nicht viel weniger ab als die Zukunft der Zivilisation – und damit auch: ihre Vergangenheit. Wenn die Einpersonenehe gelingt, was werden künftige Generationen dann von der barbarischen Vorzeit halten, als man zur Ehe noch zwei Personen benötigte? Von weiteren Personen, die zum Gelingen oder Misslingen der Ehe gehörten wie Kindern oder Geliebten, ganz zu schweigen.

Es gibt eine merkwürdige Spezies von Mann, der in seiner Jugend etwas Ältliches und als Erwachsener etwas Jugendliches hat. Jeder kennt so einen, der als Junger mit seiner streberhaften Altklugheit und als Erwachsener mit seiner juvenilen Albernheit nervt. Der englische Premier David Cameron (mit dem ich, zugegeben, manchmal um die Häuser ziehe), ist mir immer als so ein Mann erschienen, den man menschlich nicht ganz ernst nehmen kann und deswegen, wenn er ein wichtiges Amt übernimmt, politisch ernst nehmen muss. Jetzt tritt der Musterknabe der Upper Class, der nie wirklich jung war und nie ganz erwachsen wurde, vor die internationale Presse und entrüstet sich. Er ist entrüstet über die britische Jugend der minderen Klasse, die tut, was man sie gelehrt hat, allerdings auf eine Weise, die verboten ist. Jeder Staat hat die Jugend, die er verdient, und der britische Kapitalismus hat es sich nicht leicht gemacht, bis er die bürgerliche Gesellschaft, zu der als Gegenkraft die selbstbewusste Arbeiterklasse mit ihrer Kultur gehörte, so weit zerstört hatte, dass die englische Jugend keine Religion neben dem Konsumismus mehr anerkennt. Sie imitiert mit ihren

Mitteln und in ihren Revieren, was fesche junge Finanzspekulanten in der City of London praktizieren, nämlich die Bereicherung ohne Skrupel, das Streben nach Gewinn ohne jedwede nützliche Tätigkeit. Was in der City of London gesetzlich legitimiert und polizeilich beschützt wird, nämlich der tägliche Raub mittels Spekulation, das wird in den Vorstädten jetzt polizeilich verfolgt, der Erwerb von Gütern mittels Plünderung, von Gütern, die der nach dem Ideal des britischen Kapitals zugeformte Mensch benötigt, um ein Mensch zu sein.

Die Jugendlichen seien schlichtweg »krank«, meint Cameron, aber da keine medizinische Versorgung mehr vorhanden ist, Kranke ohne private Krankenkasse zu behandeln, tragen die Ärzte, die er ruft, die Uniform von Polizisten: So legen sie die Brandstifter und Plünderer nach Nächten des Kampfes endlich in Ketten und führen sie Schnellgerichten vor, die sie zu drakonischen Strafen verurteilen. Panik hat das ganze Land ergriffen, die Angst vor einem Bürgerkrieg, in den nicht verfeindete politische Bewegungen ihre bewaffneten Formationen schicken, sondern in den die kranken Jugendlichen (krankhaft wenig Geld, krankhaft viele Wünsche) zum Straßenkampf um Markenwaren ziehen. Sie schlagen die Geschäfte in Trümmer, weil eine Gier in sie gepflanzt wurde, die sie, in Ermangelung der Mittel, diese zu befriedigen, als Raubtiere der Großstadt auf Beutezug gehen lässt. Es wird nächsten Sommer gelingen müssen, eine perfekt inszenierte, perfekt verlogene Olympiade zu veranstalten, damit die Welt wieder an ein Bild von England glaube, hinter dem die englische Realität nicht mehr sichtbar ist.

Krankheiten tauchen auf, und Krankheiten verschwinden. Die amerikanische Psychiatrische Gesellschaft streicht den Begriff »narzisstische Persönlichkeitsstörung« aus ihrem Handbuch der Psychiatrischen Diagnostik. Sie galt ein paar Jahrzehnte lang als Krankheit, aber sie hat so große Karriere gemacht, dass sie heute nicht mehr als Abweichung von einer Norm gilt, die das Gesunde begründet, sondern diese Norm selber repräsentiert. Alles, was dem Formenkreis der narzisstischen Persönlichkeitsstörung zugerechnet wurde, gibt es noch, aber es gilt nicht mehr als Störung, sondern als Regelfall. Denn alle können nicht krank sein, so viel wissen die Irren und die Ärzte.

Was die Plünderer von Tottenham in Wahrheit ersehnen: den Status von Kunden.

Wenn im österreichischen Fernsehen eine neue Jugendsendung angekündigt wird, sehe ich mir immer die erste Folge an, schließlich hat meine katholische Kindheit eine unaustilgbare Wundergläubigkeit in mich gepflanzt, sodass ich nie überrascht wäre, wenn es viel besser käme, als ich es befürchten zu müssen glaubte. Diese Zuversicht ist eine geradezu vegetative Eigenheit meines Charakters, gegen die weder schlechte Erfahrung noch kritische Gesinnung etwas vermögen. Die neue Jugendsendung heißt »direkt« und wird von einer jungen Frau mit automatenhaftem Frohsinn moderiert. Zwei Beiträge haben sie und ihre Mitarbeiter vorbereitet. Zuerst einen langen Bericht, der Unerhörtes aufdeckt, einen Skandal, wie ihn nur junge Redakteure öffentlich zu machen den Mut haben: Mit versteckter Kamera und erfundenen Wehwehchen haben sie die Ordinationen verschiedener Ärzte aufgesucht, um sich für ihre fiktiven Arbeitgeber eine Krankschreibung über ein paar Tage zu ergaunern. Sie täuschen heftige Magen- und Darmverstimmungen vor, klagen über depressive Erschöpfungszustände, beschreiben undefinierbare Schmerzen – und, man will es kaum glauben: Fast die Hälfte der Ärzte, die es eher mit ihren jungen Patienten als deren alten Chefs halten wollten, sind auf die erfundenen Krankenberichte hereingefallen und haben die Simulanten mit Attesten ausgestattet, die es ihnen erlaubten, zwei, drei Tage krankzufeiern. Ein Zittern der Empörung läuft über den schlanken Körper der Moderatorin, fast fürchte ich, sie werde gleich in Schreie der Entrüstung ausbrechen, dabei müsste sie ihre Agenten der Gesundheitspolizei nur öfter zum Einsatz aussenden, dann würde der Jugend das Simulieren schon vergehen!

Der zweite Beitrag scheint dem ersten zu widersprechen, doch fügt er sich mit ihm zu einem autoritären Programm, das die neue Jugendsendung pädagogisch erst so wertvoll macht. Tabulos berichten die Redakteure im Spitzeldienst jetzt nicht über Gesunde, die sich aufs Krankenbett legen, sondern über Besserungswillige, die sich auf die Liegen der Tantrasex-Therapeuten werfen. Ein paar erotische Esoteriker oder esoterische Erotiker bieten neuerdings Seminare für Gruppen und Nachhilfestunden für Einzelne an, in denen die tantrische Erweiterung der Sexualität gelehrt wird, eine Übung, zu der vor allem ätherische Öle und viel Schmalz aus der Musikkonserve benötigt werden.

Wenn es um das Soziale geht, wünscht sich die Moderatorin mehr Kontrolle. Wenn es um Lifestyle geht, mehr marktgängige Freiheit. Wichtig ist, dass der Jugend, damit sie brav bleibe, beides verpasst wird – die autoritäre Kontrolle bei der Arbeit und das Versprechen sexuellen Wohlbefindens in der Freizeit.

Vielleicht irre ich mich, wenn ich hier Lüge und Betrug am Werke sehe? Vielleicht lügt die nette Moderatorin gar nicht, sondern glaubt, was sie verficht, sodass sie den Betrug nicht mehr als solchen erkennen kann, weil er mit ihr und sie mit ihm identisch geworden ist? Spräche das sie und ihre strebsamen Mitarbeiter frei, die ihren Altersgenossen Detektive hinterherhetzen möchten, egal, ob es gilt, sie des Tachinierens bei der Arbeit oder bei der tantrischen Verbesserung ihres Sex zu überführen? Bei beidem nämlich sollten sie gefälligst mehr Leidenschaft zeigen, in der Arbeit und in der Freizeit, beim Abbauen der Hirne und beim Zuschleifen der Körper, denn beides erst macht aus, was den vorbildlichen Untertan auszeichnet: dass er zufrieden ist.

Am 12. August wäre zweier Männer zu gedenken gewesen, die einander in Konkurrenz, verschwiegener Eifersucht und aufrichtiger Aversion verbunden waren. Ähnlich in ihrer Herkunft und in der Prägung ihres literarischen Talents, unterschieden sie sich in ihrem intellektuellen Werdegang, ihren politischen Ansichten und erst recht in dem Geschick, sich in Österreich zu behaupten. Beide stammten aus jüdischem Hause, beide mussten sie um ihr Leben ins Exil flüchten, beide hingen sie an Österreich als dem Urgrund vieler Schmerzen; der eine wie der andere kehrte nach Wien zurück, und dies durchaus in der Absicht, eine Rolle im rasch sich formierenden Literaturbetrieb der Zweiten Republik zu spielen: Hans Weigel ist es überzeugend gelungen, Hermann Hakel blendend misslungen. An einem bestimmten Tag hat die abgefeimte Ironie des Schicksals die zwei ganz nahe zusammengerückt. Hermann Hakel wurde am 12. August 1911 geboren, Hans Weigel ist am 12. August 1991 gestorben, sodass heuer der hundertste Geburtstag von Hakel und der zwanzigste Todestag von Weigel zusammenfielen. Der Tag war allerdings nur im Kalendarium der nationalen Amnesie verzeichnet, sodass der beiden Jubilare eben nicht gedacht wurde.

Das ist ungerecht und erstaunlich. Der Einfluss, den Hans Weigel nach 1945 auf Theater und Literatur, ja auf Kultur und Politik Österreichs ausübte, war enorm. Es waren spezifische Verhältnisse des Mangels – an simplen Dingen wie Papier, Druckmaschinen, Verlagen, Verdienstmöglichkeiten –, in denen Bedarf an einem eigenartigen Typus von Autor bestand, der sich selbst weniger als Verfasser von Büchern denn als Förderer von Kollegen verstand. Weigels Mission und Macht waren es, junge Autoren und Autorinnen an Redakteure vermitteln, ihnen zu Publikationen, Rezensionen, Stipendien verhelfen zu können. Aus dieser Rolle hat er geradezu eine Profession gemacht, und als Berufsförderer hat er seine Bedeutung auf paradoxe Weise von denen bezogen, die er erfolgreich zu fördern verstand. Viele verdankten ihm vieles und er ihnen alles.

Umgekehrt konnte es fatale Folgen zeitigen, ihn zum Feind zu haben, da braucht man gar nicht die Moritat vom armen Bert Brecht zu wiederholen, der mit und ohne Hans Weigel ein Autor von Weltgeltung war; weniger Berühmten hingegen, Schauspielern zumal, die Weigel als Kommunisten ächtete, konnte das tatsächlich die künstlerische und soziale Existenz in Wien kosten. In den dreißiger Jahren und im Exil eher der Linken zugeneigt, war Weigel bald nach seiner Heimkehr zum kalten Krieger geworden, der scharf zu richten wusste. Gegen Ende seines Lebens büßte er dafür mit dem Schlimmsten, was einem Förderer widerfahren kann, dass nämlich niemand mehr von ihm gefördert werden wollte. Bei den jungen Autoren der sechziger und siebziger Jahre stand er aber nicht nur deswegen in geringem Ansehen, weil sie es politisch eher mit der anderen Seite hielten, sondern weil jener Berufsförderer, als der er reüssiert hatte, im breit sich ausfächernden Kunstbetrieb des modernisierten Staates schlichtweg überflüssig geworden war.

Hermann Hakel hat oft geklagt, dass ihm die begabten jungen Leute von Weigel abgeworben worden seien, kurz, dass dieser ihn als Förderer ausgestochen habe. Beim Fördern herrschte in der Ära des Wiederaufbaus offenbar heftige Konkurrenz. Im Unterschied zu Weigel, den er in seinen erst postum veröffentlichten Aufsätzen als »Streber« unter den Assimilanten in die moralische Nichtigkeit verdammte, war Hakel nicht bereit, im neuen Österreich von den Verbrechen, die gerade erst verübt worden waren, zu schweigen: Er hat sich nicht nur vage einer jüdischen Kultur verpflichtet gefühlt, sondern seine Identität konkret mit dem Judentum verbunden und von Massenmord, vom alten und neuen Antisemitismus gesprochen. Das machte ihn in einer Ära, in der das große Vergessen als patriotische Tugend geübt wurde, bald zum unbequemen Außenseiter, dem man seine politische Kompromisslosigkeit als charakterliches Defizit schlechtschrieb. Aber auch bei den politisch bewegten Autoren der späteren Generation, die sich in der Selbstüberschätzung gefiel, der Geist der Kritik sei mit ihr zum ersten Mal nach Österreich gekommen, war Hermann Hakel nicht gefragt. Er hatte auf die Autoren von 1968 so wenig Einfluss wie auf die der ersten Nachkriegsjahre, die ihm bald ins Café Raimund zum Stammtisch Hans Weigels durchgebrannt waren, einfach weil dieser als Förderer wesentlich mehr zu bieten hatte. Hakel, mit aller Welt überworfen, konnte niemandem die Tür zu Verlagen und Zeitungen öffnen, die ihm doch selbst verschlossen waren; zudem war Hakel, als Autor ein mediokres Talent, seinen Jüngern alles andere als ein ermutigender Mentor, seine Kritik an ihren Manuskripten war zwar rigoros und scharfsinnig, aber selten konstruktiv, und hatte einer von ihnen auch nur bescheidenen Erfolg, brach er, ein merkwürdiger Förderer, der nicht wollte, dass aus seinen Schülern etwas wurde, den Stab über sie.

Hakels Meisterwerk ist die Sammlung nachgelassener Schriften, die vier Jahre nach seinem Tod von seinen treuesten Adepten Gerhard Amanshauser, Emmerich Kolovic und Richard Kovacevic unter dem Titel »Dürre Äste, welkes Gras« herausgegeben wurde. Ich weiß noch, mit welcher Erschütterung ich, hingerissen von der gedanklichen Schärfe, der kompromisslosen Urteilsfreude und den schneidenden Formulierungen, dieses Buch las, in dem Hakel praktisch die gesamte Dichterschar der letzten fünfzig Jahre über die Klinge springen lässt. In dem brillanten wie bornierten, grandiosen und abstoßenden Buch hat er bedenkenlos intime Geheimnisse öffentlich gemacht, die ihm persönlich anvertraut worden waren, und Dinge berichtet, die zu vernehmen man sich anfangs geradezu sträubt, von denen mehr und mehr zu hören einen dann aber ein geradezu unkeusches Verlangen antreibt. Noch in den gemeinsten Sottisen deckt er oft einen wirklichen Missstand auf, wie auch das vernichtende moralische und künstlerische Urteil, das er über seine Weggefährten spricht, nicht nur von seinem Ressentiment zeugt, sondern auch von seinem unbestechlichen Blick.

Gewissermaßen gegen die Absicht des Verfassers zeigt sein Buch allerdings auch, worin selbst verfeindete Förderer sich wie ein Ei dem anderen glichen: Angehende Schriftstellerinnen waren für sie nicht nur dazu da, gefördert zu werden, sondern auch, damit man sie in sexuelle Tributspflicht nehme. Weigel wie Hakel wetteiferten schamlos um den Ruhm, aus dem Provinztrampel die Poetessa Ingeborg Bachmann geformt zu haben, und sie trugen es ihr beide verkniffen nach, dass die viel jüngere Frau nicht ewig ihre Geliebte blieb. Weigel hat diese, auf ihn selbst ein so schlechtes Licht werfende Affäre in einem unangenehm verschwitzten Roman ausgebreitet, Hakel in einem Kapitel seines Buches, in dem er von flinken Zungenküssen und drallen Schenkeln auf eine penetrante Weise erzählt, als habe er beim Schreiben nicht nur seine giftige Tinte verspritzt. Ja, die hohe Kunst des selbstlosen Förderns, sie wurde manchmal in ziemlich tiefen Regionen geübt.

Vor einigen Wochen hat der neue Finanzminister Griechenlands, Evangelos Venizelos, sein Amt mit den denkwürdigen Worten angetreten: »Ich verlasse das Verteidigungsministerium und ziehe in den wirklichen Krieg.« Zu einem Krieg gehören mindestens zwei Parteien, die ihre Konflikte auf gewaltsame Weise austragen. Gewaltsam ist das, was sich heute im Europa der Finanzkrise tut, jedenfalls, und dass es dabei um nicht weniger als die Existenz eines ganzen Staates, ja um Wohlstand und Sicherheit aller Europäer geht, wird uns jeden Tag wieder gesagt. Nehmen wir also an, es ist Krieg in Europa, und wir alle sind längst an ihm beteiligt: Wer kämpft dann gegen wen? Nur selten ist es gelungen, dass souveräne und gleichberechtigte Staatsgebilde sich zu einem größeren Staatsverband vereinen: Geglückt ist es zum Beispiel der Schweizer Eidgenossenschaft und den Vereinigten Staaten von Amerika. Aber selbst da stellte sich der Erfolg erst nach Kriegen ein, mit denen die widerspenstigen, abtrünnigen Teile den neuen Vereinigungen endgültig eingegliedert wurden. In der Schweiz standen Kantone, die sich lieber für sich als für die Eidgenossenschaft entwickeln wollten, gegen andere, die diese nur für sinnvoll hielten, wenn die unter Eid vereinten Genossen auch bei ihrem Wort und beim gemeinsamen Staatenbund ohne Wenn und Aber blieben. In den USA kämpften der bürgerlich industrielle Norden des Landes, der flexible Lohnarbeiter benötigte, und der agrarisch bestimmte Süden gegeneinander, der ohne die zur Sesshaftigkeit verdammten Sklaven nicht auskam. Wer sind heute die abtrünnigen Kantone, wer die Sklavenhalter, und ist das Ziel des Krieges eigentlich die Vereinigung oder der Zerfall? Und gibt es da womöglich auch Kriegsparteien, denen das eine wie das andere recht ist, wenn sie auf dem Wege dorthin nur ihre anderen Kriegsziele erreichen?

Glauben wir den Hooligans des Neoliberalismus, dann ist es das griechische Volk, das Europa den Krieg erklärt hat. Jahrelang haben es sich die griechischen Pensionisten in Nizza und Kitzbühel gut gehen lassen, und jetzt weigern sie sich, den Gürtel enger zu schnallen, was ihnen so schwer doch nicht fallen dürfte, da sie es ohnedies gewohnt sind, mit weniger als sechshundert Euro auszukommen. Mit ihrer Weigerung, sich zu Tode zu sparen, attackieren die Griechen rücksichtslos unsere Banken, unsere gemeinsame Währung, ja, Europa selbst. Wenn das so ist, haben wir es mit einem Krieg zu tun, in dem die schwächste aller an ihm beteiligten Parteien über das Überleben der allerstärksten entscheidet. Merkwürdig genug, dass eine Volkswirtschaft, die zum europäischen Markt nur ein, zwei Prozent beiträgt, das Finanzsystem weltweit in Turbulenzen gestürzt haben soll! Wenn es so wäre, würde es sich um einen völlig neuen Typ von Krieg handeln, in dem die überwältigende Schwäche des Schwachen die Stärke des Starken zunichtemacht. Geht das so weiter, werden es bald die Hungerkünstler von Burkina Faso sein, die die Wall Street das Fürchten lehren.

Sehen wir es umgekehrt einmal so wie jene Abertausenden Griechen, die auf die Straßen gehen, weil sie glauben, »Europa«, das mit diesem identifizierte »Deutschland«, das Bankensystem habe ihnen den Krieg erklärt. Der Präsident der Europäischen Zentralbank, Jean-Claude Trichet, hat kürzlich verlangt, die Bevölkerung Griechenlands müsse endlich die Verantwortung für Misswirtschaft übernehmen und den aufgeblähten Sozialstaat abbauen. Das hören bei uns nicht nur jene Krisengewinnler gerne, die den Sozialstaat ohnedies nicht für eine der großen Errungenschaften Europas, sondern für ein ökonomisches Hindernis halten, das es aus dem Weg zu räumen gilt; das gefällt vielmehr auch den rechten Populisten, die heute wie einst auf den »Sozialismus des dummen Kerls« setzen, dem sie nicht ohne Erfolg einreden, es müsste den Elenden anderswo nur endlich schlechter gehen, schon würde es seinesgleichen wieder besser gehen.

Allerdings schleppt Griechenland bis heute eine schwere historische Last mit sich, die niemand den Griechen abnehmen kann und derer sich zu entledigen ihre eigene Aufgabe ist. Die Oberschicht hat sich das Staatswesen seit je als private Domäne unter den Nagel gerissen; all die bürgerlichen, bäuerlichen, proletarischen Schichten haben aus dieser Enteignung der ersten Stunde geschlossen, dass es nicht Betrug, sondern Notwehr ist, dem Staat vorzuenthalten, was er, um seine Aufgaben erfüllen zu können, benötigt: Steuern. In gewissem Sinne kommt auf die Griechen also die Aufgabe zu, ihren Staat mit enormer Verspätung erst richtig aufzubauen, und das paradoxerweise in einem historischen Moment, in dem dieser viele seiner Befugnisse bereits wieder an den neuen Staatenbund, an die Europäische Union, abzugeben hätte. Aber mit Paradoxien müssen sie ohnedies leben, zum Beispiel damit, dass ihre Wirtschaft kräftig wachsen solle und sie gleichzeitig Zinsen gegenüber den internationalen Banken begleichen müssen, mit denen jede Volkswirtschaft der Welt zu ruinieren wäre. Vergangene Woche stand das Zinsniveau für zweijährige Staatspapiere beispielsweise bei 28 Prozent, da kann man sich leicht ausrechnen, dass Griechenland, indem es pausenlos mehr Geld aufnehmen muss, nicht um Schulden zurückzuzahlen, sondern Kredite zu bedienen, damit nur immer höhere Schulden anhäufen wird.

Sparen, um sich zu verschulden, ist die Perspektive, die sich den Griechen bietet, und das ist etwas, was man früher, als Wucher noch für eine Sünde galt, als Zinsknechtschaft bezeichnet hat. Warum die Zinsen so hoch sind? Nun, ganz einfach, weil sie es sein müssen! Die ewigen Marktgesetze, gegen die die von der Physik beschriebenen Naturgesetze geradezu als beliebige, leicht veränderliche Regeln anmuten, gebieten es. Eher fliegt der Apfel vom Baum himmelwärts, als dass, wer hohe Schulden hat, dafür nicht immer höhere Zinsen zu zahlen hätte; oder dass private und unkontrollierte Rating-Agenturen entweder hochriskante Wertpapiere als risikolos bewerten – wie sie es vor der Finanzkrise von 2008 getan haben – oder ganze Volkswirtschaften in den Konkurs treiben, indem sie sagen, ihnen Geld zu leihen, wäre hochriskant. Wie weit auch danebenliegt, was sie verlautbaren, es gewinnt auf dem Finanzmarkt Gesetzeskraft.

Wer es trotzdem wagt oder gar fordert, dass für das Roulett auf den Finanzmärkten bestimmte Regeln gelten sollen, den pflegen die Fundamentalisten der Marktreligion als gefährlichen Spinner abzutun, der die Aufhebung der Erdgravitation verlangt. Dabei möchte er, wesentlich bescheidener, daran erinnern, dass die Art und Weise, wie wir wirtschaften und welchen Finanzgesetzen wir uns fügen, trotz alledem von uns abhängt. Rating-Agenturen, beispielsweise, könnte man sogar abschaffen, per Gesetz. Ob uns das alle Probleme vom Hals schaffen würde? Nein, alle nicht, aber ein paar schon. Der Vorschlag, diese Agenturen weltweit zu entmachten, stammt übrigens nicht von ökonomischen Dilettanten, sondern von Thomas Straubhaar, Leiter des Hamburger Weltwirtschaftsinstituts; er behauptet, dass Pleitegerüchte, die von Agenturen ausgestreut werden, gerade jene Pleiten hervorrufen, zu denen es ohne sie und ohne die von ihnen bedienten Glücksspieler auf den Finanzmärkten, die manchmal eben auch auf die Pleite von Konzernen, den Untergang von Volkswirtschaften setzen, oft gar nicht kommen würde.

Nun ist es in Kriegen auch früher ziemlich unübersichtlich zugegangen, sofern sich nicht nur zwei Feinde gegenüberstanden, sondern mehrere Kriegsparteien, von denen eine jede ihre eigenen Interessen im Auge hatte und alle zusammen unsichere, oft wechselnde Allianzen schlossen. Heute ist das alles natürlich viel komplizierter. Es gibt die »asymmetrische Kriegsführung« mit Kriegsparteien, die grausam aus dem Hinterhalt zuschlagen oder mit Waffen operieren, zu denen sie gar keine Soldaten mehr benötigen; es gibt Kriegsparteien, die weder ein staatliches Territorium verteidigen noch ein anderes erobern möchten, und es gibt gnadenlose Teilnehmer am großen Gewinnspiel, das Krieg heißt, die kein Gesicht und keinen Namen haben, nicht den eines Generals noch jenen eines Landes.

Weil sich unter den »Finanzmärkten« niemand eine Person vorstellen kann, mit Namen und Gesicht, heißt das allerdings weder, dass die Finanzmärkte eine Obsession ihrer Gegner wären, noch dass auf ihnen nicht Individuen mit ihren bestimmten Zielen und Interessen agierten. Aber auch diese lassen sich nicht mehr so leicht beschreiben wie die Ziele und Interessen von Kriegsparteien früherer Zeiten, weil die unsichtbaren und anonymen Spieler in dem großen Gewinnspiel keineswegs immer rational handeln und weil sie als Fanatiker schwer auszurechnen sind. Gegen einen Terroristen, der bereit ist, sich selbst in die Luft zu sprengen, um seine Bombe am richtigen Ort zu zünden, ist wenig auszurichten. Wenn es nicht gelingt, die fanatischen Zocker des Finanzmarktes zu bändigen, geht jedoch mehr in die Luft als nur der Marktplatz dieser oder jener Stadt. Diese Spieler können beherrscht werden, aber natürlich nur, wenn man erkannt hat, dass sie beherrscht werden müssen. Das Gesamtvolumen der Glücksspiel-Beute, um die sie wetten, soll sich auf rund 400 000 Milliarden Dollar belaufen. Da fragt man sich, wie die paar hundert Milliarden, auf die die Schulden Griechenlands hinaufgetrieben wurden, weltweit eine Finanzkrise verursacht haben können.

Vereinigungs- oder Zerfallskrieg? Beides ist denkbar: dass die Europäische Union sich im Finanzkrieg um Griechenland als echtes gemeinsames Staatswesen erschafft – und dass die Union wie viele andere historische Vereinigungsprojekte zerfällt. Die erste, die Vereinigung gewissermaßen begründende Aufgabe der gestärkten Union ist es, die kriegerischen Attacken der internationalen Finanzmärkte zurückzuschlagen und den Primat der Politik über die Ökonomie zu verfechten; dazu müssten freilich auch jene Hasardeure innerhalb der Union gebändigt werden, die einst heftig den gemeinsamen Wirtschaftsraum gefordert haben, inzwischen aber in ihrem grenzenlosen Egoismus längst den Zerfall der Union fördern. Zerfällt die Union tatsächlich, wird über kurz oder lang auch der Krieg in seiner alten Form nach Europa zurückkehren. Kurz: Wo Europa begonnen hat, wird es womöglich auch wieder enden, in Griechenland. Oder es wird dort, von dort aus was Neues werden.

Einer der größten griechischen Dichter der Moderne hat Griechenland nur drei Mal gesehen und kein einziges Buch veröffentlicht. Konstantinos Kavafis war dennoch, als er 1933 an seinem siebzigsten Geburtstag in Alexandria starb, in Griechenland bereits eine legendäre Erscheinung, und mit der postumen Ausgabe der 154 Gedichte, die er von seiner vierzigjährigen dichterischen Produktion gelten ließ, sollte er bald nach seinem Tod zum Klassiker der Moderne werden.

Was er schrieb, machte er zu Lebzeiten nur einzelnen Verehrern in handverlesenen Ausgaben zugänglich. Ein Gedicht, wenn er es einmal als gelungen akzeptierte – und das waren nicht mehr als fünf im Jahr –, gab er auf einem Einzelblatt in Druck, um es gezählten Jüngern zu dedizieren. Mochte der Besitz eines solchen Gedichtes auch bald so etwas wie ein Adelsprädikat darstellen, der Kreis seiner Jünger schloss sich nie zum elitären Orden, wie ihn zur selben Zeit in Deutschland dunkel raunend Stefan George begründete. Dass er die Sammlung seiner Gedichte so strikte verweigerte, war bei Kavafis vielmehr durch merkwürdig widersprüchliche Motive verursacht.

Natürlich wirkte darin auch eine herrische Attitüde, die sich über Wirkung in die Breite nicht besorgte und gegenüber Mode wie Popularität verschloss. Aber Kavafis war kein Hohepriester, der sich am Pathos des geistigen Adels berauscht hätte. Er war ein mediokrer Beamter des ägyptischen Ministeriums für Wasserwirtschaft, in dem er dreißig Jahre lang denselben Dienst versah; ein Homosexueller, der sich, der dauernden Gefahr von Skandal und öffentlicher Schmähung zum Trotz, nicht ängstlich verbarg, sondern seine Neigung in seinen Gedichten selbstbewusst feierte; und er war ein bekannter Flaneur und Kaffeehausbesucher in Alexandria, der sich gerne unter die Leute mischte und bei den Hafenarbeitern erkundigte, ob gewisse volkssprachliche Ausdrücke seiner Kindheit noch in Gebrauch waren.

Entzog er seine Lyrik auch der Vermarktung, wies er doch die Insignien des weltentrückten Dichterfürsten zurück, der in der dünnen Luft der Menschenverachtung residierte. Seine kleine Wohnung in Alexandria, wo er die von weit hergekommenen Besucher empfing, lag in einem verrufenen Viertel: »Wo könnte ich besser leben? Unten sorgt sich das Freudenhaus um die Bedürfnisse des Fleisches. Und da ist die Kirche, die die Sünden vergibt. Und weiter unten liegt das Krankenhaus, wo wir sterben.« Als alter Mann schrieb Kavafis über sein Provisorium auf Lebenszeit in der Rue Lepsius, Nummer 10: »Als ich diese Wohnung mit einem Freund bezog, hatte ich nicht vor, lange hierzubleiben. Dann ging mein Freund fort, und ich behielt sie für mich, doch hatte ich immer vor wegzuziehen. Die Jahre vergingen, ohne dass ich eine endgültige Entscheidung traf … Sollte ich also ausziehen oder sollte ich elektrisches Licht installieren lassen?«

Vielen bekannt, von wenigen verehrt, führte Kavafis ein äußerlich ereignisarmes Leben: über Jahrzehnte nichts als der tägliche Spaziergang zum Ministerium, vom Ministerium, abends die Runden durch die Cafés, das auswendige Rezitieren der Verse vor kleiner, andächtiger Zuhörerschaft, die geduldige Arbeit am Gedicht im Gehen, Schauen, Erinnern. Und doch, er wusste gerade den geringen Alltag zu genießen und im Gedicht zu rechtfertigen. Was er als junger Mann über die »Seelen alter Männer« schrieb, ist voller Mitgefühl, aber von lapidarer Endgültigkeit:

»Wie traurig und arm sie doch sind.
Und wie bedrückt, das Leben im Elend, das sie führen.
Doch wie sie es lieben. Sie zittern vor Angst, es zu
verlieren …«

Alexandria wurde über drei Jahrtausende in vielen verschiedenen Sprachen besungen. Der levantinische Hafen hatte seinen Reichtum und seinen Reiz stets aus der Begegnung der Völker bezogen, die sich im Lauf der Zeit hier heimisch machten. Als Kavafis 1863 geboren wurde, lebten in Alexandria noch Araber und Juden, Griechen und Syrer, Armenier und Briten, Portugiesen, Kopten und Türken, ja selbst Österreicher. 1882 werden die englischen Kolonialherren nach politischen Unruhen Alexandria vom Meer aus bombardieren und damit schmachvoll das prekäre Gleichgewicht der Nationen, Sprachen, Religionen ins Kippen bringen.

Wenig später befanden sich 15 000 Bewohner der Stadt, vornehmlich Christen und Griechen, auf der Flucht vor dem jäh aufschießenden Nationalismus der Araber. Auf einem österreichischen Dampfer flüchtete auch die Familie Kavafis, die sich bezeichnenderweise nicht ins mythische Mutterland zu retten versuchte, wo gerade die Ära des Neugriechentums nicht ohne patriotischen Grimm begründet wurde; Kavafis ging vielmehr nach Konstantinopel, also wieder in eine Stadt, die dem hellenischen Kulturkreis, nicht aber dem neugriechischen Staat zugehörte. Sobald es ihm erlaubt war, 1885, kehrte er ohnehin nach Alexandria zurück; der Hauptstadt Athen zog er die Metropole der Ränder vor – »ewig ist Alexandria« –, dem griechischen Staat den hellenistischen Kulturkreis, von dem zweitausend Jahre vorher Isokrates gesagt hatte: »Griechen nennen wir nicht nur die Menschen, die unseres Blutes sind, sondern auch diejenigen, die sich nach unseren Sitten richten.«

Weder die klassische Antike noch der neugriechische Nationalstaat waren seine Heimat, sondern der Hellenismus, jene nach Nordafrika, Europa und Asien, in den Mittelmeerraum und den Vorderen Orient ausstrahlende Kultur, die seit Alexander dem Großen ein anderes Griechenland weit außerhalb Griechenlands schuf. Kavafis ist ein Sänger dieses Hellenismus, dessen Spuren sich noch in der Neuzeit finden, und ein preisender Dichter des hellenistischen Alexandria.

(Erst als der Präsident Nasser den ägyptischen Nationalismus entfesselte, wurde Alexandria in den fünfziger Jahren des 20. Jahrhunderts zur rein ägyptischen Stadt – und diese ethnische Purifikation hat sie auch gleich mit dem ungeheuren Verlust an Wohlstand, Reichtum, überregionaler Bedeutung bezahlt. Eine beliebige arabische Großstadt, leidet Alexandria heute an gigantischer Überbevölkerung und an einer geradezu verordneten Geschichtslosigkeit, am Verlust seiner Geschichte. Ein wenig erinnert das Schicksal Alexandrias an jenes von Triest, wie auch manche Verse und Lebenswendungen Umberto Sabas an Dichtung und Weg des Konstantinos Kavafis gemahnen.)

Wer in Alexandria scheitert, war für Kavafis überall gescheitert, denn die vielsprachige Stadt der Emigranten, Händler, Matrosen war für ihren immer wieder heimgekehrten Sohn zweifellos jene kleine Welt, in der die große ihre Probe hält:

»Du wirst keine neuen Länder entdecken, keine anderen
Meere.
Die Stadt wird dir folgen. Du wirst durch dieselben
Straßen
Streifen, in denselben Vierteln alt werden.
Dein Haar wird weiß in denselben Häusern.
Wo immer du hinfährst, hier wird deine Reise enden.
Es gibt für dich kein Schiff und keine Straße –
Gib die Hoffnung auf. Hast du dein Leben auf diesem
kleinen
Fleck vergeudet, so hast du es auf der ganzen Erde
vertan.«

In freier historischer Assoziation beschwört Kavafis ein Reich des Mittelmeers, in dem die Menschen aus Syrien und Judäa, aus Kleinasien und dem Morgenland, von den griechischen Inseln und Sizilien zusammentreffen, stolze Jünglinge, geflohene Sklaven, gestürzte Paladine, gewandte Verräter, und er taucht dieses Reich des Hellenismus in das sinnliche Licht von Lockung und Liebe. Es ist keine multikulturelle Idylle, die er zeigt, denn deren Stunde kann erst schlagen, wenn der Gott des Nationalismus gestürzt ist und die Nationalstaaten brüchig werden; Kavafis hingegen geht in eine Zeit zurück, in der jener Gott noch gar nicht geboren ist, ja die Nationen selber noch nicht erfunden waren. Woher immer seine Helden kommen und welche Sprache sie auch sprechen, der Himmel, der sie und ihr Tun überwölbt, ist ihnen doch gemeinsam, es ist der Himmel des Hellenismus.

1904 schreibt er sein grandioses geschichtsphilosophisches Gedicht »Warten auf die Barbaren«, eines der großen lyrischen Zeugnisse der Weltliteratur. Wie meist bei ihm schillert die historische Zeit, von der er spricht, vieldeutig im Ungefähren. Folglich kann es sich um Ereignisse aus ältester griechischer Zeit handeln, oder um Rom, das vom Ansturm der Germanen Kunde erhält, aber vielleicht ist es auch jener Aufstand im Sudan, den die britische Kolonialarmee Ende des 19. Jahrhunderts eben niedergeschlagen hatte:

»Worauf warten wir, versammelt auf dem Marktplatz?
Auf die Barbaren, die heute kommen.
Warum solche Untätigkeit im Senat?
Warum sitzen die Senatoren da, ohne Gesetze zu
machen?
Weil die Barbaren heute kommen.
Welche Gesetze sollen die Senatoren jetzt machen?
Wenn die Barbaren kommen, werden diese Gesetze
machen.«

Selten ist der beklemmende Moment der historischen Windstille, auf den der Sturm von Revolte oder Barbarei folgen wird, so eindringlich eingefangen worden wie in diesem Gedicht, das von Strophe zu Strophe die Atmosphäre ins Erstickende verdichtet. Alle sind sie wartend gebannt im Zentrum, indes die Ränder hereinbrechen. Dann löst sich die Starre, das Leben kehrt wieder, denn:

»Einige Leute sind von der Grenze gekommen
Und haben berichtet, es gebe sie nicht mehr,
die Barbaren.«

Doch das Gedicht ist damit noch nicht zu Ende, Kavafis hat noch einen bestürzenden Zweizeiler angefügt, der von der dumpfen Sehnsucht der kleinen Leute kündet, von der Sehnsucht nach irgendwas, das die Dinge wenden könnte, nach dem starken Mann, der fremden Macht, dem unerhörten Schicksalsschlag. Denn ehe die Menschen, die bang vor dem Ansturm gezittert haben, sich nun wieder ihren Geschäften zuwenden, fragen sie sich, enttäuscht davon, dass die alles lösende Katastrophe ausgeblieben ist:

»Und nun, was sollen wir ohne Barbaren tun?
Diese Menschen wären immerhin eine Lösung.«

Kavafis hat das vor mehr als hundert Jahren, aber wie für heute geschrieben (und nicht nur, weil Robert Elsie, ein heutiger Übersetzer, es in ein kraftvolles Deutsch übersetzt hat). Diese Sehnsucht nach Erlösung, dieser Wunsch, dass die Misere ein Ende, nur irgendein Ende haben möge, und sei es, dass die Barbaren kommen, die alte Herrschaft und mit ihr die Trägheit der Unterjochten verjagen, zertrümmern werden: Man könnte den Dichter Kavafis, der sich um Politik zeitlebens nicht scherte, auf dem Tahrir-Platz in Kairo, auf irgendeiner tunesischen oder syrischen Straße, auf dem Platz vor der Börse von Athen rezitieren, und seine Verse träfen genauer als die Kommentare, die die sogenannten Experten mitten aus den erregten Massen heraus ins Mikrofon sprechen.

»Ich bin ein Dichter des Alters«, hatte Kavafis einmal von sich gesagt, und tatsächlich ist er mit den Jahren nicht nur immer besser geworden, sondern auch dichtend in die Haltung dessen geschlüpft, der sich historisch der Geschichte und persönlich der leidenschaftlichen Momente des Glücks zu besinnen sucht. Darum sind seine historischen und seine der Liebe gewidmeten Gedichte voneinander auch gar nicht klar zu trennen – die einen wie die anderen drängen danach, das Erlebnis in der Rückschau von den Schlacken des Zufalls zu befreien, ins Philosophische zu heben. Die französische Schriftstellerin Marguerite Yourcenar hat einmal die »nüchterne Resignation« als die Kavafis gemäße Stimmung bezeichnet. Tatsächlich, die Dinge zu benennen, wie sie sind, und in der Trauer um das unwiederbringlich Verschwindende weder zu jammern noch zu klagen, sondern nüchtern den Verlust zu benennen – das gibt den Gedichten des Konstantinos Kavafis ihren besonderen Ton. Unerbittlich ist Kavafis, aber auch nachsichtig, weiß er doch, dass zu den Menschen, wie sie sind, auch deren Schwäche gehört, die er nicht geißelt, aber auch nicht unwidersprochen hinnimmt. Darum gilt für seine Gedichte, was er über die Gerechten unter den alten Menschen gesagt hat:

»Stets sagen sie die Wahrheit
doch ohne Hass auf jene, die lügen.«

Fortwährend kommen uns Menschen abhanden, und wir merken es gar nicht. Nur manchmal halten wir inne, schauen uns um und sehen, dass wieder einige fehlen. Ich meine nicht die Toten, sondern die Menschen, die ihren gesellschaftlichen Untergang erfahren und ihren Sprachtod bereits hinter sich haben. Wohin ist zum Beispiel das *Fräulein* verschwunden? Gewiss, es gibt noch Frauen, die man früher, weil sie ledig und jung sind, als Fräulein bezeichnet haben würde, und es gibt auch noch ältere oder alte Frauen, die all ihre Jahre niemals mit einem Mann zusammengelebt haben. Aber ein Fräulein ist doch keine von ihnen. Der Stolz, sich noch nicht oder überhaupt nie mit einem Mann eingelassen, Bett und Tisch, Träume und Wirklichkeit mit ihm geteilt zu haben, dieser Stolz, der früher dem jungen Fräulein verordnet und von dem alten für sich beansprucht wurde, ist dahin.

Dem Fräulein ist zuerst der Glanz der Tugendhaftigkeit abhandengekommen, denn alleine für sich zu leben heißt längst nicht mehr, sich in sexueller Selbstdisziplinierung zu üben; und die männerlose Existenz, die heute aus guten Gründen sogar mehr Frauen als früher anstreben, hat nichts mit der Hilfsbedürftigkeit zu tun, unter die das Fräulein gestellt war. Objekt ritterlichen Schutzes zu sein, das wird sich die emanzipierte alleinstehende Frau von heute verbitten. Kurz gesagt, das Fräulein ist ein Opfer, das der Emanzipation der Frauen dargebracht werden musste. Recht besehen, begegnet man dem Fräulein eigentlich nur mehr in der Gastronomie. Aber wenn man die Aufmerksamkeit der vierzigjährigen, mit betrunkenen und nüchternen Männern reichlich erfahrenen Kellnerin mit dem Zuruf »Fräulein« zu gewinnen versucht, weil einem eben kein anderes Wort zur Verfügung steht: Ehrlich gesagt, wer von uns hätte da nicht das Gefühl, sich gänzlich unangemessen zu äußern?

War der *Hagestolz* nicht das männliche Fräulein? Woher er sprachgeschichtlich stammte, habe ich einmal gewusst, aber wieder vergessen. Interessanter ist ohnedies, wohin er gegangen ist, nämlich ins große Dunkel der Geschichte, das mit dem Fortschritt über ihn kam. Ein Hagestolz, wie man ihm in jeder zweiten Novelle aus dem 19. Jahrhundert begegnet, war ein unverheirateter Mann. Aber nicht nur dass er unbeweibt durchs Leben ging, machte ihn aus, sondern auch dass ihm in den Jahren der Einsamkeit eine Art von kauziger Würde zuwuchs. Das war ein Mann, der für sich lebte, doch selbst wenn ihm von seinem Gewand der Staub rieselte und er sich manche Schrulle als persönliche Note zugelegt hatte, war er niemand, über den die Glücklicheren gelacht hätten. Eher wurde er mit scheuem Respekt betrachtet, die dem Ethos des Verzichts geschuldet war, das ihm zugesprochen wurde. Ein Hagestolz war nicht einfach ein Junggeselle, und erst recht kein männlicher Single. Der Single, so traurig seine Lebensreligion vielleicht auch sein mag, ist ein lustbetontes Wesen, das seine Lust, auch seine sexuelle, eben in der Ungebundenheit sucht; die Würde der Entsagung, der frei gewählten Einsamkeit, die dem Hagestolz eignete, strebt er weder an, noch kann er sie anders denn als verächtlich empfinden. Der Hagestolz hingegen war stolz auf das, was er litt, und als Entschädigung für entgangenes Lebensglück entwickelte er eine Vielzahl vertrackter Eigenheiten und Marotten, von denen nicht alle liebenswürdig sein mussten.

Früher kannte jeder eine, und ihr Status war sprichwörtlich: die *Unschuld vom Lande*. Das war ein weibliches Wesen, das aus ländlichen Verhältnissen kam und sich in städtischen Dingen und modernen Angelegenheiten nicht so recht auskannte. Gerade das machte sie für Städter so anziehend. Beides gibt es nicht mehr: das Land – und die Unschuld, zumindest nicht mehr in dem Sinne, der gemeint war. Selbst das fernste Tal ist heute ökonomisch und medial an die Welt angeschlossen. Die Normen der Kulturindustrie werden auch im abgelegenen Dorf befolgt, hinter den sieben Wäldern, wo längst nicht mehr die Hinterwäldler hausen. Was gerade der neueste Trend ist, das entfaltet seine Macht in der Landdiskothek nicht weniger als in den Metropolen des Konsums. Und die Unschuld? Die meinte bei der Unschuld vom Lande weniger die Jungfräulichkeit als eine Naivität, eine Lebenshaltung, der Berechnung fremd war, eine gewisse selbstgefährdende Ehrlichkeit. Da die Metropolen heute in lauter Dörfer zerfallen und auf dem Land vierzig Programme des Satellitenfernsehens zu empfangen sind, hat die Unschuld vom Lande ihren gesellschaftlichen Ort verloren. Dass es um sie geschehen ist, erkennt man daran, dass sie höchstens ironisch noch angerufen zu werden pflegt. Wenn jemand ganz harmlos tut, sich für naiv ausgibt, dabei aber seinen eigenen Vorteil im Sinne hat – einzig in der berechnenden Unschuld hat sie, die es auch auf dem Land längst nicht mehr gibt, überlebt.

Als ich ein Kind war, wurde es noch so genannt: das *Kameradenschwein*. Damals war der Krieg mit seiner militarisierten Gesellschaft aber auch erst fünfzehn, zwanzig Jahre zu Ende. Der Lehrer trat, wenn er nach der Pause ein unanständiges Wort auf die Tafel geschrieben sah, vor die Klasse und fragte mit schneidender Stimme: »Wer war das?« Und wenn der Rudi oder der Herbert, denen solche Schandtat am ehesten zuzutrauen war, nicht aufzeigten, dann fügte er nach einem langen, musternden Blick über die in ihrer kollektiven Schuld erstarrte Klasse hinzu: »Also ein Kameradenschwein.« Denn bei ähnlichen Verbrechen gegen die Sittlichkeit, deren Urheber nicht zu eruieren waren, wurde stets die Klasse als Ganze bestraft. In einer Gesellschaft, die sich aus kleinen Gruppen von Kameraden formte, hatte ein jeder für einen jeden einzustehen – das war das Wesen ihrer Kameradschaft. Diese erwies sich aber nicht nur darin, dass Schwächeren geholfen wurde, sondern auch dass bestimmte Schwächen, die er hatte, dem Einzelnen als Verstoß gegen die Regeln der Gemeinschaft selbst angelastet und von dieser geahndet wurden. Ein Kameradenschwein zu enttarnen und bei der Obrigkeit anzuzeigen war kein Verrat, sondern

Wiederherstellung der verletzten Ordnung. Die Gesellschaft hat mittlerweile diesen zwanghaften Zusammenhalt eingebüßt, ein jeder ist zur Freiheit verdammt, sich in wechselnden Gruppen zu behaupten. Auf Kameraden, die ihm helfen, wird er dort nicht treffen, dafür gelten jene, die aus Egoismus oder rebellischem Vorsatz gegen deren Regeln verstoßen, auch nicht mehr für Kameradenschweine, sondern, je nachdem, für Erfolgsmenschen oder Außenseiter.

Der *Zappelphilipp* saß in der Bankreihe vor mir und hatte Schwierigkeiten, sich ruhig zu halten. Ausgerechnet das aber war damals, als ich in die Volksschule kam, die erste Schülertugend: ruhig sitzen und dem Unterricht mit regloser Aufmerksamkeit folgen zu können. Also hatte der Zappelphilipp manches zu leiden. Er konnte die Beine einfach nicht unbewegt lassen, sondern wippte unentwegt auf und ab. Er musste, wenn er schon eine ganze schmerzhafte Stunde lang auf seinem Sessel zu sitzen hatte, wenigstes mit diesem schaukeln oder sich auf ihm von links nach rechts werfen. Er war nicht der einzige Zappelphilipp in der Klasse, und ein wenig spürten wir alle, dass ein solcher auch in uns selber steckte und nur darauf wartete, auszubrechen. Gelang es nicht, ihn zu kontrollieren, setzte es was. Die schlimmste Strafe für den, der zappeln musste, war das Stillstehen in der Ecke.

In jedem Gasthaus, Zugabteil, Konzertsaal fallen mir seither die groß gewordenen Zappelphilippe von früher auf. Ich sehe, wie ihnen, die es damals auch in der Ecke nicht lernten, noch heute im unbeobachteten Moment das Zappeln in die Glieder fährt. Unter den Schulkindern gibt es heute übrigens viel mehr Zappelphilippe als vor dreißig, vierzig Jahren. Aber sie heißen nicht mehr so, sie sind die kleinen Patienten, die am »Aufmerksamkeitsdefizit-Hyperaktivitätssyndrom« leiden. In autoritären Zeiten galten sie als schlimm, in den aufgeklärten gelten sie für krank, einst wurden sie bestraft, heute werden sie behandelt.

Zwischenstück 1

Vom Verschwinden in der Literatur

Dieses merkwürdige Zwielicht in der Prosa von Patrick Modiano! Seine Figuren sind grüblerisch damit beschäftigt, ein Ereignis, das weit zurückliegt, zu ergründen, doch was sie entdecken, droht ihnen gleich wieder zu verschwinden oder zu verschwimmen, Klarheit erlangen sie nie, und Klarheit erlangen auch die Leser nicht. Modiano nimmt sie mit auf eine Suche, in der alles Unsichere unsicher bleibt und sich mit Deutungen auflädt, die bald darauf wieder erlöschen.

Ein Mann erinnert sich, dass er einst durch einen Unfall gerettet wurde. Eines Nachts vor dreißig Jahren war er von einem Auto gestreift worden. Als er ins Krankenhaus gebracht wird, fehlt ihm der linke Schuh, und während er im Spital auf dem Behandlungstisch liegt, den betäubenden Äther riecht, sich vom rätselhaften Blick der Unfalllenkerin verwirren lässt, fällt ihm ausgerechnet er wieder ein: Die Vorstellung, der Schuh würde die ganze Nacht auf dem Trottoir liegen, stimmt ihn traurig, als würden auch die Dinge einsam sein können und es verdienen, bedauert, betrauert zu werden.

Es war dieser Schuh, wie ihn Modiano als Inbild der Verlassenheit zeigt, der mich in der Lektüre innehalten ließ und mich an einen Vormittag erinnerte, als ich ein Volksschüler war und morgens auf dem Weg zur Schule zu einer Kreuzung kam, von der gerade das Opfer eines Unfalls mit dem Rettungswagen weggebracht wurde. In der Mitte der Kreuzung lag ein blaues Moped, das ein Polizist aufstellte, über die Straße schob und an eine Hausmauer lehnte. Dort stand es, verbogen und kaputt, und dieses Moped, dessen Besitzer gerade ins Spital gebracht wurde, brannte sich mir als Bild namenloser Einsamkeit ein, einer Einsamkeit, die nicht nur das Gerät betraf, das nun verwaist war, sondern auch den, dem es gehörte.

In Modianos Roman »Unfall in der Nacht« wird der junge Mann bald aus dem Krankenhaus entlassen, dann humpelt er tage- und nächtelang durch die Straßen von Paris, und wenn er durch die Straßen zieht, spricht er sich deren Namen vor wie Zauberworte, die ihn auf die Spur jener Frau bringen sollen, die ihn angefahren hat und die er doch als seine Retterin empfindet.

Die Straßen von Paris und die Sehnsucht – sie sind das eigentliche Metier Modianos, der die zauberische Fähigkeit besitzt, den Stadtplan von Paris so wiederzugeben, dass er als magische Beschwörung anmutet, die Namen der U-Bahnstationen und Straßen, die er aneinanderreiht, sind Verheißungen, dass das Leben ein Geheimnis ist, das nicht verraten werden will. Der Mann glaubt, ein Rätsel lösen zu wollen, aber vielmehr geht es für ihn wie für uns darum, das Leben wieder als Geheimnis zu entdecken und die Welt als jenes Wunder zu erfahren, von dem wir vergessen haben, dass es eines ist.

Eine Erinnerung an das Staunen, das sind die wunderlichen und wunderbaren Miniaturen, die David Albahari seit dreißig Jahren verfasst. Es geht in diesen Prosastücken, von denen die längsten nicht mehr als eine Seite umfassen, um das Staunen, dass wir die Welt noch nicht gesehen haben, wie sie ist, um die Dinge des Alltags, denen die Achtsamkeit des Autors gilt, um den Glanz, der mit einem Mal auf unscheinbaren Gegenständen liegt. Und darum, dass alles, was beschrieben wird, seinen Charakter verändern kann, sodass das Unansehnliche zu leuchten und das Gefährliche zu locken beginnt, das Verbriefte feindselig erscheint, das Unerhörte gewöhnlich.

Als ich David Albahari kennenlernte, war er, der so etwas wie der Popstar der serbischen Literatur gewesen ist, gerade dabei, sich neu zu entwerfen, nicht aus freien Stücken, aber aus freier Entscheidung, das zu tun, wovon er überzeugt war, dass es die historische Stunde von ihm verlange. Ein großer Ernst war um den schmalen Mann mit den feinen Gesichtszügen, den schmalen Lippen und den dunkel schimmernden Augen, mit denen er mich mit gespannter Aufmerksamkeit betrachtete. Es war ein Bahnhof, an dem wir uns trafen, damals, als Abertausende Jugoslawen sich aufmachten, ihr Land zu verlassen. Heimatlos waren durch den Krieg gerade auch die Juden geworden, die sich seit jeher als Boten zwischen den jugoslawischen Nationalitäten verstanden hatten und nun die rasch sich bildenden Nationalstaaten in großer Zahl verließen, weil an ihnen, den Boten, kein Bedarf mehr bestand in Staaten, die sich gegenseitig in nationalem Stolz zu übertreffen versuchten. Damals entschloss sich Albahari, dem eine solche Idee in friedlichen Zeiten niemals gekommen wäre, Vorsteher der zerfallenden Jüdischen Gemeinde von Belgrad zu werden. Ein paar Jahre später gab er selber auf und emigrierte nach Kanada, möglichst weit weg von Jugoslawien, das er als seine Heimat entdeckte, just als es in einem blutigen Krieg zerfiel, einem Krieg, vor dem er nun floh und dessen versprengte Zeugen, versehrte Opfer ihn doch überall erwarteten, wohin er kam.

Ein paar Jahre, nachdem er auf einen anderen Kontinent übersiedelt war, saß ich im verrauchten Foyer der Jüdischen Gemeinde von Sarajevo in einem Kreis alter Männer, die, als würden sie jeden Augenblick damit rechnen, zur Ausreise aufgerufen zu werden, ihre Mäntel nicht ablegten; sie waren Nachkommen jener Sepharden, der spanischen Juden, die Ende des 15. Jahrhunderts von einem gnadenlos katholischen König vertrieben wurden und sich, von einem weisen Sultan dazu eingeladen, in Sarajevo ansiedelten und dort ihr »chico Yerusalaim« erschufen, ihr kleines Jerusalem. Einer der Alten fiel mir auf, weil er unter den schweigend vor sich hin brütenden Rauchern mit einem verschmitzten Lächeln saß und unentwegt sprach. Er war ein pensionierter Oberst der jugoslawischen Luftwaffe, hieß Moshe Albahari, behauptete auf meine Frage, der Onkel des Schriftstellers zu sein (was diesen, als ich es ihm erzählte, verwundert dreinschauen und dann ratlos die Schultern zucken ließ), und sagte, er wolle sich, weil er schon viel älter sei als sein Neffe, zum Unterschied von diesem nicht mehr mit der Vergangenheit, nur mehr mit der Zukunft beschäftigen. Tatsächlich hat die Erinnerung an Jugoslawien, von der der Mann, der sich als sein Onkel ausgab, nichts mehr hielt, David eine Reihe grandioser Romane verfassen lassen, die die historischen Verwerfungen Serbiens und die persönlichen Niederlagen seiner Bewohner in einer unerbittlich genauen, schmerzwachen Prosa erkunden.

Aber er hat nicht nur beklemmende und verstörende Romane wie »Götz und Meyer«, »Mutterland« oder »Die Ohrfeige« veröffentlicht, sondern all die Jahre auch schwebend leichte Kurzprosa geschrieben. Diese Miniaturen sind, wiewohl über einen Zeitraum von dreißig Jahren entstanden, aus einem Guss; was immer aus seinem Land seither geworden und Albahari selbst widerfahren ist – seinen »Kurzen Geschichten und dauerhaften Wahrheiten über Liebe, Traurigkeit und den ganzen Rest« merkt man die politischen und biografischen Brüche nicht an. Der Ton, den er, seit Jahren von einer schweren Erkrankung geplagt, die seine Gesichtszüge erstarren, seinen schmalen Körper nahezu unbeweglich werden ließ, heute anschlägt, ist derselbe, den wir in den Geschichten vernehmen, die Albahari schrieb, als er jung, populär und gesund und Jugoslawien noch nicht in einem blutigen Krieg zerfallen war. Keinen Unterschied akzentuiert er auch zwischen existentiellen, psychologischen, ästhetischen, philosophischen Erfahrungen und Einsichten: In seinen kleinen Prosastücken nimmt er vielmehr die ganze Welt als zerfallene Einheit wahr, in Form von Scherben, von denen eine jede das Ganze enthält.

Einige Geschichten bestehen nur aus wenigen Sätzen: »Manchmal bin ich so müde, dass ich im Stehen, mit offenen Augen, einschlafe. Sobald ich sie schließe, werde ich wach.« Die meisten haben ein alltägliches Vorkommnis, ein wiederkehrendes Gefühl, eine wenig aufregende Beobachtung zum erzählerischen Anlass; und fast alle kippen von einem Satz zum anderen, mitunter von einem Wort zum nächsten, sodass das Alltägliche als etwas Besonderes erscheint, das Wiederkehrende einzigartig anmutet und das Unaufgeregte dramatische Formen annimmt. »Am Abend, während die Schatten wachsen, wächst auch die Angst des Jungen, und sie wird immer stärker trotz der Stimme, die unter seinem Bett ständig wiederholt: Keine Angst, Junge, du bist nicht allein, du bist überhaupt nicht allein.« Die paradoxe Geschichte, dass der begütigende Zuspruch von dort kommt, wo das Unheil droht, könnte auch von Franz Kafka notiert und seinen »Zürauer Aphorismen« eingegliedert worden sein, so rigoros ist hier alles Überflüssige ausgespart. Albahari umspielt die Leerstellen seiner Anekdoten, das macht sie doppelbödig, schauerlich, witzig, mitunter geradezu romantisch: »Von allen Erzählungen, die ich nicht geschrieben habe, mag ich am liebsten die, in der ein Junge und ein Mädchen auf einer Parkbank sitzen, sich an den Händen halten und schweigen.«

Als 1976 in Argentinien die Generäle putschten, verließ mit vielen anderen auch der Dichter Juan Gelman sein Land und ging nach Mexiko. Sein zwanzigjähriger Sohn und seine Schwiegertochter wurden in Buenos Aires auf offener Straße entführt und ermordet: erschossen und einbetoniert der Sohn, die hochschwangere Frau nach Uruguay verschleppt und dort, kaum dass sie ihr Kind geboren hatte, getötet. Nach seiner Flucht, in der »äußersten Einsamkeit des Exils«, hat dieser jüdische Intellektuelle, der politisch immer eine Galionsfigur der Linken war, literarisch etwas höchst Merkwürdiges unternommen. Während ihn die Diktatur nötigte, ihr in Pamphleten und Aufrufen publizistisch entgegenzutreten, eignete er sich dichterisch das alte Spanisch des 16. Jahrhunderts an. Zwei heute legendäre Gedichtbände zeugen von dem Dialog, in den der lateinamerikanische Exilant mit der in Zeit und Raum so weit entrückten Sprache des mythischen Mutterlandes trat. In einem dritten Buch suchte Gelman noch ein Stück weiter zu den sprachlichen Wurzeln seiner Existenz zurückzugehen, bis zu jener Kreuzung, an der sich das Sephardische, die Sprache der spanischen Juden, vom Spanischen trennte.

Gelman hat sich gerade im Exil des Sephardischen besonnen, weil »die sephardische Syntax mir eine verlorene Reinheit zurückgab, eine Zärtlichkeit anderer Zeiten, die lebendig ist und deshalb voller Trost«. Dass sich ein Autor, den man gerne mit dem Etikett »engagiert« versehen hatte, so entschieden auf die Sprache, auf die »Wurzeln in der Sprache« konzentrierte, hat jedenfalls viele seiner Leser bis heute nicht zu irritieren aufgehört; denn seine sephardischen Gedichte, geschrieben in einer Zeit der Verfolgung, verweigern sich der Politik und Aktualität, sind strenge poetologische Gedichte, die den Akt des Schreibens, den sprachlichen Schöpfungsvorgang, die Existenz in der Sprache und durch die Sprache feiern. Es sind Liebesgedichte, wobei hier nicht nur die Liebe zwischen zwei Menschen, sondern auch das Verhältnis des Menschen zu seiner Sprache, des Autors zum Sephardischen gemeint ist. Im einen wie im anderen Falle ist die *unio mystica* das Ziel dieser Liebe, die Verschmelzung, die die Grenzen zum geliebten Menschen, zur geliebten Sprache aufhebt. Dabei scheint es uns Lesern und unseren Stimmungen überlassen zu sein, ob wir im lyrisch beschworenen Du gerade die Geliebte oder die Sprache erkennen möchten:

»du sagst Wörter mit Bäumen
sie haben Blätter die singen
und Vögel
die Sonne sammeln.«

Es ist die »ternura«, die Zärtlichkeit, die Gelmans Bild der Sprache wie der Geliebten bestimmt. Indem sich der Einzelne überschreitet, erfährt er die Welt neu, und in der Hingabe wird ihm die Welt zum Geschenk:

»was du mir gegeben hast
ist Sprache, die zittert
in der Hand der Zeit
offen zum Trinken.«

Dieses Geschenk lässt ihn sowohl seine eigene Geschichtlichkeit erfahren, seine Verbundenheit mit den Generationen, die dahingegangen sind, als auch für den Augenblick des Glücks empfänglich werden:

»dich lieben ist dies:
ein Wort, das gerade gesagt wird.«

Als die Heilige Inquisition die Juden 1492 zwang, Spanien zu verlassen, ein jeder mit nicht mehr von seinen Habseligkeiten im Gepäck, als er selber tragen konnte, fanden sie nicht nur in Sarajevo Aufnahme, sondern in vielen Hafenstädten Europas, und in Amsterdam, Livorno, Saloniki bildeten sie bedeutende sephardische Gemeinden. Ihre Sprache, das Ladino, war eine Zeitlang die Lingua franca der Händler im Mittelmeerraum, heute ist sie längst überall im Niedergang begriffen. Überlebt hat sie aber da und dort in Lateinamerika, in Prado zum Beispiel, dem jüdischen Stadtteil des für seine Drogenkartelle berüchtigten kolumbianischen Medellín, oder auch in Barrio Palestina, dem jüdischen Viertel von Asunción, der Hauptstadt Paraguays.

Wenn Memo Anjel, ein melancholischer, in seiner Melancholie äußerst präziser Erzähler, einen Roman über das Prado seiner Jugend schreibt, geht es im doppelten Sinne auch ums Verschwinden: Vor zwei, drei Generationen versuchten die Sepharden von Medellín verzweifelt, die aus Europa vor hundert oder mehr Jahren mitgebrachten Sitten und Gebräuche im südamerikanischen Alltag zu bewahren, was damals schon nicht mehr recht gelang; und indem Anjel sich jetzt seiner Jugend erinnert, möchte er, fünfzig Jahre später, immerhin jene sephardischen Traditionen festhalten, in denen er selbst noch aufgewachsen war und die sich bis heute vielfach verflüchtigt haben. Prado, wie er es in dem Roman »Das meschuggene Jahr« entwirft, war ein Viertel frommer

Eiferer und frommer Ketzer, der Überlebenskünstler und Träumer. Der Erzähler berichtet vom ereignisreichen Jahr 1954, »in dem wieder nichts aus unserer Reise nach Jerusalem« wurde: Gerade davon aber träumen alle in Prado, nach Jerusalem zu reisen. Aber vom Träumen alleine kommt man zu keiner Karte für die Schiffspassage und nicht zum Geld für den Aufenthalt in der Heiligen Stadt. Träumer sind sie fast alle, vor allem auch der Onkel Chaim, der eines Tages aus den unzähligen Legenden auftaucht, die über ihn erzählt werden; gezeichnet von der Schwindsucht, möchte der Weitgereiste seine letzten Monate in Prado verbringen und sich von der Schwester pflegen lassen. Vor dem Fenster stehen gebannt die Kinder des Hauses, um dem seltsamen Gast »beim Sterben zuzuschauen«. Indes, Chaim stirbt nicht, vielleicht, weil er über all den Geschichten, die er zum Besten gibt, einfach darauf vergisst und geradezu unbeabsichtigt wieder gesundet, um in der prüden Gemeinde gleich für einen großen Skandal zu sorgen: Er freit die viel jüngere Besitzerin der Buchhandlung und bringt es sogar zuwege, dass sich die Sippe am Ende tatsächlich auf den Weg nach Jerusalem macht.

Von all dem erzählt ein Autor, der die Scheiternden bewundert, die Narren, die sich verrannt haben, aber nicht aufgeben, die Träumer, die mit traumwandlerischer Sicherheit dem Abgrund entlang durchs Leben gehen, die Schwindler, die längst selbst an die Geschichten glauben, die sie erfunden haben. Es ist ein verklärendes Licht, das auf diese Familie von gestern fällt, auf dieses Viertel, das verschwindet, auf diese Kultur, die gerade dabei ist, verloren zu gehen, eine kleine, unendlich große Welt, über die nicht nur die Not verhängt war, sondern zu der auch das Wunder gehörte.

Seinen Roman »Schahrijars Ring« beginnt Dževad Karahasan mit einem luziden Essay über den Charakter modernen Industriemobiliars. Glas, poliertes Metall, Spanplatte sind Materialien, die zwar schäbig werden können, aber gleichwohl dem, der sie nutzt, keine Erinnerungen ermöglichen. Sie sind »reine gleichgültige Gegenwart« und nehmen den Geruch des Menschen nicht an, dessen Leben inmitten dieser Möbelstücke vergeht. Zehn Jahre später, in seinem Roman »Nächtlicher Rat«, in dem von Massakern erzählt wird, wie sie in Bosnien periodisch immer wieder verübt wurden, heißt es hingegen in einem Exkurs, dass nichts, was auf Erden geschehen ist, je völlig vergessen werden kann. Die Erinnerung ist also nicht nur eine Begabung des Menschen, sondern eine Kraft, die in den Dingen, den Erscheinungen des Lebens selber wirken und in die Welt hinausstrahlen kann. Und darum »ist es ganz unmöglich, dass etwas einfach spurlos verschwindet«.

Der reinen, gleichgültigen Gegenwart zu trotzen, schreibt Dževad Karahasan Romane, Erzählungen, Theaterstücke und Essays, in denen er der Sehnsucht der Menschen, eine Geschichte zu haben, auf den Grund geht und ihren Wunsch rechtfertigt, eine Spur ihrer Existenz zu hinterlassen. Man kann eine Kultur nicht auf der Erinnerung alleine gründen, aber ohne Erinnerung ist es die Barbarei, die herrscht. Darum versuchen Kriegsherren so oft, den Besiegten das Gedächtnis zu nehmen: Früher raubten sie ihnen die Götter und ersetzten sie durch ihre eigenen; und noch im jugoslawischen Zerfallskrieg galt einer der ersten gezielten Brand-Angriffe ausgerechnet der bosnischen Nationalbibliothek in Sarajevo, auf dass die Erinnerung daran getilgt werde, dass sich hier eine Kultur ausgebildet hatte, die zugleich muslimisch und europäisch war.

1992 ist eine Kugel auch in Dževad Karahasans eigene Bibliothek in Sarajevo geflogen, sie hat dort, wie er mir erzählte, die Bücher von William Faulkner, Nadeschda Mandelstam und Gottfried Keller gespalten. Als wenig später seine serbische Schwiegermutter ermordet wurde, weil sie muslimische Nachbarn bei sich versteckt hielt, floh er mit seiner Frau, der Autorin Dragana Tomašević, nach Österreich. In Sarajevo zurücklassen musste er das Manuskript von »Schahrijas Ring«, er hat den Roman in Salzburg und Graz noch einmal geschrieben. Die komplizierte Struktur des Werks hat er mir einmal im Salzburger Café Mozart dargelegt; wir trafen uns damals wöchentlich in diesem Café, das sich im ersten Stock eines Hauses in der Getreidegasse befand, vor allem von Schachspielern, stillen Zeitungslesern und geduldig mit ihrem Unglück und ihren Cremeschnitten beschäftigten Witwen frequentiert und das eines Tages renoviert und seines plüschigen Charmes beraubt wurde. Dževad ließ sich vom Kellner mit einem Bestellzettel aushelfen und zeichnete auf das erste Blatt lauter ineinander verschlungene Kreise, dabei fasste er mich fest ins Auge und sprach eindringlich, wie es seine Art ist, auf mich ein. Erzählt wird in »Schahrijars Ring« die todtraurige Liebesgeschichte eines Paares, das sich trennt und, kaum dass es sich durch die äußeren Ereignisse, den Verlauf der Front im Krieg, nicht mehr treffen kann, erkennt, dass es doch Liebe war. Wie die Bewohner Sarajevos zu spät erkennen, was diese Stadt für sie bedeutet hat, begreifen die beiden erst im Rückblick, was sie aneinander verloren haben.

Es klingt ein wenig nach Pflichtübung in rhetorischer Toleranz, wenn Karahasan notorisch als Grenzgänger zwischen der islamischen und der christlichen Welt, zwischen Orient und Okzident charakterisiert und gerühmt wird. An einer

Schnittstelle der Kulturen aufgewachsen, ist er tatsächlich beides zugleich, ein orientalischer Märchenerzähler und ein skeptischer westlicher Intellektueller. Die Gemeinsamkeiten der beiden Welten entdeckt er paradoxerweise gerade in ihren Unterschieden, und wie ihm das gelingt, das ist, als hätte sich Robert Musil darangemacht, mit hellwachem Verstand von Tausendundeiner Nacht zu erzählen.

Bei Juan Goytisolo gibt es alles nur im Plural. Sein Roman »Das Manuskript von Sarajevo« hat etliche Schauplätze und Handlungsebenen, er kommt nicht mit einem Erzähler aus, sondern bietet mindestens sechs davon auf und erprobt ganz verschiedene Textarten. Der bedrückenden Beschreibung eines Attentats folgt ein weit ausschwingender Essay über islamische Mystik, in harter Schnittfolge werden die Briefe eines »Kommandanten der internationalen Vermittlungstruppen« in Sarajevo, Bekenntnisgedichte eines unbekannten Irrenhausinsassen im Spanien Francos, Kurzgeschichten eines bosnischen Hispanisten, Traumprotokolle eines Heimatlosen in Paris, politische Traktate und religionsphilosophische Betrachtungen aneinandergefügt.

Die Radikalität, mit der Goytisolo all dies in einen einzigen Roman zusammenzwingt, ist beachtlich, und die kompositorische Raffinesse, mit der er dabei zu Werke geht, geradezu aberwitzig. Ist ein solcher Eifer, sich fortwährend an Virtuosität zu übertreffen, nicht befremdlich, zumal wenn es im Text um Sarajevo geht? Immerhin ist Sarajevo nicht nur ein Symbol, das für menschliche Destruktivität steht, oder ein bloßer Name, der eine europäische Schmach bezeichnet, sondern auch ein ganz realer Ort, der durch konkrete Verbrechen benennbarer Individuen zerstört wurde. Nicht, dass Goytisolo das nicht wüsste. Er war vor Jahren ins belagerte, beschossene Sarajevo gereist und hatte damals mit seinen »Notizen aus Sarajevo« ein genau beobachtetes, verantwortungsvoll recherchiertes Buch vorgelegt. Zudem beklagt Goytisolo nicht nur, dass Sarajevo zerstört wurde, was ja viele tun, sondern er weiß auch, was da zerstört wurde.

Für ihn, der die Geschichte Bosniens kennt und um die Vertreibung der arabischen und jüdischen Kultur aus Spanien trauert, war Sarajevo jener heilige Ort, der den vertriebenen Sepharden Aufnahme gewährte und über die Jahrhunderte die Begegnung jüdischer, arabisch islamischer, abendländisch christlicher Kultur ermöglichte: »Diese historische Substanz aus der Welt zu tilgen«, war die uneingestandene Absicht der Belagerer von Sarajevo. Noch die Erinnerung an den »Kreuzweg der Kultur und des Wissens« wollten sie zerstören, sonst hätten sie ihre Angriffe nicht beständig gerade auf Bibliotheken und Museen gerichtet; die Belagerer haben ihr Kriegsziel für jeden, der hören und begreifen, nicht überhören und vertuschen will, klar zu erkennen gegeben: Was wir anstreben, ist der Memorzid, die Auslöschung des kollektiven Gedächtnisses!

Das alles geißelt Goytisolo auch in seinem Roman, aber er wäre nicht Goytisolo, wenn er nicht zugleich ehrgeizig an der literarischen Verrätselung arbeitete, gefundene und erfundene Manuskripte ins Spiel brächte – die sich dann als Fälschungen, Palimpseste oder Abschriften erweisen – und seinen Roman als Labyrinth anlegte. In einem Spiel der Irrungen und Verwirrungen knüpft er Fäden, die das Sarajevo der 1990er Jahre mit dem Spanien des Bürgerkriegs und einen Intellektuellenkreis von heute mit den islamischen Geheimlehren des 17. Jahrhunderts verbinden. Und mittels eines genial einfachen Tricks gelingt es ihm, den Bürgerkrieg auf dem Balkan, der dem zivilisierten Europa epochenweit entfernt scheint, in den Vorstadtrevolten zu spiegeln, die das machtgeschützte Paris erschüttern.

In einer grandiosen Vision führt er vor, wie ein von Flüchtlingen, Drogensüchtigen, Arbeitslosen, afrikanischen Immigranten bewohntes Arrondissement plötzlich zum politischen Ghetto wird. Die »Masse nicht wiederverwertbaren Mülls, die bald schon in Containern in die Dritte Welt exportiert würde«, erwacht zu eigenem Selbstbewusstsein, und die Franzosen des Viertels flehen patriotische Interventionstruppen aus den gutbürgerlichen Teilen ihrer Stadt herbei. Stattdessen aber wird das Viertel eines Tages abgeriegelt, und die Metro macht hier keinen Halt mehr, während die Situation eskaliert und einzelne Wohnblöcke sich ausländerfrei erklären.

Gerade diese Spiegelung eines Bürgerkriegs in den Herzen und Köpfen der zivilisierten Bürger von Paris gelingt Goytisolo wie nebenhin; der Krieg, der sonst nur im Fernsehen erlebt wird, ist mit einem Mal ganz nah, und die Mechanismen, die in den Schluchten des Balkans wirken, sind durchaus tauglich, auch die Metropolen des Westens zu verheeren. Im Bild des Schreckens wird die Erinnerung an eine zerstörte Synthese sichtbar, eine eigenartige Utopie, die nur mehr in den Scherben aufleuchtet, die von dem großen Experiment übrig geblieben sind, Judentum, Islam, Christentum und Aufklärung eine europäische Stadt zu geben.

Als sich sein achtes Lebensjahrzehnt zu Ende neigte, wollte Bora Ćosić noch einmal seine Kindheit erkunden. Mit kühner Phantasie und kühler Intelligenz begabt, ist er ohnedies ein Spezialist für Prosa, die aus der Perspektive heranwachsender Protagonisten erzählt wird. Der Blick, den die Erzähler von »Die Rolle meiner Familie in der Weltrevolution«

und »Im Ministerium für Mamas Angelegenheiten« auf die Welt werfen, ist immer naiv und entlarvend zugleich: Das Kind, neugierig und respektlos, reißt die Dinge aus ihrem Zusammenhang und fügt sie in eine neue Ordnung. Niemals ist Ćosić jedoch so weit zurückgegangen wie in jenem Buch, von dem er uns im Sommer 2011, als wir mit ihm und Lidija oft in Rovinj zusammensaßen, mit beschwingter Vorfreude erzählte. Das Buch sollte wenige Wochen später in deutscher Sprache herauskommen, den Titel »Eine kurze Kindheit in Agram« haben und erfreute den Autor schon im Voraus so sehr, dass er mir auf den steilen Gassen dieser kleinen Stadt an der Adria und im Turmzimmer seines verwinkelten Hauses fast am höchsten Punkt des Ortes immer wieder davon zu erzählen begann; für mich hatten diese Gespräche auch noch den zusätzlichen Reiz, dass ich damals gerade am Buch meiner eigenen Kindheit schrieb und schon gut die Hälfte der kleinen Kapitel bei mir hatte, aus denen ich später »Das Erste, was ich sah« zusammenfügte.

Die kurze Kindheit, von der Bora schon im Titel spricht, währte für ihn von seiner Geburt im Jahr 1932 bis 1937, als er mit seinen Eltern nach Belgrad übersiedelte. Agram ist der alte, habsburgische Name für die kroatische Hauptstadt, und dass Ćosić ihn und nicht Zagreb wählt, ist Programm: »Agram« bezeichnet einerseits eine kroatische Metropole, deren Einwohnerschaft noch übernational zusammengesetzt war, und andrerseits eine spezifische Verbindung von Provinzialität und Moderne, eine Epoche voller Umbrüche, in der es dem Erzähler im Rückblick gleichwohl erscheint, dass »alle Dinge Sepiatusche enthielten«, als wäre die Welt schon damals in die Farbe ihres Verschwindens getaucht gewesen. Dieses historische Phänomen findet sich in der Angst des Kindes gespiegelt, das zwischen den Eltern, »den beiden

Riesen«, am Boden herumkrabbelt und fürchtet, dass all die Dinge, die es sieht, morgen nicht mehr vorhanden sein werden. Jeden Tag wieder erschafft sich das Kind aus den Gegenständen der elterlichen Wohnung sein Universum, doch lebt es in der steten Furcht, dass dieses Universum verschwindet oder die Dinge in furchtbare Unordnung geraten. Wenn einmal in der Woche die »dicke Weibsperson mit Schrubber und Eimer an der Hand zum Putzen« kommt, findet es sich danach in seinem Reich nicht mehr zurecht.

Bora Ćosić überschneidet die Geschichte der Stadt mit der Entwicklung dieses einen Kindes, das er selbst war, und dessen Ängste und Neugier, staunende Wahrnehmung und zauberische Begabung er nach 75 Jahren heraufbeschwört. Er hütet sich vor der falschen Unmittelbarkeit und tut nicht so, als würde das Kind selbst zu uns sprechen; aber er verharrt auch nicht in der Distanz so vieler Jahre, aus der sich all die konfusen, bedrängenden, rätselhaften Dinge erklären und ordnen ließen, sondern taucht in das Chaos, in die langsam sich formierende Gedankenwelt des Kindes hinab. So wird das ewige Drama der Kindheit auf der bewegten Bühne der dreißiger Jahre gespielt, und Ćosić versucht in einem das Bildnis seiner eigenen Kindheit und das seiner Geburtsstadt zu geben.

Die »kurze Kindheit« endet, als die serbische Familie nach Belgrad übersiedelt, aber auch, weil das Kind kurz vorher etwas Neues entdeckt, nämlich die Schrift. Wie nebenbei lernt es die Aufschriften an den Wäschestücken und Schachteln in der Wohnung, dann an den Schildern und Litfaßsäulen auf der Straße zu entziffern, sodass es in seiner Stadt bald wie in einem »öffentlichen Lesebuch« unterwegs ist. Mit dem Lesen wird alles anders, in die Fülle an Erscheinungen kommt Ordnung hinein, und die Dinge stehen dem Kind nicht mehr als schiere Übermacht gegenüber. Ein Buch der Kindheit – also über die Seele der Dinge und den Schmerz des Erwachens.

In seinem letzten Roman, »Purgatorio«, hat der argentinische Autor Tomás Eloy Martínez sich noch einmal dem Regime der Generäle, der bezahlten und freiwilligen Schläger, der Denunzianten gestellt, dem zwischen 1976 und 1984 Abertausende Argentinier zum Opfer fielen. Sein Roman geht in diese Zeit zurück und zeigt zugleich, warum die Literatur nicht aufhören kann, sich mit ihr zu beschäftigen. »Purgatorio« ist eine bohrende Auseinandersetzung mit dem »Verschwinden« und mit der quälend aktuell gebliebenen Frage, was es für den Einzelnen bedeutet, dass seine Freunde, Kinder, Verwandten, Nachbarn verschwunden sind. Ihr Verschwinden wirkt fort, denn sie bleiben ja – verschwunden; gerade als Verschwundene werden sie Teil der argentinischen Geschichte, die weitergeht und in der sie als jene, die der Gesellschaft heute fehlen und die von ihren Angehörigen und Freunden vermisst werden, auf paradoxe Weise präsent sind.

Es verschwanden Väter und Mütter, Söhne, Töchter, Geschwister, es verschwanden Arbeiterinnen, die in der Früh in die Fabrik gingen und abends nicht mehr nach Hause kamen, es verschwanden Kranke nächtens aus dem Krankenhaus: »Es verschwanden Kinder aus dem Bauch ihrer Mütter, und es verschwanden Mütter aus den Erinnerungen ihrer Kinder.« Bei so viel zum Verschwinden gebrachten Menschen wird das Verschwinden von Haltungen und Tugenden, die sie verkörperten, von materiellen Gütern und immateriellen Werten, die die Nation geschaffen hatte, zum gesellschaftlichen Stigma: »Die Plünderung dessen, was nicht mehr war, und dessen, was hätte gewesen sein können, war grenzenlos.«

Als der Roman einsetzt, sind drei Jahrzehnte vergangen, seit der junge Mann der Erzählerin von den Militärs verschleppt wurde. Kein Tag ist vergangen, an dem Emilia nicht davon träumte, Simón wieder zu begegnen. »Dreißig Jahre war Simón Cardoso schon tot, als Emilia Dupuy, seine Frau, ihm zur Lunchzeit im Speiseraum von Trudy Tuesday begegnete.« Dies ist der erste Satz des Romans, der in vielen Rückblenden die Geschichte dieser einen naiven Frau und die ihres Landes aufrollt. So besessen ist Emilia davon, dass der Verschwundene nur verschwunden, nicht aber tot ist, dass sie jedem anonymen Anrufer glaubt, der diesen bald in Caracas, Rio oder Mexiko gesehen zu haben behauptet. Jetzt lebt sie als Mitarbeiterin des Geografischen Instituts in einer Universitätsstadt in New Jersey, und dort begegnet sie diesem Mann, den die anderen Menschen nicht zu sehen vermögen, Simón, den sie im Restaurant entdeckt und mit dem sie künftig zusammenleben wird. Er ist 33 geblieben, sie ist sechzig geworden, ohne ihn und doch mit ihm, denn er war ja ständig zugegen, gerade indem er verschwunden blieb. Eloy Martínez hält dieses Geschehen lange in der Schwebe von Realität und Halluzination. Emilia, begreifen wir endlich, erlebt die Welt, wie es das Motto des Buches, ein Vers aus Dantes titelgebendem »Purgatorio«, empfiehlt: »dass Schatten so wie Körper ich behandle«. Sie verstrickt sich nicht länger in die Welt von gestern, in die Erinnerung an Simón, sondern vergegenwärtigt ihn, der ermordet wurde und zu den Schatten ging, auf so kompromisslose Weise, dass er für sie buchstäblich auferstanden und wieder Fleisch geworden ist.

2. Kapitel

Die Apokalypse

Der Auftrag, die Schwarten für die Schinken krachen zu lassen, reizt mich nicht besonders. Ich soll einen Text für ein Buch mit zwei Dutzend literarischen Bildbeschreibungen beisteuern: die Gemälde der großen europäischen Meister, gesehen, beschrieben, gedeutet von Autoren, in deren Werk die bildende Kunst eine Rolle spielt. Vergebens versuche ich den Verleger auf ein anderes Projekt abzulenken, das ich seit Wochen gedanklich hin und her schiebe: Beschreibungen der Bilder, die sich mir in den letzten Monaten eingebrannt haben, Bilder aus dem Fernsehen, Fotografien in den Zeitungen.

Diese Bilder: Männer und Frauen auf dem Tahrir-Platz in Kairo, die von Rollkommandos gejagt, eingekesselt, zusammengedroschen, in Foltergefängnisse abtransportiert werden und dennoch die Oberhand über die Schläger des Regimes zu gewinnen scheinen, gerade mittels der Bilder, die es tausendfach von ihrem Ausharren, von ihrer Wut, ihrer Begeisterung gibt. Und dann Mubarak, einer unserer liebsten Despoten, der kantige General, dessen schwarz gefärbte Haare wie auf den Schädel geklatscht sind und der noch an der Schwelle zu seinem neunten Jahrzehnt als viriler Haudegen einherschritt, vorbei an Ehrenformationen und in Begleitung der vereinigten Präsidenten aller demokratischen Staaten der Welt; von einem Tag auf den anderen ist er zum Greis geworden, der auf seine Hinfälligkeit setzt und geradezu prahlt mit seiner schwächlichen Konstitution. Er, der immer in der Haltung des strammen Soldaten auftrat, lässt sich nun für die Fotografen und Kameramänner auf der Tragbahre aus der Kommandozentrale hinaustragen, sein Körper ist unter einer blütenweißen Decke verborgen, aus der nur sein maskenhaft erstarrtes Gesicht ragt und die Kragenspitzen eines hellen Pyjamas, als hätte man die Totendecke nicht ganz über den Verblichenen gezogen: So geht er ab, der Pharao, fallengelassen von seinen Paladinen, den Kreaturen, die er selbst erschaffen hat, die Speichel leckend um ihn scharwenzelten und jetzt mit flinken Formeln der Abscheu versprechen, ihm umgehend den Prozess zu machen, um den eigenen Hals (den sie nicht voll genug kriegen konnten) zu retten.

Oder jenes erste Bild aus Fukushima, das mich mehr als all die anderen, die uns in den Wochen danach erreichten, aufgewühlt, im Innersten erschüttert hat, weil es etwas zeigte, das gegen unser geradezu eingeborenes Verständnis von der Natur verstieß, nämlich wie die Grenzen der Elemente verheerend aufgehoben waren: jenes Bild vom brennenden Wasser, vom lodernden Meer. Zu sehen waren im Wasser schaukelnde Häuser, Kolonnen von gegeneinander schlagenden Autos, die von den Wellen dahin und dorthin gehoben wurden, und zwischen all den Dingen und Geräten des Landes, die zur Beute des Wassers geworden waren, schossen Flammen in die Höhe, aus treibenden Häusern, aus zerborstenen und gesunkenen Gebäuden, in denen Treibstoff gelagert war, aus Verteilern von Strom oder Gas oder beidem.

Oder dieses: einer der mächtigsten Männer der Welt, Präsident der Weltbank, eine Erscheinung von enormer körperlicher Präsenz, die zugleich intellektuelle Überlegenheit und politische Entschlusskraft repräsentierte, jetzt eine kleine, gedrungene Gestalt, die im zerknitterten Anzug, mit offenem Hemd, die Hände in Handschellen gelegt, an den Kameras vorbei in einen Gerichtssaal von New York geführt wird; ein Mann, der im Kreis der Erlauchten Respekt gebietend aufzutreten wusste, wird bezichtigt, nicht, dass er sich gegenüber der englischen Königin einen unangebrachten Witz erlaubt, sondern sich an der Reinigungskraft eines Hotels vergangen habe.

Sogleich musste ich mich gegen die Anmutung wehren, in seinem Blick etwas Gewalttätiges, Anmaßendes zu entdecken, das mir früher nicht aufgefallen war, als würde der Verdacht, in den er geraten ist, ihm bereits als erwiesene Schuld ins Gesicht geschrieben stehen. Damals, vor fünf Monaten, als der staunenden, empörten, begeisterten Medienwelt ein Mann vorgeführt wurde, der unantastbar gewesen und mit einem Mal antastbar geworden war, haderte ich mit mir, ob ich die Anklage, die gegen ihn erhoben wurde, unbesehen als Tatsache nehmen sollte oder mich nicht vielmehr über diese Inszenierung zu empören hatte, die der Meute selbstzufrieden ein großes Opfer zum Fraß hinwarf. Dominique Strauss-Kahn in Handschellen, mit wirrem Haar und diesem Blick, müde, resigniert, stumpf, doch auch kalt, hochmütig, ein Porträt, irrlichternd in seiner Vieldeutigkeit, deutbar auf diese und auch auf die ihr widersprechende Weise.

Oder jenes Foto aus einem engen, wie ein kleinbürgerlicher Hobbykeller anmutenden Raum im Weißen Haus, in dem einige der einflussreichsten Menschen der Welt versammelt sind, allesamt gebannt auf etwas starrend, das sich links von dem Punkt befindet, von dem aus der Fotograf dieses Foto, das gewiss in die Geschichtsbücher eingehen wird, aufgenommen hat. Dreizehn Personen, bis auf eine in zivile Freizeitkleidung gesteckt, als gälte es hemdsärmelig ein paar bequeme Stunden gemeinsam zu verbringen, starren (bis auf die eine) auf einen Bildschirm, und während sie auf diesem mit weit aufgerissenen Augen beobachten, was eine Kamera für sie in einem fernen Land aufgenommen hat, werden sie selbst aufgenommen, beobachtete Beobachter. Sie reißen die Augen auf, denn sie sehen, wie wir nur aus der Bildlegende erfahren, dass gerade das Haus im pakistanischen Abbottabad, in dem Osama bin Laden untergekrochen war, von eigens für eine solche Erstürmung ausgebildeten und abgehärteten Spezialisten gestürmt und der Pate von Al-Qaida erschossen wird.

Das Foto ist wie komponiert, als hätte ein genialer Künstler lange über die Anordnung der Figuren, ihre Haltung, ihre Proportionen und Beziehungen zueinander gegrübelt, und dass es dennoch wie ein Schnappschuss wirkt und nur einen flüchtigen Moment nebenbei festzuhalten scheint, macht seine durchdringende Wirkung aus. Wie über das »Letzte Abendmahl« Leonardo da Vincis wird man auch über diese abendliche Zusammenkunft von dreizehn Getreuen, die der Fotograf Pete Souza für die Ewigkeit gebannt hat, dereinst dicke Bücher schreiben. Allerdings sind die zwölf Apostel hier nicht um den Erlöser gruppiert, sofern dem Präsidenten diese Rolle zugedacht war. Obama sitzt vielmehr an den Rand gedrängt links von der Mitte, in sich versunken, und ist weder der perspektivische Mittelpunkt der Aufnahme noch die symbolische Mitte der Gruppe. Diesen Platz, diesen Status nimmt der Einzige der Gruppe ein, der uniformiert ist, es ist der Brigadegeneral Webb, dessen dunkelblaue Jacke vielfärbig mit Enblemen dekoriert ist und der nicht wie die anderen auf den unsichtbaren Bildschirm starrt, sondern konzentriert an seinem Laptop arbeitet, den er vor sich auf dem Tisch aufgeklappt hat. Während die anderen erschrockene, gespannte, zweifelnde Zuschauer sind, scheint er eher der Mitwisser und Mitgestalter und den anderen um einen kleinen Schritt an Information voraus zu sein.

Wer das Bild simpel nimmt, wird versucht sein zu behaupten, dass sich in dieser Komposition absichtslos, aber verräterisch die wahren Machtverhältnisse im Weißen Haus offenbarten, in dem das Militär die Führung über den Präsidenten und seine Außenministerin übernommen habe. Das Bild erzählt aber auch eine ganz andere Geschichte, und womöglich ist es sogar gemacht worden, um sie zu erzählen, vielleicht erzählt sie diese jedoch, ohne dass der Fotograf oder seine Auftraggeber sie im Sinne hatten. (Wer alte Fotografien betrachtet, weiß um Tücke und Glück dieses Mediums, denn fasziniert entdeckt er auf ihnen oft gerade jene Details, die dem Fotografen gewissermaßen nur in sein Bild gerutscht waren, während das, worauf er einst sein Augenmerk gerichtet hatte, heute beliebig und wenig aussagekräftig erscheinen kann.) Auf dem Bild aus dem Keller des Weißen Hauses ist der Präsident als grüblerischer Mann abgebildet, der sich seinen Beratern, dem Vizepräsidenten, der Außenministerin nicht als übergeordnete Instanz, als Prinzip der Macht präsentiert, er sitzt neben ihnen, unauffällig ins Eck gedrückt und könnte auch der Gärtner oder der Fitnessberater sein, der sich der Gruppe zufällig zugesellt hat – Bildnis einer Gruppe ohne starke hierarchische Gliederung (vom uniformierten General abgesehen), Entwurf einer geradezu demokratischen Szenerie (wofür immer sich diese Leute auch versammelt haben: nämlich einer von ihnen angeordneten Tötung zuzusehen). Dazu passen Miene und Gestik Hillary Clintons, die die linke Hand zum Mund geführt und über diesen gerundet hat, als wolle sie einen

Schrei des Entsetzens unterdrücken, wie er ja angebracht wäre, egal ob sie alle im Video gerade sahen, dass es mit der Landung des Hubschraubers im Garten des Anwesens von bin Laden nicht recht klappte oder ob sie an den Schüssen im Haus, den Kommandorufen der Soldaten, den wackeligen Bildern erkannten, dass der Feind Nummer 1 gerade von Kugeln durchlöchert wurde (und sich, während seine irdischen Frauen verhaftet wurden, bereits auf dem Weg ins Paradies befand, wo er endlich auf die versprochenen dreißig oder siebzig Jungfrauen treffen würde, die sich danach sehnen, von ihm penetriert zu werden). Die spontan wirkende Geste des Entsetzens hat Hillary Clinton ein paar Tage später öffentlich zurücknehmen und damit entschuldigen müssen, dass sie einen Niesanfall habe unterdrücken wollen; im Angesicht des Sterbens zu niesen, ist in der wehrbereiten Öffentlichkeit erlaubt, entsetzt zu sein würde hingegen von einer Schwäche zeugen, die der Außenministerin übel vermerkt werden könnte.

Schon lese ich in den großen deutschen Zeitungen vom nächsten Weltuntergang, dabei hat sich die Welt noch gar nicht vom letzten erholt. Was heißt, die Welt? Die Bewohner jener Regionen, die am 11. März von den Riesenwellen des Tsunami überflutet wurden und mit dem Gift, das aus dem Atomkraftwerk von Fukushima nicht aufhört zu entweichen, kontaminiert werden; und ich, der ich mich, mein Anrecht auf den täglichen Weltuntergang im Fernsehen einzulösen, vorsätzlich mit den Bildern des Schreckens kontaminiere und, um das nächste Mal den Fernseher nicht gleich abzudrehen oder gelangweilt den Sender zu wechseln, gegen meinen Willen immer stärkeren Ausstrahlungsdosen aussetze. Noch war nicht geklärt, ob 15 000 oder 25 000 Menschen von den Flutwellen mitgerissen und getötet wurden, schon überboten sich die Stationen damit zu spekulieren, wie sehr sich die Zahl der Opfer durch einen Totalschaden des Atomkraftwerkes würde steigern lassen.

Im Entsetzen, mit dem die Bilder kommentiert werden, ist die steigende Lust an der Apokalypse unüberhörbar, und sie überträgt sich auf mich als Erwartung immer schlechterer Nachrichten. Die Menschen, die dem Seebeben zum Opfer fielen, sind nicht genug, denn sogleich wird uns versprochen, dass in den nächsten Tagen, Monaten, Jahrzehnten noch wesentlich mehr Menschen sterben könnten, sofern nur alle vier Reaktoren in die Luft fliegen würden. Die wirklich gestorben sind, gelten wenig gegen jene, die noch sterben könnten. Das reale Unglück ist dem in seiner Dauererregung völlig gemütskalten Apokalyptiker immer zu wenig, wonach er giert, das sind die virtuellen Katastrophen, bei denen die Bilder des realen Schreckens von den Simulationen eines unfasslich größeren überboten werden.

Die Opfer des Seebebens sind fast schon vergessen, und auch das Atomkraftwerk, das noch ein paar Jahrzehnte vor sich hin brüten und periodisch Gift für ein paar hundert Jahre in die Luft stoßen wird, gibt keine aufregenden neuen Bilder mehr her. Die Sehnsucht nach der apokalyptischen Drohung mäandert ziellos dahin, bis sie ein neues Ziel ausgemacht hat. Ende nächsten Jahres steht uns endlich ein weiterer Weltuntergang bevor (wenn er nicht in der Zwischenzeit durch einen anderen überflüssig geworden sein wird), dann nämlich ist gemäß dem Kalender der Maya das Ende aller Tage gekommen. Von den Maya, die mit ihrer Kultur längst untergegangen sind, brauchen wir nicht gar viel zu wissen, um sie in Ehren dafür zu halten, dass sie uns den Untergang prophezeit haben.

Den Inupiat fehlen die Worte nicht für Dinge, die sie nicht kennen, sondern für etwas, das sie gar nicht anders kennen. Sie sind ein kleines Volk kanadischer Ureinwohner, leben in der Arktis im äußerten Norden des amerikanischen Kontinents und geben den Sprachphilosophen und Linguisten ein schönes Rätsel auf. Denn die 4000 Fischer und Jäger haben ausgerechnet für das kein Wort, über das sie reichlich verfügen. Niemals haben sie Krieg geführt, und deswegen (trotzdem?) verfügen sie über kein Wort für Frieden. So selbstverständlich ist er ihnen, dass sie ihn nicht zu benennen wissen. Sie leben und wandern jeweils im Verbund mehrerer Großfamilien, für den sich die Ethnologen im fernen Ottawa interessieren, weil er, schwer vorstellbar, angeblich ohne hierarchische Strukturen auskommt. Vor ein paar Jahren sind die Pastoren evangelikaler Freikirchen zu den Inupiat vorgedrungen, um sie das Heil zu lehren, das aus der Bibel kommt. Nun aber stockt die Missionierung: Denn der wackere Pastor, der bei ihnen lebt und alle ihre Wörter aufgezeichnet hat, um ihnen die Bibel in ihrer Sprache zu schenken, findet einfach kein Wort, mit dem er den Inupiat den biblischen Gruß »Pax vobiscum«, Der Friede sei mit euch, verständlich machen könnte. Da heißt es abwarten, ob der irdische Unfrieden nicht endlich auch in die Inupiat fahren möge, damit selbst ihnen der himmlische Frieden gewiesen werden kann.

Im Jänner 1624 geht der Österreicher Christoph Carl Fernberger in Silabuhan von Bord seines Schiffes und macht eine unerwartete Erfahrung. Die kleine Stadt liegt im Westen Sumatras und wird von einem kauflustigen Herrscher namens Raja Magat regiert. Fernberger ist damals nicht viel älter als 25 Jahre und seit zwei Jahren fast ununterbrochen auf See gewesen, als betrogener und entführter Passagier, als Küchengehilfe, Matrose, Offizier, als erster Österreicher, der den pazifischen Ozean überquert hat. Und vor allem als Mann, der eigentlich niemals zur See fahren wollte, aber von den aufregenden Wechselfällen seines Lebens dazu genötigt wurde. Als er in Silabuhan Land betritt, trifft er auf eine Schar malaiischer Frauen, die dunkel und klein von Wuchs sind und große Nasen haben, mit denen sie etwas Merkwürdiges tun. In seinem Tagebuch notiert der junge Edelmann aus oberösterreichischem Adelsgeschlecht: »wann sie fürüber gen so halten sie die nasen zu und sagen wir stinken.«

Die Malaiinnen des indonesischen Inselarchipels lieben die europäischen Männer nicht, die als Händler und Krieger, als Verbündete lokaler Herrscher und als Okkupanten kommen, für die Niederländische Ostindien-Kompanie Forts errichten und geschützte Handelsstützpunkte eröffnen, sich Gefechte liefern und vor allem eines kaufen wollen: Gewürze, die damals, als die Welt, von Europa aus besehen, mit kühnen Entdeckerfahrten und grausamen Plünderungsexpeditionen binnen weniger Jahrzehnte größer und größer wird, die begehrtesten Luxusartikel waren. Die malaiischen Frauen mögen die Europäer nicht, weil sie eine hässliche Hautfarbe haben und stinken.

Fernberger notiert das lapidar und behauptet umgekehrt, dass es vielmehr die Malaiinnen waren, die »stinken wie die böck«. Eine interkulturelle Erfahrung, die der junge Österreicher für bemerkenswert genug hielt, dass er sie in seinem Tagebuch festhielt.

Seitdem er in Amsterdam zwei Jahre zuvor ein Schiff bestiegen hatte und statt nach Venedig gebracht zu werden, wie es mit dem Kapitän ausgemacht war, die Westküste Afrikas entlang segelte und von dort immer weiter, zuerst über den Atlantik, dann um die Südspitze Südamerikas herum und hinaus in die unermesslichen Weiten des Pazifik, hat Fernberger notiert, was er sah und was ihm widerfuhr, worüber er sich wunderte und wovon ihm großes Leid geschah. Erst 1628 gelingt es ihm, in die Heimat zurückzukehren, und dort, im Schloss Eggenberg in Oberösterreich, hat er seinem jüngeren Bruder die Geschichte seiner zuerst unfreiwilligen, später mit wachsender Begeisterung erlebten und aus eigenen Stücken verlängerten Weltreise diktiert, und zwar gemäß den Aufzeichnungen, die er unterwegs penibel gemacht hat. 350 Jahre ist diese Handschrift in österreichischen Archiven verborgen gelegen, ehe sie der Wiener Ethnologe Karl R. Wernhart gefunden und 1972 ediert hat.

Es war ein wahrlich sensationeller Fund, der seine Wirkung erst jetzt nach und nach entfaltet. Fernberger verfasste einen jener Reiseberichte, von denen sich zwei Traditionen herleiten: die Landeskunde, aus deren Beschreibungen fremder Länder die wissenschaftliche Ethnologie entsteht, und die Reiseliteratur, der die Begegnung mit dem Fremden zum persönlichen Erlebnis wird. Was für ein Glück, dass ich zufällig auf die neue Edition seiner Reisetagebücher gestoßen bin und jetzt, fast vierhundert Jahre später, durch seinen Lebensbericht reisen kann, sodass mir die Begegnung mit dem, was ihm fremd war und er sich angeeignet hat, zum persönlichen Erlebnis wird!

Im Gleichnis des Turmbaus von Babel ist die Tatsache, dass die Menschheit in verschiedene Sprachfamilien zerfallen ist, als Fluch, als Strafe beschrieben, und offenbar ist es für die allermeisten Menschen dabei geblieben: Dass wir nicht alle in derselben Muttersprache aufwachsen, empfinden sie als großen Schaden. Sie hoffen, dass dereinst eine genetische Korrektur das globale Verhängnis beenden werde und alle Neugeborenen bereits mit spezifischen Kenntnissen in Commercial English das Licht der Geschäftswelt erblicken. Tatsächlich wird selbst von Leuten, die der Vernunft sonst nicht unzugänglich sind, gerne der Nachteil beklagt, dass die Instanzen der Europäischen Union durch die heillose Vielzahl an europäischen Sprachen daran gehindert werden, die europäischen Angelegenheiten rasch zu bereden und nach kurzer, von allen verstandener Verhandlung unverzüglich das Angemessene zu entscheiden.

Sieht man sich jedoch an, wie die Europäische Union in der Krise handelt, so schaudert einen vor der Unzahl an voreiligen Beschlüssen, die schon umgesetzt werden, noch ehe ihre Folgen bedacht worden wären. Ich bin mir sicher, dass in der Europäischen Union zu viel Geld und zu wenig Zeit vorhanden sind. Beiderlei Missstand muss man abhelfen, beim Geld, indem man es vernünftiger verteilt an die, die es brauchen, und für sinnvolle Dinge, wie zum Beispiel für die Vielfalt der europäischen Sprachen; und bei der Zeit, indem man sie sich durch politische Vorgaben schafft. Sitzungen der Kommissionen, auf denen Entscheidungen getroffen werden, die unser Leben auf Jahre beeinflussen, könnten, wenn die Zahl der Amtssprachen der Union erhöht würde, sinnvoll verlangsamt werden. Wir haben uns daran gewöhnt, dass solche sich geradezu jagenden Krisensitzungen abends einberufen werden, auf dass es im Morgengrauen Beschlüsse zu verkünden gibt, die zwar nichts taugen, aber dennoch unverzüglich in die Tat umgesetzt werden, nur dass auf der nächsten Krisensitzung, die nach ein paar Tagen notwendig geworden sein wird, provisorisch korrigiert werde, was voreilig beschlossen worden war. Was die Beschlüsse und Entscheidung der Kommission betrifft, ist eine heilsame Verlangsamung des europäischen Diskurses vonnöten, und wenn das Sprachreglement der Union mehr kleinere Sprachen als offizielle Konferenzsprachen zuließe, hätten die Redner einmal Zeit, sich die Dinge, die sie verfechten, vorher sogar zu überlegen. Die Laufburschen der Beschleunigung aber, denen auch das Leben nur ein Anlass ist, über seine Einsparung nachzudenken, sehen in der Vielfalt der Sprachen ein Hindernis, das die Umwandlung Europas in eine Firma verlangsamt.

Mit Neugier und Begeisterung entdeckte Fernberger die Fremde als eine faszinierende Sprachwelt, in der lauter ihm unbekannte Sprachen gesprochen werden, von denen er sich binnen kurzem einiges Grundwissen aneignete. Es ist auf der Molukkeninsel Ternate, dass er glaubt, die schönste Sprache zu vernehmen, die er je gehört hat, und er muss sich zwingen, weiterzuziehen, um dem Klang dieser Inselsprache nicht zu erliegen und den Rest seiner Tage von diesem Wohllaut umgeben zu sein.

Mit Befremden und Präzision berichtet er hingegen von den Regeln und der Gesetzlosigkeit des frühen Welthandels; selbst die Preise der Waren, die gekauft oder getauscht werden – Seide, Früchte, Porzellan, Sklaven, exotische Tiere, die nicht billiger als die Sklaven waren –, vergisst er nicht zu notieren. So präzise er die Dinge erfasst, so subjektiv deutet er sie. Wir befinden uns noch ganz am Beginn der Neuzeit, das Individuum ist schon entdeckt, aber noch nicht als Krone der Schöpfung inthronisiert, und doch tritt Fernberger selbstbewusst aus der Konvention seines Standes heraus und schreibt, als gälte es in all den fremden Dingen und befremdlichen Ereignissen zugleich sich selbst wahrzunehmen, seine Identität zu erkennen. Es ist der Roman seines Lebens, den er reisend verfertigt, und der Mann, der 1628 nach Oberösterreich zurückkehren wird, ist tatsächlich nicht mehr derselbe, der er vorher war, man könnte sagen: Reisend und schreibend hat er sich selbst entworfen.

Der Verleger ließ sich von mir nicht aus seinem Konzept und auf meines bringen: Er wollte, dass ich über Tintoretto oder Velasquez oder Waldmüller schreibe, nicht über die Helden vom Tahrir-Platz, auf dem sich anfangs die Muslime, die Kopten und die Ungläubigen verbrüderten – und, vor allem, die Frauen sich zeigten, zeigen durften und durch ihre schiere Anwesenheit an das Menschenrecht erinnerten, sichtbar zu sein, als Frauen nicht zu den Gerätschaften und Habseligkeiten des Hausstands gezählt zu werden; später zerfiel diese Einheit, auf der alleine ein demokratischer Staat sich hätte aufbauen lassen. Die Besten der Demonstrierenden halten an ihr fest über alle Schwierigkeiten hinaus und hüten so die Erinnerung an eine Zukunft, die fürs Erste vorüber ist. (Allerdings: Wie lange dauert eine Revolution? Drei Tage, drei Wochen, drei Monate, drei oder dreihundert Jahre? Hat die Französische Revolution ihre drei Verheißungen Freiheit, Gleichheit, Brüderlichkeit schon eingelöst?)

Auch die surrealistischen Bilder, die der Tsunami zu uns gespült hat, interessierten den Verleger so wenig wie die Demütigung Dominique Strauss-Kahns, der offenbar ein großer Meister der Demütigung war, die er aber gewohnheitsmäßig mit seiner Kunst der Verführung zu verwechseln pflegte; sogar mit dem Bildnis aus dem Herzen der Macht, auf dem doch kaum einer der Mächtigen souverän erscheint, konnte ich ihn nicht für mein Projekt gewinnen …

Über jedes dieser Bilder hätte ich gerne geschrieben, und

doch war es ein anderes, das mir den stärksten Eindruck gemacht hat, ein Bild, in das ich selbst als staunender Zuschauer geriet. In kleiner Freundesgruppe waren wir nach Hamburg geflogen, einen alten Reisewunsch zu erfüllen, mehr noch, eine Art von Abmachung, die wir schon vor Jahren getroffen hatten, endlich einzulösen. Die Flugtickets waren gekauft, die Zimmer im Hotel reserviert, da wurde in den Nachrichtensendungen von einer Seuche berichtet, die sich ihre meisten Opfer just in Hamburg suchte. Wer das tödliche Virus Ehec ins Land geschleppt und was es über die Städte verbreitet hatte, war noch ungeklärt, sodass wir, im Hotel eingetroffen, in eine Kongress-Gesellschaft gerieten, die fast das ganze Hotel in Beschlag genommen und von der das Virus in Form einer galoppierend sich beschleunigenden Hysterie Besitz ergriffen hatte.

Abends in der Toilette der Hotelbar erfuhr ich, welche Kräfte die Todesgefahr wecken kann, traf ich doch auf einen Mann, der vielleicht fünfzehn Jahre älter als ich, aber entschlossen war, der Seuche zu trotzen. Als er sein Geschäft verrichtet hatte, schrubbte er minutenlang mit heißem Wasser die sich langsam rötenden Hände, dann, nachdem er die Ärmel des Hemdes hinaufgeschoben hatte, ebenso gründlich die Unterarme, deren Haut sich darüber zu schälen begann, und endlich versagte er sich den Griff nach dem bereitliegenden Handtuch und begann, die Arme mit heftigen Flügelbewegungen der Lufttrocknung auszusetzen. Da ich ihm in der Todesangst so wenig wie in der Seuchenprophylaxe nachstehen konnte, machte ich alles nach, wie er es tat, und darum wartete ich gleich ihm, dass jemand käme, für uns die Tür zu öffnen, würde die Berührung mit der Klinke, auf der sich das Virus festgesaugt haben könnte, doch womöglich unsere Bemühung zunichtemachen. Da keiner kam, beugte der alte Mann statt meiner das eine Knie, hob das andere Bein an, streckte es nahezu waagrecht weg, sodass er die Tür mit dem Schuh auf der Türklinke einen Spaltbreit öffnen konnte, um sie dann, nachdem er das Bein gelenkig wieder auf den Boden gesetzt und denselben Fuß in seinem schwarzen Schuh zwischen die Tür und den Ausgang geklemmt hatte, mit einer einzigen kräftigen Bewegung aufschwingen zu lassen. Schon war er draußen, und ich ihm hinterher. Ich fragte mich, wie sich unter solchen Menschen überhaupt je eine Infektion habe ausbreiten können, und folgte dem Mann, der während seiner ganzen Übung kein einziges Wort der Erklärung geäußert hatte, in die Bar, wo ich ihn in der inwendigen Säuberung von Viren mit drei Gläsern Calvados zu übertreffen versuchte.

Angetreten war Fernberger als junger Haudegen, der sich zum Kriegführen den habsburgischen Truppen in den Niederlanden angeschlossen hatte, dort gefangen genommen wurde und lebensklug lieber die Seiten wechselte, als in Gefangenschaft zu verkommen. Heimgekehrt ist er als welterfahrener und weltoffener Mann, der gegenüber den vermeintlich rückständigen Kulturen Afrikas, Südamerikas, Südostasiens keinerlei Dünkel empfand und die Einheimischen stets danach befragte, welches ihre Götter waren und wie sie sich das Jenseits vorstellten. Von den chilenischen Ureinwohnern erfuhr er, dass die »Sonne« die höchste Gottheit für sie war, die Mikronesier erzählten ihm hingegen, dass sie den »Großen Fisch« verehren und dessen Zorn, der sie alle verschlingen könnte, mit periodischen Menschenopfern besänftigen. Fernberger hat sich darüber nicht entrüstet, denn wie viele Menschen der christlichen Seefahrt geopfert wurden, hat er selbst erlebt. Wegen kleinster Vergehen wurden die Matrosen ins Meer geworfen, und die Mannschaften der überfallenen europäischen Schiffe, der christlichen Portugiesen oder Spanier, landeten ohnedies in den Fluten.

Das Schiff, das der über die Reiseroute getäuschte Passagier in Amsterdam bestieg, zerschellte in einem Sturm an einer kahlen Kapverdischen Insel. Die Überlebenden hatten den Hungertod vor Augen, bis nach Wochen ein Geschwader von fünf holländischen Schiffen, 1300 Mann an Bord, vorbeikam und die Schiffbrüchigen mitnahm, sofern sie sich verpflichteten, in die Dienste der Niederländischen Ostindien-Kompanie zu treten. Das war eine Aussicht, so gefahrenreich und hart, dass fünfzehn der Überlebenden es vorzogen, lieber auf dem unbewohnten Eiland zu bleiben, als sich auf die Reise ins Nichts zu begeben. Denn es war der Auftrag dieses Geschwaders, die Westküste Afrikas hinunterzufahren, dann über den Atlantik zu setzen und bei Patagonien über die hundert Jahre zuvor entdeckte, gefährliche Magellanstraße den Weg in den Pazifik zu finden. Und dort, in einem Meer, in dem die Einsamkeit so groß war, dass es der Stille Ozean genannt wurde, hatte sich das Geschwader auf die Suche nach spanischen Galeonen und portugiesischen Handelsschiffen zu machen, diese aufzubringen, auszuplündern und mit Mann und Maus zu versenken. Wenn das gelungen war, hieß es weiter und weiter zu segeln, um irgendwann die Inseln Mikronesiens und Indonesiens zu erreichen, wo es Stellungen holländischer Handelskompanien gab. Die Fahrt von den Kapverdischen Inseln bis nach Jakarta, von den Holländern Batavia genannt, dauerte achtzehn Monate, und als die stolze Armada ankam, bestand sie statt aus fünf Schiffen nur mehr aus einem einzigen, und von 1300 Mann hatten gerade 318 die Reise überlebt.

Seit Anfang des Jahres ist es einem Mann in mittleren Jahren mit der sympathischen Begabung, sich zu begeistern, gelungen, der beliebteste Reporter des österreichischen Fernsehens zu werden. Seitdem sich in Kairo zum ersten Mal Abertausende mutiger Frauen und Männer versammelt haben, um unter Einsatz ihres Lebens gegen die Allgewalt der Korruption, die Militärs, die Regierung zu demonstrieren, strahlt dieser Mann unentwegt in meinen Fernsehabend. Und ich möchte, kaum dass ich ihn am Bildschirm begrüße, am liebsten nur immer einträchtig mit ihm strahlen. Die Demonstrationen in Tunesien und Ägypten waren noch keine Volkserhebung, die Volkserhebung noch keine Revolution, die Revolution hatte noch nicht gesiegt und eine neue Ordnung etabliert, ihre Prinzipien in Verfassung und Gesetze gegossen, da war sich Karim El-Gawhary, dieser sympathische Mann, auf sympathisch aufgeregte Weise schon sicher, dass die Demonstranten von Syrien bis Libyen, von Bahrain bis Tunesien eine Freiheit erkämpft hatten, die niemand wieder werde einkassieren können, und dass über ganz Arabien eine glückliche Zukunft aufgegangen sei. Während er solches auf einer Straße in Kairo verkündete, mochte man hören, wie drei Meter hinter ihm die Bärtigen in ihrem Delirium beständig nichts anderes grölten, als dass Allah groß sei, der Reporter fuhr unverdrossen fort, uns davon zu informieren, dass die Revolution laizistische Ziele habe; da mochten marodierende Gardisten im Bildhintergrund, kostümiert wie für eine arabische Folge von »Rambo«, ihre Dolche in Vorlust aufs Abschlachten schwingen, unser fröhlicher Mann blieb dabei, dass demokratische Milizen gerade die letzten Nester der Gaddafi-Getreuen aufspürten, um Libyen Frieden und Freiheit zu bringen. Oft wurde, was er zukunftsfroh und mit bubenhaftem

Lächeln behauptete, schon von den Bildern, die dazu geliefert wurden, dementiert, oft musste man aber auch den Fernsehsender wechseln, um zu erfahren, wie die Lage wirklich stand.

Das alles ficht die Autorität des Korrespondenten Karim El-Gawhary bis heute nicht an, denn was wir an ihm lieben, außer dem unzerstörbaren Optimismus, den er ausstrahlt, das ist die Rücksicht, die er auf uns nimmt: Nur selten behelligt er uns mit dem, was wir nicht hören wollen, meist predigt er, woran er selbst gerne glaubt und was wir ihm gerade deswegen gerne abnehmen. Er singt uns das Hohelied der arabischen Revolution, die für ihn schon gesiegt hat, weil er sie jahrzehntelang ersehnt hat und nicht länger bereit ist, womöglich noch ein paar Jahrzehnte warten zu müssen. Ich glaube, fast alles, wofür er einsteht, ist gerade das, wofür auch ich einstehe, seine Hoffnungen sind die meinen: Wie herrlich wäre es und folgenreich für die ganze Welt, wenn die arabischen Nationen sich ihrer eigenen Bedrücker zu entledigen wüssten, was für eine Bewegung würde in die erstarrten Fronten der kulturellen, der politischen Kämpfe kommen! Trotzdem möchte ich in den Nachrichtensendungen erfahren, wie die Dinge im umkämpften Kairo, in Bengasi oder in Bahrain stehen, nicht wie mein Korrespondent und ich gerne hätten, dass sie stünden. Mein Lieblingsreporter informiert mich aber nicht davon, was in der Welt geschieht, sondern davon, was in ihr geschehen sollte und wovon er mich glauben machen will, dass es deswegen auch bereits geschehen sei. Keinen anderen Reporter kenne ich, dem ich so gerne zuhöre, wenn er mich gewohnheitsmäßig falsch unterrichtet.

Talent alleine reicht nicht aus, so dumm wie der Philosoph Bernard-Henri Lévy zu sein, dafür muss einer schon jahrzehntelang an seiner Persönlichkeit feilen. Heute verteidigt BHL, wie er sich als geschützte und vermutlich börsennotierte Marke selber nennt, in einem Interview, das halb Europa und auch der Wiener *Standard* abdruckt, seinen Freund Strauss-Kahn. Gegen diesen hat sich der Verdacht, dass er sich in seinem New Yorker Hotelzimmer eines groben sexuellen Übergriffs schuldig gemacht habe, erheblich verhärtet: »Natürlich hat er es nicht getan! Glauben Sie, ich hätte dreißig Jahre mit einem Monster befreundet sein können?« Nie und nimmer. Und darum wird, wenn sie ein Freund von Bernard-Henri Lévy verübt, aus einer Vergewaltigung immer ein einvernehmlicher Geschlechtsverkehr; weil BHL, dieses Monster der Selbstvermarktung, kein anderes Monster neben sich duldet.

Durch eine glückliche Fügung von seinen Verpflichtungen der Kompanie gegenüber freigekommen, befuhr Fernberger zwei Jahre lang als selbständiger Kaufmann die indonesische Inselwelt, er gelangte nach Thailand, Formosa, zu den Molukken, betrat japanischen und chinesischen Boden. Er trieb Handel, machte mit der Ostindien-Kompanie und lokalen Herrschern glänzende Geschäfte und schrieb die unglaublichsten Geschichten auf: wie er die Truppen der Königin von Pattani befehligte und ihr in einer Schlacht Herrschaft und Leben rettete und zur Belohnung ihr Geliebter werden sollte, ein Angebot, das den katholischen Oberösterreicher so schreckte, dass er Reißaus nahm; wie er einen Hottentotten als Sklaven erwarb und ihn auf der Heimfahrt an der afrikanischen Küste laufenließ; wie er alle Reichtümer wieder verlor, nach einem Schiffbruch selbst zum Sklaven wurde und mit seinem armenischen Besitzer bis nach Persien fahren musste, ehe ihm Flucht und Heimfahrt gelangen.

Christoph Carl Fernberger geriet aus der österreichischen Provinz in die Welt hinaus, als diese gerade dabei war, sich auf bis dahin unvorstellbare Weise zu globalisieren. Die Händler des 17. Jahrhunderts erschlossen Erdteile, von denen die Europäer ein paar Generationen vorher noch fast gar nichts wussten, und sie bekamen es dabei mit hunderterlei verschiedenen Stämmen, Sprachen, Religionen, Kulturen zu tun. Nicht nur der Islam und das Christentum kamen im südpazifischen Raum in Kontakt und Konflikt miteinander, sondern beide zusammen auch mit den zahllosen angestammten Religionen der Region. Kuriose religiöse Mischformen, faszinierende synkretistische Kulte, neue Sprachen entstanden so, einzelne Stämme eigneten sich die Religion der Händler und Soldaten aus Europa oder der aus Arabien auf höchst eigene Weise an, manche Völker wurden im Handel reich und vergrößerten ihr Territorium enorm, andere gingen unter.

Im Jahr 1626 herrschte in Jakarta ein Völkergewirr, wie es heute nicht größer sein kann. Die Holländer hatten in Batavia dicht nebeneinander ein uneinnehmbares Fort, ein Spital, eine calvinistische Kirche, ein Sklavenlager für zweitausend Menschen und ein Freudenhaus errichtet, von den riesigen Lagerhallen gar nicht zu reden, und das alles, Frömmigkeit und Menschenschinderei, schien ihnen kein Widerspruch zu sein.

Die Nationalität der Spermien
Liebesgeschichten (2)

Der Freihandel, lässt man ihn gewähren, ist bekanntlich so frei, mit allem zu handeln, was ihm einträglich ist. In der Ära des alten Kolonialismus wurde außer mit Rohstoffen bevorzugt mit Menschen gehandelt, die vom einen Kontinent in den anderen verschleppt und verkauft wurden. Auch der neue Kolonialismus hat es noch immer mit Rohstoffen und Menschen zu tun, und mitunter ist es der Mensch selbst, der als Rohstoff gehandelt wird. Ganz neue Märkte sind auf diese Weise entstanden, neue Waren, wie sich auch ein neuer Typus von Händler wie Käufer herausgebildet hat.

Besonders gut florierte in den letzten Jahren der Handel mit Eizellen, namentlich der zwischen dem armen Rumänien und dem reichen Großbritannien (obwohl: Gibt es nicht sagenhaft Reiche in Rumänien und, wie Cameron sagen würde: krankhaft Arme in Großbritannien?). Wie das vor sich geht? Da leiden in England viele Frauen in wohlhabenden Kreisen, die gerne Kinder haben würden, aber leider nicht und nicht schwanger werden, so oft sie auch das dafür Erforderliche tun, bis aus Lust längst Mühsal und Pflicht geworden ist. Und da gibt es in Rumänien in den bedürftigen Schichten viele Frauen, die gebären könnten, aber nicht wollen, weil sie schon drei Kinder haben oder ihnen das Geld für ein Familienleben in Würde fehlt.

Aus England werden nun tiefgekühlte Samenzellen englischer Männer angeliefert und in eine Bukarester Spezialklinik verbracht. Dort werden die Eizellen den rumänischen Frauen, die sich etwas dazuverdienen wollen oder müssen, mit den zur angemessenen Temperatur aufgetauten britischen Samenzellen befruchtet. Das bringt mich zur Frage:

Gibt es das eigentlich – britische Samenzellen, rumänische Eizellen? Haben schon Zellen eine Nationalität? Eine europäische Identität? Die geschäftliche Transaktion findet jedenfalls ihren Abschluss, wenn die befruchteten Eizellen nach Großbritannien ausgeflogen und dort in die aufnahmebereiten Gebärmütter der englischen Frauen verpflanzt wurden, auf dass diese nach neun Monaten kleine Originalbriten mit rumänischem Gütesiegel zur Welt bringen.

Die Zukunft des Kolonialismus ist nicht der Handel mit Sklaven, dafür ist die menschliche Arbeitskraft zu billig geworden. Aber er handelt weiterhin mit Rohstoff, nur wird dieser nicht mehr alleine aus dem Inneren von Bergen, sondern auch von Frauenkörpern zu Tage gefördert; wie früher wird er dann zur Veredelung in die Produktionsstätten der Ersten Welt gebracht.

Als er das Geld beisammenhatte, die Heimreise anzutreten, erstand Christoph Carl Fernberger auf einer Molukkeninsel einen Papagei. Im sprechenden Vogel, der Laute einer fremden Sprache nachahmte, schien ihm die Fremde gleichsam rätselhafte, farbenprächtige Kreatur geworden zu sein. So wichtig war ihm der Papagei, dass er ihn die sechs Monate, die die Reise zurück nach Europa dauerte, als seinen größten Reichtum hütete und bei Sturm und Hagel nicht aus den Augen ließ. Dass es gelang, den Papagei über den Pazifik zu bringen, mutete ihn wie ein Wunder an. Kaum auf dem Familiengut in Oberösterreich angekommen, eilte er schon wieder weiter, hatte er sich doch in Ternate, der Insel, auf der die schönste Sprache der Welt gesprochen wurde, geschworen, der Kaiserin in Wien den Vogel von den Molukken zum Geschenk darzubringen. Zu Hof zeigte man an dem Geschenk so wenig Interesse wie an dem Überbringer und seinen Geschichten, sodass er seine Abenteuer nur in einem Tagebuch festhielt, das erst viele Generationen später entdeckt und gelesen werden sollte. Fernberger verließ Wien, wo er keinen fand, dem er von Japan und China, von Batavia und Formosa berichten konnte, und zog sich, nachdem er eine ganze Welt entdeckt hatte, mit nicht einmal dreißig Jahren auf sein oberösterreichisches Familienschloss zurück. Der Papagei, den er lebendig über den Pazifik gebracht hatte, verendete in Wien unter kaiserlicher Obhut binnen weniger Tage.

Sie hat mir wieder geschrieben. »Lieber Herr Gauß, der griechische Herbst ist schön und wartet auf Sie.« Gut, dass du mich daran erinnerst, liebe Anja Stern, fast hätte ich es vergessen über der schlechten Nachricht, die ich gestern aus Griechenland erhielt. Der Führer jener Garden, deren Lust es nun einmal ist, in Athen Jagd auf Afrikaner, Roma, Albaner zu machen, hat im Fernsehen das antike Hellas angerufen, für dessen arme, doch stolze und kampfbereite Erben er seine Schläger hält. Er glaubt, in jedem von ihnen, die Flüchtlinge gerne bluten sehen, fließe das Blut des rächenden Orestes, und er wird, so lächerlich das anmutet, darin von den humanistisch gebildeten Urlaubsgriechen aller Nationalitäten ganz gegen ihre Absicht unterstützt. Fortwährend ermahnen diese uns, doch nicht auf die Wurzeln der europäischen Zivilisation in der griechischen Antike zu vergessen und des schnöden Mammons wegen die Griechen von heute vor die europäische Tür zu setzen. Wer so spricht, möchte sich als wahrer Kultureuropäer beweisen und ist doch ein Barbar, dem es noch nicht gelungen ist, sich aus dem Schlamm der Blut- und Bodenmythen zu erheben.

Ich bin dafür, Griechenland zu unterstützen, weil es der Hilfe bedarf, und diese Hilfe sollte nicht in jener vergifteten Form gewährt werden, die den Griechen von heute lebenslange Zinsknechtschaft auferlegt und in Wahrheit gar nicht ihnen zugutekommt, sondern dafür verwendet wird, dass die deutsche Exportwirtschaft auch weiterhin so viel exportieren kann und Deutschland bleibe, worauf es am meisten stolz ist, nämlich »Exportweltmeister«. (Weltmeister kann es in jeder Disziplin immer nur einen geben, sonst hätte das Wort keine Bedeutung, und wird die Weltmeisterschaft noch dazu in einem von Zöllen freigeräumten gemeinsamen Wirtschaftsraum wie der Europäischen Union ausgetragen, dann zeitigt die Überlegenheit des einen irgendwann fatale Folgen für die anderen; und am Ende muss selbst der Weltmeister sich etwas einfallen lassen, an seiner weltmeisterlichen Einzigartigkeit nicht Schaden zu nehmen. Denn wenn er im Exportieren die anderen immer nur übertrumpft, müssen diese irgendwann bei ihm Schulden aufnehmen, damit sie ihm seine Produkte noch abkaufen können; diese Kredite gewährt er ihnen gerne, damit die Maschinerie weiterlaufen kann wie gewohnt, und wenn er für diese Kredite Zinsen erhält, die immer höher werden, je höher die Schulden getrieben werden, dann macht sich das anfangs sehr verführerisch. Aber dann, irgendwann …) Wer jedoch ernstlich glaubt, dass das heutige Griechenland deswegen unterstützt zu werden verdient, weil es uns mit der Antike als der glücklichen Kindheit der europäischen Zivilisation verbinde, der hält die Griechen von heute für die Nachfahren der Athener und Spartaner von damals und glaubt damit, dass in der Weltgeschichte der Kampf um die unverfälschten Gene tobt. Natürlich waren bereits die Griechen des 8. oder des 18. Jahrhunderts keine Griechen in jenem Sinne mehr, vielmehr eine herrliche Mischung aus all den von den alten Griechen besiegten und unterworfenen Stämmen und aus all den Besatzern, von denen sie selbst in den späteren Jahrhunderten besiegt und unterworfen wurden.

(Das hat schon der große Jakob Philipp Fallmerayer gewusst, der dickschädelige Südtiroler Historiker und Reisende, den noch Friedrich Hebbel in eine Reihe mit Luther und Lessing stellte und der als Aufklärer und Schriftsteller doch völlig vergessen wurde. In seinen Büchern über den Berg Athos, seinen Reiseberichten aus Thessaloniki und Larissa hat er, in seiner Zeit der am weitesten wandernde und am besten bewanderte Erkunder Griechenlands, das dumme Zeugs der Philhellenie, das damals in Deutschland Mode wurde, als intellektuelle Möbelstücke der deutschen Philisterstube ausgeräumt; so gründlich, dass er in Griechenland und in Deutschland regelrecht verhasst war. Wie der Erfinder Peter Mitterhofer war der kantige Fallmerayer ein Kind der Südtiroler Provinz, er stammte aus einem Dorf hoch über Brixen, zog als eines von zwölf Kindern eines Tagelöhners hinaus in die Welt, eignete sich die Kenntnis von einem Dutzend lebender und toter Sprachen an, wurde Mitglied aller möglichen europäischen Akademien und stand doch im Alter alleine gegen die vereinten Honoratioren der Universitäten: weil er sich weigerte, das, was er für richtig erkannt hatte, um des schlechten akademischen Friedens willen zu widerrufen.)

Griechenland ist schön, da hast du recht, liebe Anja, auch wenn sich in ihm nur mehr ein Gran des alten Griechentums findet und die Schläger der Chrysi Avgi, der Goldenen Morgenröte, die Griechenland von ungriechischen Eindringlingen säubern möchten, Jagd auf sich selber machen müssten (und es, in gewissem Sinne, sogar tun, denn ihre Lage werden sie nicht bessern, indem sie auf jene einprügeln, denen es noch schlechter geht als ihnen).

Ist das alte Griechentum also gänzlich verschwunden, sodass gar nichts von ihm überlebte, außer in den Opern, Filmen und Comics, die von den monumentalen Neurosen der Helden berichten?

Nein, man muss es nur dort suchen, wo es sich versteckt und gut versteckt die Zeiten überdauert hat, in der Türkei. Eine Million Griechen hatte die Türkei 1923 verlassen müssen, als Atatürk dem türkischen Staat eine Fassung gab, in die er nicht passte und noch immer nicht passt, den Nationalstaat. Doch unweit der Stadt Trabzon am Schwarzen Meer waren ein paar Dörfer von der großen ethnischen Säuberung verschont geblieben, weil sich die Griechen, die dort lebten, schon seit vielen Generationen als brave Muslime bewährten. Jetzt sind sie von Linguisten entdeckt worden, die ausgerechnet ihren Dialekt namens Romeyka als jene Sprache identifizierten, in der Sokrates vor 2500 Jahren mit seinen Schülern disputierte. Wer hören will, wie es klang, als sich Plato und Sokrates miteinander unterhielten, muss sich nach Kleinasien zu den muslimischen Bauern und Fischern begeben, die in der Gegend von Trabzon eine Sprache bewahren, von der die vermeintlichen Nachfahren der alten Griechen, diese dummen und in ihrer Dummheit brutalen Schläger, kein Wort mehr verstehen. (Das türkische Trabzon ist, nebenbei, auf den Häusern, Straßen, Mauern, Gräbern des alten Trapezunt errichtet, des legendenumwobenen Restpostens, der den Untergang des byzantinischen Kaiserreiches um zwei Jahrhunderte überlebte. Nachdem Ostrom, das Reich der orthodoxen Christen, von den römisch-katholischen Kreuzfahrern und dem venezianischen Dogen angegriffen, ausgeplündert und zerstört worden war, hatten sich die letzten versprengten Byzantiner ans Schwarze Meer geflüchtet und dort noch über zwei Jahrhunderte ein byzantinisches Reich en miniature aufrechterhalten. Der Erste, der es erkundete, alte Legenden freilegte, verlorene Folianten in schimmeligen Häusern aufspürte und die Wege nachgegangen ist, die aus dem alten Trapezunt ins 19. Jahrhundert heraufführten, war – Fallmerayer gewesen, er hat über seine abenteuerlichen Reisen und Begegnungen in den »Fragmenten aus dem Orient« berichtet.)

Von allen türkischen Erzählern ist mir immer Sait Faik am liebsten gewesen, dieser legendäre Bohemien, der erst 48 Jahre war, als er in Istanbul seinen Trinkertod zu Ende starb. Seine wunderbaren, auf kunstvolle Weise skizzenhaft anmutenden Geschichten haben keinen Anfang und kein Ende: Irgendwo mengen sie sich in das unaufhörliche städtische Treiben Istanbuls, spitzen bei diesem Gassengespräch die Ohren, blicken scharf in jene Männerrunde im Café, um dann einem vorbeiflanierenden Liebespaar ein paar Sätze und Häuser lang zu folgen und es schließlich in seinem Glück alleine weiterziehen zu lassen. Wiewohl in ihnen fast nur von armen und beladenen Menschen berichtet wird, formen sich diese Erzählungen zum großen Hymnus auf das Leben, das traurig ist und schwer zu ertragen und doch so viel unerkannte Schönheit birgt. Die Schönheit selbst dort zu entdecken, wo andere nur Unansehnlichkeit vermuten, ist die künstlerische Absicht Sait Faiks; und am schönsten ist es gewiss in Istanbul am Meeresufer, was fehlte dort noch zum Glücklichsein? »Ein Hund, der meinen Blick kreuzt, ein einsilbiger Fischer im Filzmantel mit schweren Bewegungen und flinker Hand, ein wuchtiges, roh behauenes Boot, samt seiner abgeblätterten Farbe und dem Geruch nach zerrissenem Wachstuch und den an der Reling nachgedunkelten Balken, ein Vogel, der dem Boot folgt; Netze, Fische, Schuppen, Kinder am Strand, ehrbare Hütten, gedünsteter Knurrhahn und Petersfisch, Sellerieduft, ein schwarzer Topf, ein nebelverhangenes Meer unter engem Horizont.«

Sait Faik Abasiyanik, der seine Tage in den ungezählten Cafés der Stadt zubrachte, hat dreizehn Bände mit atmosphärisch dichter Kurzprosa veröffentlicht, in der der Rhythmus der Großstadt schlägt. Das Verdienst, die moderne türkische Kurzgeschichte entwickelt zu haben, teilt sich der Schöpfer bewegter Großstadtbilder mit Sabahattin Ali, dessen sozialkritische Erzählungen in den bitterarmen, von der Last der Traditionen gedrückten Dörfern Anatoliens wurzeln. Vom Hymnus auf das pulsierende Leben der Metropole zur Anklage des menschenverachtenden Feudalsystems auf dem Lande – auch in der Literatur wurde die türkische Moderne unter Schmerzen geboren:

Während Sait Faik, der von der Würde und der Verlassenheit des Einzelnen erzählte, vorzeitig an Leberzirrhose zugrunde ging, wurde Sabahattin Ali, ein Kommunist, der die Lebensverhältnisse der bäuerlichen Massen soziologisch genau beschrieb, 1948 von einem staatlich gedungenen Mörder erschossen.

Die großen Erneuerer der türkischen Dichtung gehören allesamt der »leidenden Generation« an, und tatsächlich spiegelt sich das Schicksal der beiden bahnbrechenden Erzähler auch in dem der zwei bedeutendsten Lyriker wider: Der Bohemien Orhan Veli stirbt nur 36-jährig im Staub der Istanbuler Straße, während der sozialrevolutionäre Nâzim Hikmet vierzehn Jahre in anatolischen Gefängnissen schmachtet. Freilich, der radikal-individualistische und der kämpferisch-politische Weg, sie führten gar nicht so weit auseinander: Weder trieben Hikmet und Sabahattin Ali ihre politische Dichtung in die Enge der Propaganda, noch erwuchs der anarchische Individualismus Orhan Velis und Sait Faiks aus sozialer Gleichgültigkeit.

Schauplatz von Sait Faiks literarischen Stadtwanderungen (von denen ich vor langem »Ein Punkt auf der Landkarte« und später die Romane »Ein Lastkahn namens Leben« und »Verschollene gesucht« gelesen und nun zufällig wiederentdeckt habe, gut versteckt in einem doppelreihig belegten Regal) ist jenes kosmopolitische Istanbul, das sich über die Jahrhunderte ausgeformt hatte und dem im 20. Jahrhundert der nationale Garaus bereitet wurde. Das Istanbul des Osmanischen Reiches war eine Weltstadt, die in vielen Sprachen redete, und Sait Faik war der begeisterte Sänger dieser verlöschenden Vielfalt. Seine Prosa bietet einen großen gemischten Chor auf, der lebensweise griechische Friseur ist dabei und das schöne jüdische Mädchen, der armenische Fischer mit seiner Möwe und der bulgarische Milchmann, der kurdische Lastenträger und der türkische Handwerksmeister. Den Reichtum seiner Stadt, Sait Faik findet ihn in den Gassen der Armut. Was die Erzählungen und Romane bestimmt, das ist diese unruhige, ihren Standort ständig verändernde Erzählhaltung, der absatzweise Wechsel von Außen- zur Innensicht, von Beschreibung zu innerem Monolog: also eine spezifisch urbane Erzählweise. Auf die Handlung, das dürftige äußere Geschehen kommt es dabei nicht an. Der Autor nützt jede Gelegenheit, um abzuschweifen, ja, über lange Passagen geraten uns seine Hauptgestalten gänzlich aus dem Blick. Dafür erfahren wir viel über allerlei Menschen, die nur flüchtig durch das Geschehen huschen, und wie nebenhin ersteht aus den kleinen Geschichten und Fragmenten von Geschichten, aus Gesprächen und Fetzen von Gesprächen doch das Panorama einer ganzen Gesellschaft.

Was für ein eigenartiger Erzähler! Der preist das alltägliche Leben – und doch ist alles mit Schwermut und Trauer grundiert; er tut, als brumme er nur so vor sich hin, doch verquickt er auf raffinierte Weise präzise Beobachtetes mit Halluziniertem, Vorfälle der äußeren mit solchen der inneren Welt, Tagträume mit detailscharfen Wahrnehmungen, Dialoge aus der Kaschemme der Vorstadt mit philosophischen Aphorismen.

Am Ende seiner Geschichten, seiner Romane angekommen, staune ich über meine eigene kopfschüttelnde Unsicherheit: Was war das eigentlich, das ich gerade gelesen habe, war das jetzt traurig oder heiter, erbittert oder versöhnt? Vermutlich bin ich also ausgerechnet in der Literatur wieder einmal dem Leben selbst begegnet.

Das Seufzen der Richterin

Sternstunden des Scheiterns (2)

In Graz begab es sich, dass ein 32-jähriger Mann, dem seine Suchtkrankheit die Wohnung, den Beruf, die Lebensgefährtin, wie man so sagt: alles genommen hat, bis auf das Leben und die Sucht, die es noch eine Weile miteinander treiben wollten, eine Woche nicht schlafen konnte und, wie er später vor Gericht Auskunft gab, darüber »ganz wirr im Kopf« geworden war. Da verfiel er in der zitternden Wirrnis und herzrasenden Schlaflosigkeit, auf die ihm sein Leben geschrumpft war, auf die Idee, ein Rezept zu fälschen, um sich so in den unrechtmäßigen Besitz von drei Päckchen Beruhigungsmitteln zu bringen. In fünf Grazer Apotheken, in denen er es versuchte, erkannte man den Schwindel sogleich, stümperhaft, wie er angelegt war, in einer sechsten wurde dem abgemagerten, am ganzen Leib zitternden Mann ausgehändigt, wonach alleine er sich noch sehnte. Der Schaden, der der Republik Österreich solcherart entstand, beträgt 3,96 Euro, in Worten: drei Euro und sechsundneunzig Cent, und weil diese der Grazer Gebietskrankenkasse durch den frechen Betrug vorenthalten worden waren, mussten sechs Angestellte aus sechs Apotheken als Zeugen vor Gericht antreten. Da der Sachverhalt zweifelsfrei erwiesen und vom Angeklagten nicht bestritten, allerdings uneinsichtig auch nicht in seiner Verwerflichkeit erkannt wurde, wurde der Gerechtigkeit schließlich staatliche Genüge dergestalt getan, dass der Übeltäter wegen Urkundenfälschung eine Freiheitsstrafe von sieben Monaten Haft ausfasste. Der Verurteilte wurde im Gericht verhaftet und in eine Justizvollzugsanstalt überführt, weil die Strafe nicht zur Bewährung ausgesetzt werden konnte. Erstens weil sich der Verbrecher nicht zum ersten Mal durch die Fälschung von Rezepten in den Besitz verordnungspflichtiger Medikamente zu setzen versucht hatte, und zweitens, weil es in einem Staat, in dem ein Finanzminister 500 000 Euro im Plastiksackerl über die Staatsgrenze trägt, seine Freunde zehn Millionen für Dienste einstreichen, von denen sie selbst nicht wissen, worin sie bestanden, und sich eine ganze Generation von Emporkömmlingen in die Taschen gesteckt hat, so viel sie nur konnte, angebracht ist, generalpräventive Urteile zu fällen, auf dass nicht zu den zahlreichen großen Verbrechern und Korruptionisten jetzt auch noch lauter kleine Ganoven treten. Das alles ist nichts als wahr und traurig, aber weder lehrreich, wie es eine Kalendergeschichte sein sollte, noch eine Sternstunde des Scheiterns, denn für eine solche war der Verurteilte schon viel zu oft unter die Räder geraten.

Nein, die ihre persönliche Sternstunde erlebte, war vielmehr die Richterin, die den Mann für sieben Monate ins Gefängnis warf, denn wie sie ihr Urteil begründete und wie sie es dem Verurteilten verständlich zu machen versuchte, erweckte sie den Eindruck, sie selbst wäre es, der hier ihr großes Scheitern widerfuhr. Zuerst wollte sie von dem Angeklagten die Summe von 3,96 Euro, um die er die Republik geschädigt hatte, noch im Gerichtssaal eintreiben, doch der Delinquent konnte nur seine leeren Hosentaschen zeigen, hatte er doch tatsächlich nicht einmal jene Summe bei sich. »Ach«, so wird in der Grazer Presse berichtet, habe sich da die Richterin Michaela Lapanje »seufzend« an den Verurteilten gewandt: »Sie sind wirklich ein Unglückswurm.« Auch soll sie sich des Weiteren geradezu unglücklich gezeigt haben, dass ihr das Bürgerliche Gesetzbuch keine andere Möglichkeit bot, sodass sie, ein Opfer ihres Berufes, etwas tun musste, was sie lieber unterlassen hätte, nämlich einen Unglückswurm für eine Bagatelle zu Haft zu verdonnern, und dabei habe sie so traurige Miene gemacht, dass der Angeklagte sich gedrängt fühlte, sie zu trösten, und ihr, ehe er abgeführt wurde, noch riet, sie möge sich die Sache doch nicht so zu Herzen nehmen.

Georg Kreisler ist gestorben. In den Nachrufen wird er landauf, landab gebührend gewürdigt. Ich stimme in den Chor ein, denn dies war ein Held meiner Jugend, in dessen Liedern und Chansons ich, wenn ich sie mir heute wieder anhöre, nicht nur die grandiose Musikalität, die gallbittere satirische Kraft, den virtuosen Vortrag wiederentdecke, von denen ich damals so hingerissen war, sondern auch mich selbst: Die Begeisterung, in die mich die »Nichtarischen Arien« oder die »Lieder zum Fürchten« versetzten, sie ist gleich wieder da und mit ihr der herrliche Geschmack jener Zeit, in der ich jung war und sich die Zeiten selbst gerade rigoros zum Besseren zu wenden schienen (fast hätte ich geschrieben: zu verjüngen schienen. Aber was wäre das für ein Lob, dass etwas jünger, nichts als jünger werde?). Den Dank, den ich ihm schuldete, stattete ich Georg Kreisler viel später ab, als er das Singen und Klavierspielen, das rhetorische und musikalische Brillieren auf dem Podium längst aufgegeben hatte, seine Erfolge als Kabarettist geradezu höhnisch abzutun pflegte und mit herrischer Bitterkeit ausschließlich als Dichter, als Autor von Romanen, Erzählungen, Gedichten gewürdigt zu werden begehrte. Ich habe drei Bücher, die von ihm in Kleinstverlagen erschienen, für große Zeitungen besprochen, einen merkwürdigen Kriminalroman, Satiren von höchst unterschiedlichem Rang sowie Gedichte, von denen die am besten sind, die auf keine Pointen zulaufen und sich nicht an Kalauer vergeuden. Ich muss gestehen, das Amt des Kritikers dabei nicht getreulich ausgeübt zu haben, denn ich war geradezu starrsinnig entschlossen, diese Bücher gut zu finden, weil ich ihren Verfasser über die Maßen geschätzt hatte, und darum habe ich bei allen dreien gelobt, was es an ihnen nur zu loben gab, und mich darüber ausgeschwiegen, was ich an ihnen zu kritisieren gefunden habe.

Kreisler lebte bereits ein paar Jahre wieder in Salzburg, ein Mann hoch in seinen Achtzigern, da wurde mir von Freunden, der Antiquarin Elisabeth Weinek und ihrem Mann, dem Autor Max Blaeulich, beschieden, sie seien von höherer Stelle berufen worden, bei sich zu Hause ein gemeinsames Abendessen mit den Ehepaaren Kreisler und Gauß einzurichten. Ich ging nicht gerne hin, damit fing es schon an, denn mich treibt nicht die Sehnsucht, den Helden meiner Jugend endlich von Angesicht zu Angesicht gegenüberzustehen, sondern die Angst, dass mir ein Bild, das ich mir schön ausgemalt und über die Jahre erhalten hatte, womöglich zunichte werde. Was soll ich sagen, außer dass alles noch viel schlimmer kam, als ich befürchtet hatte? Der Wein war ausgezeichnet, das Essen vorzüglich, und Georg Kreisler sprach drei Stunden lang ohne Unterbrechung und ausnahmslos voller Verachtung und Bitterkeit, doch sein das ganze Abendessen niemals herunterbrennender Zorn galt nicht den österreichischen Nazis, vor denen er fast noch als Kind ums Überleben hatte fliehen müssen, und auch nicht den Lumpen, die heute da oder dort oder gar bei uns das Sagen haben, sondern … ausschließlich seinen Kollegen, seinen Freunden, seiner eigenen Familie. Helmut Qualtinger, ein überschätzter Saufkopf, der ihm die besten Pointen gestohlen, Gerhard Bronner, ein Verbrecher, der ihn um sein Geld gebracht hat, Peter Wehle, eine Null, die es sich mit allen zu richten verstand, Karl Farkas, ein geschäftstüchtiger Depp, die verschiedenen Ehefrauen, allesamt mit seinen Feinden verschworen, um ihn zu demütigen und in seiner Arbeit zu behindern, seine Kinder, keines davon in der Lage, seine väterliche Liebe anders als mit grundloser Feindseligkeit zu bedanken … drei Stunden, in denen er mit Ausnahme von seiner ihn manchmal in seinem Zorn anstachelnden, dann wieder begütigend auf ihn einredenden vierten Frau Barbara Peters über keinen einzigen Menschen auch nur ein einziges gutes Wort gesprochen hätte. Aber er hat auch keine einzige Frage gestellt: Nicht nach dem, was ich tue, nicht nach dem, was meine Frau tut, die seine Platten in ihrer Jugend gesammelt hat, nicht nach dem Befinden, den Interessen, den Kindern der Gastgeber, die in aller Umsicht, die sie walten ließen, einen zunehmend betretenen Eindruck machten. Nach drei Stunden eines Irrlaufs durch ein ganzes Jahrhundert, in dem jeder bessere Kopf, auf den Kreisler in seiner Suada gekommen war, in effigie einen kräftigen Hieb auf diesen erhalten hatte, waren nicht nur wir, seine erschütterten Zuhörer, sondern war er auch selbst erschöpft. Er verabschiedete sich mit knappen Worten, die Danksagung an die Gastgeber überließ er seiner liebenswürdigen, unverbrüchlich zu ihm haltenden Frau, dann waren die beiden weg. Und wir, die wir zurückblieben, haben jeder nach seinem Temperament versucht, mit dem zurande zu kommen, was uns gerade widerfahren war: Max und ich haben zwei rasche Flaschen ungläubigen Staunens geleert, unsere Frauen in ratloser Enttäuschung das Schlimme, dessen Zeugen wir geworden waren, mit allerlei politischen und psychologischen Entschuldigungsgründen abzumildern versucht. Eine Woche später brachte mir die Post das neue Buch Kreislers ins Haus, seine Autobiografie, mit der Anmerkung des Verlags versehen, der Autor dediziere es mir mit herzlichen Grüßen zur Rezension.

Ich habe das Buch einige Wochen liegen lassen und es dann geradezu furchtsam zu lesen begonnen. Erleichtert, mit wachsendem Respekt erkannte ich, dass Kreisler in seinem Lebensbuch nicht nur seinen Feinden – und er scheint nur Feinde gehabt zu haben – den Prozess machte, sondern rigoros auch mit sich selbst abrechnete. Da hatte ein Mann politische wie poetische Lieder geschrieben – und auf unüberbietbar virtuose Weise auch selbst vorgetragen –, die zum Besten gehören, was in diesem Genre im letzten Jahrhundert geleistet wurde. Aber mit 87 Jahren behauptete er nichts anderes, als dass die ganze Sache mit den Liedern ein einziger großer Irrtum gewesen sei. Am liebsten wollte er sie sich verbitten, die Bewunderung, die ihm als Chansonnier und gar als »Kabarettisten« gilt. Als er »Taubenvergiften im Park« geschrieben habe, ahnte er nämlich nicht, »dass mich faule Journalisten noch jahrzehntelang damit belästigen würden, sonst hätte ich es mir anders überlegt«.

»Faule Journalisten« – bei Kreisler ist das eine Tautologie, kennt und nennt er doch keine Journalisten, die nicht faul wären und nicht bereit, sich zur bestechlichen Medienmeute zu verbünden. Was den Blick auf die Journalisten angeht, könnte er ihn sich bei Karl Kraus abgeschaut haben, aber von dem hielt er erst recht nichts: »Gerechterweise kennt man ihn kaum außerhalb Österreichs, in Wien als Halbgott. Er war ein eitler Selbstdarsteller wie Makart, wie Qualtinger.« Die Liste derer, die Kreisler nicht mag, ist in seiner schmalen Autobiografie ziemlich lang, und was von Karl Kraus gesagt wurde, dass es das höchste Lob der *Fackel* bedeutete, in ihr nicht genannt zu werden, das gilt auch für das Lebensbuch seines Verächters: Nicht drin vorzukommen, ist das Beste, was einem an Nachrede widerfahren kann.

Über Gerhard Bronner hingegen ist viel zu lesen, um die undurchsichtigen Geschäfte, die politische Verhaberung und den »schlechten Geschmack« jenes Mannes. Aber im Buch liest es sich doch ein bisschen anders, als er es damals, an jenem unseligen Abend, erzählt hatte. Immerhin erfuhr ich jetzt, dass Bronner, auch nicht zimperlich, Kreisler 1977 »als Troubadour der Terroristen« bezeichnet hatte, eine öffentliche Denunziation, die damals schwere Folgen für einen umstrittenen, immer kämpferischen und umkämpften Mann haben konnte. Dann aber versteigt sich Kreisler zu dem Satz:

»Alles in allem ist es schade, dass es ihn gab, er hat einen schädlichen Einfluss auf das Wiener Kulturleben ausgeübt.« Wer traut sich so einen Satz hinzuschreiben, dass es bei einem Menschen schade sei, dass er gelebt hat, und was geht in einem vor, der so etwas zu schreiben vermag?

Das Wiener Kulturleben, das unter Bronners schädlichem Einfluss verdarb, Kreisler widmet ihm böse Sätze von aphoristischer Prägnanz. Warum kehrte er dennoch immer wieder nach Wien zurück? Der einzige Sohn eines Rechtsanwalts und seiner früh verstorbenen, musisch aufgeschlossenen Frau hatte 1938 mit sechzehn Jahren aus Wien flüchten und sich in den USA alleine durchschlagen müssen. »Meine Kindheit war kurz. Mit der Besetzung Österreichs durch die Nazihorden im März 1938 fand sie ein jähes Ende … Eine Jugend mit erwachenden Freiheitsgefühlen, erster Liebe, lustigen Streichen und dergleichen hatte ich nicht.« Ich las das und fragte mich, ob ich mir das Recht anmaßen konnte, jemandem, der in hohem Alter dieses von sich zu sagen wusste und sagen musste, seine Misanthropie vorzuhalten? In den USA lebte Kreisler zuerst in Hollywood, wo er, noch keine zwanzig Jahre alt, im Filmbusiness Fuß zu fassen versuchte, dann zog ihn die Army ein, für deren Soldatenshows er bald Lieder und Sketche auf Englisch schrieb. Nach dem Krieg ging er nach New York, wo auf bedrängende Jahre der durchschlagende Erfolg als Entertainer folgte. Just als er dort reüssierte, hat er die USA verlassen. Dieser Mann hat es sich wahrlich nicht leicht gemacht im Leben; und vermutlich auch nicht leicht gehabt mit sich selbst. Als Grund für seine Re-Migration führt er nichts Geringeres an, als dass er, erfolgreich geworden, die Kommerzialisierung der Kunst als verlockende Gefahr erkannte, und so behauptet er im Nachhinein völlig glaubhaft: »Es war der Gedanke an die Kunst, der mich veranlasste, Amerika den Rücken zu kehren.«

Um der Kunst willen nach Wien zurückgekehrt, fand sich Kreisler aber gleich mittendrin in den kommerziell sehr erfolgreichen Unternehmungen, deren Patron Gerhard Bronner damals eine schlagkräftige Truppe für die Marietta-Bar, das Intime Theater, den Rundfunk zusammenstellte. Heute gelten die Nachkriegsjahre als Goldene Ära des österreichischen Kabaretts. Doch Kreisler, der ein Star dieser Ära war, klagt sich mürrisch selber an, die Kunst verraten zu haben: »Ich hatte eine Doppelbegabung und wählte den falschen Weg, zuerst in New York, dann in Wien. Andere wurden Kellner, Putzfrauen, Bettler, ehe man sie als Künstler arbeiten ließ, ich wurde Kabarettist.« Das Wort allein jagte Kreisler offenbar Schaudern ein. Der gefeierte Kabarettist wetterte deswegen so heftig gegen das Kabarett, weil er es nicht für eine Kunstform hält, sondern für ein Handwerk, das umso fragwürdiger wird, je besser man es beherrscht: »Politiker mögen Kabarettisten, das sagt schon alles.« Sein Trachten aber ging nach der Kunst, sie war es, die ihn aus Amerika, wo er es mit seinen handwerklichen Talenten zum Millionär gebracht hätte, heimkehren ließ. Was für ein Scheitern, dass er zu Hause ausgerechnet in jenem Metier berühmt wurde, das er verachtete! Nicht als Kabarettist wollte er gewürdigt werden, sondern als Verfasser von drei Romanen und vielen Kurzgeschichten, die kaum jemand kennt, von Theaterstücken, Opern, Operetten, die kaum je aufgeführt wurden. Selbst was seine Lieder betrifft, deren Musik er mit so viel Witz komponierte und als Pianist so virtuos zu spielen verstand, möchte er nur jene gelten lassen, die auch ohne Musik auskommen würden.

1971 übersiedelt er nach Berlin. Wer wartet dort auf ihn?

In der tierischen Gestalt der »Wühlmäuse« und der »Stachelschweine« wieder nur das Kabarett. Ansonsten: kein Interesse am Komponisten und am Autor Kreisler. Der schreibt in der Rückschau gar: »In dieser Hinsicht sahen sich alle Berliner zum Verwechseln ähnlich: Sie waren gegen mich, ohne zu wissen warum.« Wie er das erratisch hinsetzt, ist es völlig frei von Ironie gesprochen, der Satiriker Kreisler meinte es ernst, todernst damit. Im letzten Kapitel seiner Autobiografie legte er noch einmal nach: »Ich kann mich nicht erinnern, je eine sachliche negative Kritik über mich gelesen zu haben, immer nur Anfeindungen, unbegründete Behauptungen und Lügen.«

Niemals im Leben eine anregende Kritik zu erhalten, das ist ein Verhängnis. Ein Verhängnis für den Künstler, der die kritische Auseinandersetzung mit seinem Werk braucht und verdient, und für den Autobiografen ganz besonders. Der Lebensbericht Kreislers leidet daher auch an einem dramaturgischen Mangel: In ihm berichtet ein viel bewunderter Künstler von kaum etwas anderem als davon, dass er nicht beachtet oder, wenn doch beachtet, zuverlässig der falschen Disziplin zugeordnet wurde; dass er permanent Feindschaft zu spüren bekam, überall gegen ihn intrigiert wurde und auf keinen – außer auf Barbara Peters – je Verlass war. Eigentlich ist es eine Märtyrergeschichte, die er erzählt, und tatsächlich heißt es in ihr einmal: »Die Kunst fordert den ganzen Menschen, und ihr Lohn ist Erkenntnis und Einsamkeit.«

Seine Märtyrergeschichte hält Kreisler nicht gänzlich frei von Pathos, doch völlig frei von Selbstironie. Wie nebenhin verstreut er funkelnde Sätze. Aber ein jeder soll beglaubigen, was er immerzu behauptet: dass alle Welt sich gegen ihn verschworen hat. Wenn das auf sein Leben wirklich zutrifft, ist es traurig; für seine Autobiografie aber ist es eine Gefahr, denn die gerät zur Kanzelrede. Seine geschiedenen Frauen und undankbaren Kinder, seine Freunde und Feinde, Gegner und Verehrer, Künstler und Kritiker, Juden und Christen, alle zeigt er sie stetig vereint, ihm zu schaden und seiner Persönlichkeit wie seiner Kunst nicht gerecht zu werden.

»Letzte Lieder« ist die traurigste Autobiografie, die ich kenne. Der Starrsinn ihres genialen Verfassers zeitigt gelegentlich bornierte Folgen, etwa wenn Kreisler behauptet, in der ganzen modernen Literatur gebe es kein einziges Buch, das es wert sei, dass man sich mit ihm beschäftige. Was für ein trostlos ungerechtes, intellektuell dürftiges Urteil! Wie schwer muss es gewesen sein, geistig, künstlerisch, moralisch zu überleben mit der fixen Vorstellung, dass im ganzen 20. Jahrhundert kein einziger Schriftsteller gelebt hat, den zu lesen keine Zeitvergeudung war. Aber Kreisler wollte im hohen Alter am liebsten ja auch sein eigenes Werk zurücknehmen; das dürfen wir ihm keineswegs zubilligen. Und ich spreche mir zu: Hast du nicht schon viele getroffen, die gegen die ganze Welt gewütet und den Stab über die Menschheit selbst gebrochen haben? Warum musst du es dann gerade ihm übel nehmen, der mehr erlitten hat als die allermeisten und mehr gekonnt hat als fast alle!

Vor fünf Jahren, als sich meine Frau einen alten Wunsch erfüllte und mich zur Reise in die Stadt überredete, über die so viele ihrer Schüler nach Österreich gekommen sind, habe ich das alte Istanbul, von dem Sait Faik erzählt, da und dort noch entdecken zu können geglaubt. Aber das überwältigend Bewegte dieser Stadt, ihre sich faszinierend ineinanderschiebenden Schichtungen, sie sind nicht die Überbleibsel einer alten, einer untergegangenen Welt, sondern Zeichen einer neuen, einer anders gearteten Migration, die gerade dabei ist, sich ihr eigenes Wunder an Metropole zu erschaffen.

Wir saßen schon eine halbe Stunde in dem Straßencafé, müde vom Schauen in dieser Stadt, in der es so viel zu schauen gibt, bis mir auffiel, dass etwas anders war. Die Stimmen! Seit Tagen hatten wir den vielstimmigen Chor von Istanbul gehört, an jeder Ecke, im Gewühl der Gassen, selbst spätabends, wenn die Straßenhändler ihre überladenen Leiterwägen heimwärts schoben und dabei von den Männern, die am Straßenrand standen oder vor den Häusern auf kleinen Klappsesseln saßen, angefeuert wurden. Auch jetzt ging es laut zu; die Leute unterhielten sich über die Gasse hinweg, debattierten vom Fenster im zweiten Stock herab oder riefen den Passanten aus den fahrenden Autos etwas zu. Aber was ich hörte, war nicht Türkisch. Und auch nicht Kurdisch, von dem jetzt im Parlament in wüsten Debatten und mitunter sogar in Schlägereien debattiert wurde, ob es, nach so langen Jahren dummer Ächtung, nicht doch als eine der Sprachen, die in der Türkei ohnedies von Millionen gesprochen werden, mit amtlicher Erlaubnis gesprochen werden dürfe. Wir saßen in einem Café im tiefen Istanbul und waren zugleich in einer anderen Welt, irgendwo in Polen, Bulgarien oder der Slowakei.

Von der Ordu Caddesi, einer der wichtigen Querverbindungen der Stadt, die von den westlichen Bezirken an der Universität vorbei in das alte Zentrum führt, ziehen zwei Straßen in rechtem Winkel leicht hügelan in Richtung der Prinzenmoschee. Diese beiden belebten Straßen, die Gençtürk Caddesi und die Fethibey Caddesi, umschließen ein urbanes Geviert, in dem ein Osteuropa im Kleinen wächst und gedeiht. In den Gassen und den verzweigten Innenhöfen einer alten Karawanserei wuselt es wie auf den türkischen Bazaren, aber es wuselt hier polnisch und georgisch, baltisch und russisch, bulgarisch und mazedonisch, ukrainisch und moldawisch.

Zwei Blondinen, die so blond waren, wie es nur Schwarzhaarige zuwege bringen, unterhielten sich am Nebentisch auf Rumänisch, sie waren um die vierzig, beherrschten jedoch beide noch das Kunststück der Jugendlichen, gleichzeitig zu rauchen, Kaugummi zu kauen und auf dem Mobiltelefon eine SMS zu verfassen. Als sie das Café verließen, verschwanden sie auf der gegenüberliegenden Straßenseite in einem Laden, über dessen Tür das Schild »Craiova Carstop« hing. Craiova, eine rumänische Universitätsstadt, liegt über 800 Kilometer von Istanbul entfernt, aber es gibt nicht nur eine Flugverbindung zwischen beiden Städten, sondern auch eine Buslinie, die die Strecke in rund siebzehn Stunden bewältigt und dem Fahrgast dafür umgerechnet nicht viel mehr als fünfzehn Euro berechnet. Abertausende Menschen kommen jeden Tag mit dem Bus in Istanbul an, aus Deutschland, Österreich, der Schweiz, aus Mazedonien und Serbien, selbst verschiedene iranische Städte fährt eine reguläre Linie an, sodass Craiova in dieser Hinsicht keine exotische Destination darstellt. Aber immerhin haben unternehmende Leute aus Craiova hier die Filiale eines Reisebüros errichtet, und ihr Geschäft ist nur eines von zahllosen, die in diesem Stadtteil, der bis vor wenigen Jahren ausschließlich von Türken bewohnt war, ein unverkennbar osteuropäisches Revier entstehen haben lassen.

Millionen Türken verlassen ihre Heimat, um anderswo ihr Auskommen zu finden. Über ihnen, die in so vielen europäischen Städten leben, vergisst man gerne, dass umgekehrt von alters her immer Menschen in die Türkei gezogen sind, um hier ihr Glück zu versuchen. Weit über eine

Million Migranten haben sich in den letzten Jahrzehnten in der Türkei und namentlich in Istanbul angesiedelt – Araber, Afrikaner, Angehörige turkstämmiger Nationalitäten. Zu ihnen sind seit 1991 Osteuropäer und versprengte Auswanderer aus der einstigen Sowjetunion getreten, die die Gegend zwischen der Gençtürk- und der Fethibey-Straße zu der ihren machten.

Ihre Läden, Geschäfte und Supermärkte zeugen mit prächtigen Glasfassaden und greller Reklame von dem kommerziellen Erfolg, der ihnen in Istanbul beschieden ist. Da ist die Firma »Lublin Shoes«, die schicke Schuhe aus Polen anpreist, einem Land, in dem die schicken Leute gerne italienische Schuhe tragen. Daneben empfiehlt »Baltic Cargo« seine Dienste, Frachtgüter nach Estland, Lettland, Litauen zu verbringen oder für den Transport von dort nach Istanbul zu sorgen. Im mehrstöckigen »Moda Bratislava« wird Kleidung aus der Slowakei angeboten, deren Modebranche nicht gerade als europäischer Trendsetter gilt. Die Konkurrenz aus Rumänien, »Bucuresti-textil«, verspricht, was sie keineswegs hält, nämlich Hemden, Sakkos, Mäntel aus Bukarest, die dort aber nur zwischengelagert und ganz woanders hergestellt wurden, nämlich noch einmal ein paar tausend Kilometer weiter ostwärts. Warum das bewachte Geschäft, in dem Goldwaren aller Art angeboten werden, auch reines Gold in kleinen Plättchen, den Namen »Mozart Gold« trägt? Vielleicht als Tribut an »Die Entführung aus dem Serail«, einer frühen, freundlichen Übernahme orientalischer Motive in der westeuropäischen Kunst. Wer nur ein paar Tage in Istanbul bleiben und aus Geschäftsgründen das osteuropäische Viertel gar nicht verlassen will, der kann ein Zimmer im »Hotel Berlin« oder »Hotel Zagreb« beziehen …

Am späten Nachmittag herrschte im ganzen Viertel geschäftiges Treiben. Autos fuhren vor, wurden entladen und unverzüglich mit anderen Gütern beladen, leidenschaftlich redeten die Händler in vielen Sprachen auf störrische Kunden ein. An diesen Ort, den ich nur zufällig entdeckt hatte, kehrten wir in den nächsten Tagen oft zurück, um hinter das Geheimnis der rätselhaften Konjunktur zu kommen, die ihn erfasst hatte und von der er geformt wurde. Nicht nur die Händler und ihre Angestellten kamen aus Polen oder Russland, auch die meisten Käufer und Käuferinnen stammten nicht aus Istanbul, sondern von irgendwo aus dem Osten Europas und dem einstigen sowjetischen Imperium. Es gab zwar auch den kleinen Handel: junge Leute, die stundenlang Ketten und Ringe bestaunten und endlich ein billiges Stück erstanden; Familien, die gekommen waren, um auf einen Schock alle fünf Kinder mit Bluejeans und Pullovern einzukleiden. Aber eigentlich ging es hier um Geschäfte en gros, nicht en detail. Lederjacken wurden von den Käufern nicht anprobiert, sondern in der Hand gedreht und gewendet und dann stapelweise gekauft. Elektronische Geräte wurden nicht geprüft, wie gut sie in der Hand lagen, sondern getestet, sodann in großer Zahl übernommen und schließlich in enorme Schachteln verpackt.

Das alles ging auf höchst zivilisierte Weise vor sich. Fachleute waren hier unter sich, die wussten, was die Dinge wert waren, die sie anzubieten hatten oder kaufen wollten. Ausländer, die mit Ausländern die besten Geschäfte machten: Russen, die Polen Pelzjacken, und Polen, die Russen Lederstiefel verkauften, Rumänen, die Sets mit blitzenden Küchenmessern in vielen Dutzend erstanden, und Kasachen, die sich mit allem eindeckten, was ihnen bulgarische Händler nur anzubieten wussten. Und das alles mitten in

Istanbul, in einem alten Viertel, in dem zu den festgelegten Stunden die blechernen Rufe des Muezzins zu hören waren und alle paar Minuten Wasserträger und ambulante Händler mit gekringeltem Gebäck durch die Straßen und Gassen zogen.

Zwei Tage später kamen wir mit einem Ungarn ins Gespräch. Auf meine einfältige Frage, was er hier mache, sagte er mit nachsichtigem Lächeln: »Geschäfte natürlich.« Was sollte ein Ungar in Istanbul auch sonst machen, als Touristen waren ja nur wir unterwegs! Er war hier, um jenen Handel zu treiben, der im Zerfall der alten Blöcke die innereuropäischen Grenzen als Erstes überschritten hat, einen Handel, der oft auf dem Schwarzmarkt begann, dann regulär wurde, in den Metropolen Osteuropas eine lang gezogene Einfallstraße, ein schäbiges Viertel, eine Brache am Stadtrand in Besitz nahm, Käufer nicht nur aus der Umgebung, sondern von weither anzog – und der dann, ebenso schnell, wie er begonnen hatte, einbrach und weiterzog, in eine andere Stadt, ein anderes Land. Hier, in Istanbul, war eine seiner Dependancen, und ich hatte den Eindruck, dass diese paar Straßen unweit der Universität eine Art von Freihandelszone bildeten, in der der einstige Ostblock, der in Staaten mit unterschiedlichem ökonomischen Niveau zerfallen war, Handel mit sich selbst trieb. Ich konnte es mir schwer vorstellen, aber der Ungar, der von einem russischen Lieferanten Hunderte rosafarbene Spritzpistolen erstand, tat dies gewiss im Zutrauen darauf, dass er mit diesen zu Hause sein Geschäft machen werde.

Mich überraschte es, dass ausgerechnet Istanbul eine Kreuzung geworden war, an der sich Moldawier und Polen, Ukrainer und Ungarn trafen, um all die nützlichen und notwendigen Dinge und das unnütze Zeug, das Gerümpel der

Kulturindustrie, das schon in schadhaftem Zustand angeliefert wird, zu tauschen. Aber so merkwürdig ist es gar nicht; den Verkehr über die türkische Grenze hinweg hat es schon viel früher gegeben, und sogar dass Ungarn sich ausgerechnet in die Türkei begeben, um dort Freiheit und Wohlstand zu suchen, ist nichts Neues. Als 1849 in der Monarchie der Habsburger die Gegenrevolution wütete, floh der General Josef Bem in die Türkei. Im Jahr davor hatte er die Truppen der Aufständischen befehligt, die Budapest einnahmen und die feudalen Herren aus ihren siebenbürgischen Schlössern verjagten. Nun zog der legendäre General der Revolutionsarmee an den Hof von Stambul, konvertierte zum Islam und befehligte als Amurat-Pascha schon ein paar Monate später die osmanischen Heere in Nordafrika. In der österreichisch-ungarischen Historiografie wird er als abtrünniger Verräter geführt, in der türkischen als glaubensfester Schlachtenlenker.

Das geheime Zentrum von Istanbuls Klein-Osteuropa ist der Tashan-Bazar, der aus einigen Höfen besteht, die einst zu einer alten, unter Sultan Mustafa III. gegründeten Karawanserei gehörten. Als ich aus dem Trubel draußen in einen dieser Höfe trat, war mit einem Mal eine wundersame Ruhe um mich. Das Café, umschlossen von Arkaden, schien wie in eine andere Zeit entrückt zu sein, auf niederen Plüschsofas saßen Leute, die sich nur gedämpft miteinander unterhielten und lange an voluminösen Wasserpfeifen sogen. Über all dies regierte ein Mann von vielleicht fünfzig Jahren, der sich, als er den Stadtführer vor mir auf dem Tischchen liegen sah, in perfektem Deutsch an mich wandte. Er hatte in Bremen Soziologie studiert und eigentlich als Wissenschaftler in Deutschland bleiben wollen, aber familiäre Verstrickungen hatten ihn zurück nach Istanbul und hierher in den Tashan-Bazar geführt. Er erzählte das mit Witz und leichtem Befremden, als wundere er sich selbst darüber, was das Leben aus ihm gemacht hatte, nämlich erstaunlicherweise keinen Soziologen, der in Deutschland forscht, sondern einen Gastronomen und Geschäftsmann, der offenbar nicht nur dieses eine Café führte, sondern auch mit den vielen Läden zu tun hatte, die in den Arkadengängen ringsum Einzug gehalten hatten. Diese kleinen Geschäfte, sagte er, lebten von Kunden, die vom ganzen Balkan und aus den Ländern der einstigen UdSSR hierherkommen. Warum sie das alle tun? »Weil sie hier finden, was sie suchen«, so simpel wurde ich vom Bremer Soziologen aus Istanbul in die unergründlichen Geheimnisse des globalen Marktes eingeführt.

Für den Abend empfahl er uns ein Lokal, das in einem Nachbarhof der Karawanserei untergebracht war. Als wir gegen 21 Uhr dort eintrafen, war das alte Gemäuer, das das Restaurant umschloss, geschickt mit Scheinwerfern ausgeleuchtet, die Tische waren fast alle besetzt, und die Lingua franca von Kellnern und Gästen war Russisch. Selbst die Hintergrundmusik, die aus dem Lautsprecher klang, nahm sich hier fremd und passend zugleich aus; erstaunt erkannte ich sie wieder, denn hier, im russischen Lokal des Tashan-Bazars, wurde nichts anderes gespielt als die Filmmusik zu jenen Karl-May-Verfilmungen, die mich in meiner Jugend die Sehnsucht nach Aufbruch, Ferne und Abenteuer lehrten.

Mit den Atomschlägen gegen Hiroshima und Nagasaki wurde 1945 über die Menschheit ein neues Zeitalter verhängt, denn die Bomben, die auf die beiden Städte fielen (fielen? Nein, sie fielen nicht von selbst, sie wurden über diesen Städten abgeworfen), haben die »Geschichte der Menschheit zerrissen«, wie es der französische Lyriker und

Philosoph Michel Deguy formulierte, sie haben sie in ein Davor und ein Danach geschieden. Danach ist etwas zur realen Perspektive geworden, was es im Davor, das entsetzliche Kriege, selbst den industriell vollzogenen Massenmord an den Juden ermöglichte, noch nicht gegeben hat, nämlich die Gefahr, dass im nuklearen Krieg die Gattung selbst ausgelöscht werde. Hiroshima ist seither nicht nur ein bestimmter Ort in Japan, sondern ein Allerweltsort im verheerenden Sinne, ein Ort aller Welt, ein Überallort, nicht weil die Bewohner anderer Städte erlitten, was die von Hiroshima zu erleiden hatten, sondern weil dort die Probe auf ein Exempel gemacht wurde, das die Condition humaine universell veränderte. Wenige haben das so deutlich erkannt wie der Philosoph Günther Anders, der im Rückblick schrieb: »Ich begriff sofort nach Hiroshima und zwei Tage vor dem absolut unverzeihlichen zweiten Atomangriff, dem auf Nagasaki, dass der 6. August 1945 den Tag Null einer neuen Zeitrechnung darstellte: den Tag, von dem die Menschheit unrevozierbar fähig war, sich selbst auszurotten.«

In seinen »Philosophischen Stenogrammen« hat Günther Anders gemeint, dass die Unfähigkeit, sich die Folgen dessen vorzustellen, was erfunden und in Betrieb genommen, entwickelt und ausprobiert, gedacht und getan wird, die Todsünde des Menschen in der technischen Zivilisation sei. Wenn man sich, darüber langsam die Fassung verlierend, angesehen und angehört hat, wie jämmerlich sich die Wissenschaftler, Techniker, Betriebsleiter der Betreiberfirma von Fukushima verantworten, ist man versucht, ihm recht zu geben. Diese Männer, die sich rituell formvollendet zu verneigen wissen, behaupten schlichtweg, dass eine solche Verkettung unglücklicher Ereignisse, wie sie ihr Atomkraftwerk schwer beschädigte, nicht vorauszusehen war. Vom

Unglücksfall aus betrachtet und in dessen Vorgeschichte zurückgedacht, ist jedoch buchstäblich alles, was in Fukushima geschehen ist, vorherzusehen gewesen: ein Atomkraftwerk an dieser Stelle, nah dem Meer, ein Reaktor dieses Typs, errichtet in dieser Erdbebenzone ... Nachträglich erweist sich die Sorglosigkeit, mit der die Betreiber zu Werke gingen, als monströs, und ihre Unfähigkeit, sich vorzustellen, was passieren könnte, ist selbst unvorstellbar.

Tod und Vernichtung in der Kunstberichterstattung. »Gestern ist in Barcelona der spanische Maler Antoni Tàpies gestorben. Als er in den fünfziger Jahren seine ersten Bilder ausstellte, brachen sie über die Kunstwelt wie ein Tsunami herein.«

Hoffen auf den Tsunami. Beppe Grillo, der womöglich als linker Rebell begonnen hat, aber als rechter Radaubruder enden wird, kündigt auf einer Wahlveranstaltung an, dass seine Bewegung wie ein Tsunami über Italien fegen und er selbst nach seinem Sieg im Senat höchstpersönlich Vietnam spielen werde. Ich sehe und höre, wie er das brüllend, nein bellend vor Zehntausenden Anhängern kundtut, und weiß nicht, ob er nach zwanzig Jahren telekratischer Verblödung der italienischen Nation den Dummkopf noch spielt oder bereits einer geworden ist.

Der Literaturschnösel der Saison. Ein junger amerikanischer Starautor, von dem man sich nur wundern kann, warum er überhaupt ins Deutsche übersetzt wird und sich sogar bedeutende Verlage im Kampf um die Lizenzen für seinen Mist ruinieren, Colson Whitehead, sagt in der Literatursendung, dass er es hasse, im Sommer Eis zu essen, weil es ihn an seine Ferientage als Jugendlicher der Upper Class erinnere, als er jeden Sommer mit seinen Eltern in Coney Island den Urlaub verbringen musste: »Diese Sommer am mondänen Strand mit dem rituellen Eisessen am Abend – das war mein persönliches Vietnam.« Gott sei Dank kommt der feine Stilist aus New York und nicht aus Düsseldorf, sonst hätte er gesagt: Das ewige Vanilleeis im Sommer, das war mein privates Auschwitz.

Die Argumente von Günther Anders muten aufs Erste schlagend an: Die Wissenschaftler, Politiker, ihre Zuträger und Mitarbeiter wie jene zwei Piloten, die die Bomben über Hiroshima und Nagasaki ausklinkten, vermögen sich aus selbstverschuldeter Phantasielosigkeit nicht vorzustellen, was sie anrichten. Die Menschheit geht an mangelnder Vorstellungskraft, mangelndem Vorstellungswillen zugrunde. Aber stimmen die Argumente, stimmen sie noch, zwanzig Jahre nach dem Tod des Philosophen, fast siebzig Jahre nach dem Ereignis, das für ihn die epochale Wende in der Geschichte der Menschheit bedeutete?

Die Apokalypse als real gewordene Möglichkeit werde verdrängt, dies war es, was Anders anprangerte. Wird sie heute wirklich verdrängt? Im Kino, im Fernsehen, in den Medien hat sie es zur schieren Dauerpräsenz gebracht, und wer will, kann sich von mittags bis Mitternacht im Fernsehen von einem Katastrophenfilm zum nächsten zappen, um sich zwischendurch die kleineren Häppchen Apokalypse aus den Nachrichten einzuverleiben. Der Weltuntergang wird nicht verdrängt, sondern kommerzialisiert. Fortwährend wird er uns ins Haus geliefert und mit solchem Aufwand an technischer Raffinesse im Film hergestellt, dass wir nicht anders können, als über ihn in Begeisterung zu geraten. Wir werden mit Katastrophen gefüttert, bis unsere Sinne stumpf geworden sind. Nicht ihr Vertuschen, ihre propagandistische Präsenz hat dafür gesorgt, dass uns die Apokalypse keine Sorgen mehr bereitet.

Zwischenstück 2

Himmel und Hölle in der Literatur

António Lobo Antunes schreibt und schreibt und gräbt sich mit jedem Buch tiefer in die Hölle hinab. Die Hölle heißt Portugal, und dieses Land bleibt im gewaltigen Romanwerk des Psychiaters und Autors immer eine Hölle, egal ob er von der faschistischen Ära, von den Jahren nach der Nelkenrevolution oder von heute erzählt. Das ist eine fragwürdige Obsession dieses für so vieles zu rühmenden Autors, dass er der Geschichte das Geschichtliche nimmt und sie ihm die Bühne ist, auf der die Reprise des ewig gleichen Stücks gegeben wird. Wenn Portugal immer die Hölle ist, dann spricht gegen den faschistischen Dikatator Salazar nicht viel mehr als gegen den gewählten Präsidenten Soares, Unterdrückung unterscheidet sich substantiell nicht von Befreiung, das reglementierte Leben nicht von einem, das immerhin unbehelligt von den Spitzeln des Geheimdienstes geführt werden kann. Lobo Antunes geht zwar differenzierter zu Werke als Thomas Bernhard, aber auch er kappt der Geschichte ihr Wesen, weil er darauf versessen ist zu beweisen, dass in Portugal, gleich was die Portugiesen unternehmen und wofür sie streiten, jedenfalls immer eine Art von Faschismus herauskommt.

Alles, was dieser Nation je zugestoßen ist, bleibt in seinen bildmächtig wuchernden Romanen gegenwärtig, und was immer die Geschichte den Portugiesen an Hass und Irrsinn beschert hat, für Lobo Antunes wird es nie vergehen und historisch werden. Es ist ein Reigen ohne Ende, Gewalt, die sich fortzeugt, und oft zwingt der Autor das Vergangene und das Heutige daher in ein und denselben Satz.

Der Form nach sind seine Romane wild mäandernde Reden, Bekenntnisse, Protokolle, die kunstvoll und kompliziert als Chorstücke für anonyme Stimmen angeordnet werden, für raue, verzweifelte, hysterische Stimmen, die nacheinander aus dem Chor hervortreten und dann wieder von ihm verschlungen werden. Auch sein Roman »Mein Name ist Legion«, betitelt nach einem vom Teufel beherrschten und gequälten Mann im Lukas-Evangelium, ist barock überladen und in seinem anschwellenden, vom Heute ins Gestern, von äußeren zu inneren Tragödien wechselnden Gesang eine einzige Zumutung: Bestehen kann diese Herausforderung nur, wer sich höchste Lesekonzentration auferlegt.

»Meine Name ist Legion« spielt in einem Armeleuteviertel von Lissabon und handelt von der alltäglichen Brutalität afrikanischer Gangs, von der organisierten Brutalität der korrupten portugiesischen Polizei, von der unausgesetzten Orgie der Gewalt an den Rändern der Metropole. Lobo Antunes verwebt viele Stimmen in diesen großen Gesang, die Stimmen von »Negern«, »Mischlingen« und »Weißen«, von Schlägern, Zuhältern und Huren, von vergewaltigten Opfern und zu Tode geprügelten Tätern. Bar jeder Hoffnung, kündet der infernalische Gesang schrill und dissonant davon, dass die Zukunft bereits verloren ist. In die Apokalypse vernarrt, schildert Lobo Antunes das Zusammenleben von Menschen verschiedener Kulturen in Lissabon so, als befänden wir uns bereits mitten im Vorspiel auf den weltweiten Bürgerkrieg. Keine Aussicht, dass aus dem Völkergemisch etwas Neues oder Interessantes entstehen könnte, nein, Lobo Antunes predigt, dass auch die Globalisierung nur neuen Faschismus gebiert. Er predigt das in einem überwältigend gut erzählten Roman, mit rabiaten Ausfällen gegen die Obrigkeit und der Anmutung, er besehe die Welt mit unbestechlichem Blick. Es ist nur so, dass er die Menschen eben für Bestien hält. Darum hallt seine Anklage, dass sie von den wechselnden Obrigkeiten seit je wie Bestien gehalten werden, ins Leere – denn warum sollten sie nicht in Unfreiheit gehalten werden, wenn sie doch Bestien sind?

Was Ljudmila Ulitzkaja preist, feiert, beschwört, ist mitunter gerade das, was Lobo Antunes verhöhnt oder verdammt und worüber er sich ins Delir einer gewaltig daherbrausenden Bußpredigt hineinsteigert. Die russische Autorin siedelt ihren Roman »Medea und ihre Kinder« in einer jener Regionen im Osten Europas an, die von jeher nicht von einer Nationalität alleine, sondern von einer Vielfalt ethnischer Gemeinschaften bewohnt wurde, auf der Halbinsel Krim. Heute bildet die Krim innerhalb des ukrainischen Staates eine autonome Republik, die allerdings mehrheitlich nicht von Ukrainern bewohnt wird, sondern hauptsächlich von Russen und Krimtataren, jenen Tataren, die unter Stalin deportiert worden waren und deren Kinder und Enkel seit zwei Jahrzehnten vehement in ihr altes Siedlungsgebiet zurückdrängen. Was uns gemeinhin als Anlass von Zerfall, Krisen, Kriegen präsentiert wird, das ethnische In- und Durcheinander, die nationale Unübersichtlichkeit, Ljudmila Ulitzkaja zeigt in ihrem Familienroman, was es auch bedeuten könnte und historisch tatsächlich immer wieder auch bedeutet hat: Reichtum der alltäglichen Kultur, Fülle des Lebens, Schönheit. Die Autorin aus Moskau hat einen russischen Roman geschrieben, der von Griechen, Armeniern, Litauern, Juden, Krimtataren und Ukrainern bevölkert wird und in dem die Zweige der Familie über die wechselnden Staatsgrenzen hinweg bis nach Italien und Korea reichen.

Im Haus der alten Medea, die kinderlos, aber dennoch

so etwas wie eine Clanmutter ist, treffen sich Jahr für Jahr ihre dreißig Neffen und Nichten. Sie kommen von nah und fern mit Ehepartnern, die der Familie immer neue Völker einspeisen, und mit einer wachsenden Schar von Kindeskindern, deren nationale Identität fragwürdig ist. Nur eines haben sie alle gemeinsam, die roten, nein die »radikal roten Haare«, sichtbares Erbteil des mythischen Stammvaters, des Griechen Charlampi. Sterbend vermacht Medea das Stammhaus der Familie auf der Krim nicht ihren Neffen und Nichten, die sie liebt, sondern einem jungen Krimtataren aus der Nachbarschaft, dem sie das Unrecht, das an seinen Vorfahren von den Sowjets verübt wurde, vergelten möchte, indem sie ihm eine Zukunft in jenem Land sichert, aus dem seine Eltern vertrieben worden waren.

Ulitzkaja weiß komische Pointen zu setzen und die Stimmung auch schön melancholisch leuchten zu lassen, sie bietet Aberdutzende Gestalten auf mit ihren Eigenheiten, individuellen Lebensgeschichten, und was sie schreibend exemplifiziert, dass wir alle Angehörige einer Familie sind, die da Menschheit heißt, ist mir sympathischer als der Sermon des Lobo Antunes, dass wir alle dem Stamm der Verdammten angehören und verfeindete Bewohner der Hölle sind. Es ist bedauerlich, nein, empörend, dass Lobo Antunes die Verdammnis überzeugender zu gestalten weiß als Ulitzkaja die Läuterung der Feinde zu Brüdern. Sie kündet von Menschenfreundschaft, er sammelt Beweise dafür, dass einzig die Feindschaft uns eint; sie feiert Menschen, die das Gute nicht aus Selbstverleugnung tun, sondern einfach weil das Gute sie erfreut, er beharrt darauf, dass alles immer schlecht war und schlecht bleiben wird. Ich müsste mir Mühe geben, mich von Ulitzkaja überzeugen zu lassen, wie ich mir

Mühe geben muss, mich nicht von Lobo Antunes überzeugen zu lassen.

Warum lese ich also? Um mich zu behaupten. Gegen beide.

Hundert Geschichten, und jede geht noch schlechter aus. Am schlimmsten wird es, wenn sich am Ende die trübe Aussicht bietet, dass die Zukunft der Gegenwart zum Fürchten ähnlich sehen wird. Viborg ist eine dänische Provinzstadt auf Jütland, aber für Peer Hultberg, der dort seine Jugendjahre verbrachte, war sie ein Laboratorium, in dem mit einem besonderen Stoff, dem spezifisch dänischen Unglück, hantiert wurde. Einsamkeit, Verzweiflung, Selbstbetrug, Gemeinheit sind einige Formen dieses Unglücks, das der Autor mit kühler Neugier untersucht. »Die Stadt und die Welt« ist der Titel seines Laborberichts, der ironisch den päpstlichen Segen »urbi et orbi« aufgreift und damit behauptet, dass diese kleine dänische Stadt für die Welt selber steht.

Hultberg hat viele Romane veröffentlicht, in den meisten werden lauter Texte von wenigen Seiten aneinandergereiht, scheinbar unverbunden und doch auf raffinierte Weise aufeinander bezogen. Bekannt wurde der Autor, Slawist und Psychoanalytiker 1985 mit dem »Requiem«, in dessen 537 Kapiteln ebenso viele Stimmen zu vernehmen sind, eine gewaltige Totenfeier für 537 Individuen, die sich für kurze Frist aus der namenlosen Ewigkeit erheben und danach wieder in sie zurücksinken.

Dieses Verfahren hat Hultberg in »Die Stadt und die Welt« modifiziert und verfeinert, dieses Mal sind es exakt hundert Texte, zwei Seiten die kürzesten, fünf, sechs Seiten die längsten, und in ihnen haben mehr als dreihundert Bewohner von Viborg ihren Auftritt. Die meisten von ihnen tauchen nur einmal auf, verschwinden dann in der Stadtgeschichte, ein paar kehren an späterer Stelle des Romans als Zaungäste anderer Biografien zurück oder wenn ihre Lebensgeschichte noch einmal aufgegriffen und fortgeführt wird. Vom Gerichtspräsidenten zum Tagelöhner, von der Pastorin zur Waschfrau, der bigotten Bürgerin zur Femme fatale, vom schlechten Schüler, aus dem ein bedeutender Wissenschaftler wird, zur schönen Dame, die als enttarnte Kleptomanin einen tiefen Absturz erlebt, ruft sie Hultberg alle auf die Bühne: die Repräsentanten und die Außenseiter der Gesellschaft, ihre Stützen und ihre Feinde, all die Unerkannten, nie Gewürdigten, rasch Vergessenen. Was für Mime gilt, die Tochter des Kartoffelhändlers Bock, die ihr Leben für das Geschäft, die Geschwister und den Ruf der Familie vergeudet hat, das trifft fast auf einen jeden zu: »Sie starb mit dem Gefühl, missverstanden worden zu sein.«

Was die Gesellschaft von Viborg über alle Familien und Stände und den Wandel der Zeiten hin zusammenhält, das ist der Dünkel. Hultbergs Dänemark ist ein Land des Dünkels und das kleine Viborg darin die große Kapitale. Scharf grenzen sich die Klassen und Stände voneinander ab, unendlich fein aber sind die Unterschiede, die innerhalb derselben Klasse wirksam sind und alle Tage symbolisch erneuert werden müssen. Wer im gemeinsamen Wohnhaus die »bessere Herkunft« hat und folglich zuerst gegrüßt werden muss, das ist zwischen den Familien eines Hauses nicht weniger als eine Frage, die über Gedeih und Verderb des dänischen Gemeinwesens entscheidet. Der Dünkel ist nicht nur eine Lebenshaltung der Oberen, ihm sind vielmehr auch jene verfallen, die erst nach oben wollen und ihrerseits, einmal dort angekommen, die Rangordnung sofort symbolisch zu festigen beginnen. Die Tochter des Rohrschmieds widmet ihr fleißiges Leben dem Projekt, eines Tages über den Kindern des Kaufmanns zu stehen, mit denen sie aufwächst, ohne ihnen gleichgestellt zu sein. Als sie ihr Ziel erreicht hat, staffiert sie ihre Wohnung mit all den Insignien des Wohlstands aus, die sie bei den Kaufleuten so sehr bewundert hat und über die diese, eine ironische Volte der Geschichte, gar nicht mehr verfügen.

Stickig ist es in den Villen der Bürger, deren tägliche Lust der Dünkel ist, mit dem sie auf die anderen herabschauen, stickig ist es bei den Kleinbürgern, die die Demütigungen ertragen, indem sie beständig ihren Hass nähren, und stickig ist es auch bei den Arbeitern, von denen die meisten keine andere, proletarische Lebensform der Solidarität erproben wollen, sondern von jener träumen, die ihre Bedrücker pflegen. Man möchte die Türen und die Fenster aufreißen, dass auch durch die Häuser von Viborg einmal die Zugluft der Geschichte streicht.

Was heißt schon »Roman«? Dieser besteht aus der Abfolge von einigen hundert kurzen Prosastücken, die verschiedenen Genres zugehören: Berichte, Chroniken, Aufzeichnungen, Gespräche, Witze, Spottgedichte, Kurzerzählungen, kulturhistorische Anmerkungen ... Er ist wie für mich geschrieben, und dabei ist er entstanden, als ich noch gar nicht zur Welt gekommen war. Den Wechsel der Genres, den offenen Text, die Montage verschiedener Realitätsfragmente halte ich für besser geeignet, der Welt und der Tatsache beizukommen, dass sich die Dinge auf ihr ungleichzeitig entwickeln, als es immer nur mit dem einsinnigen, einstimmigen Erzählen zu probieren. Der Mexikaner Juan José Arreola, in Lateinamerika ein Klassiker, bei uns nahezu unbekannt, war ein historisch und kunstgeschichtlich gebildeter Mann, der seine Bildung auch beim Schreiben nicht verleugnen wollte; und ebenso wenig mochte er sich selbst disziplinieren, indem er schreibend mit seiner Empörung über die politischen Zustände in Mexiko zurückhalte. Sein einziger Roman ist ein richtiger »Jahrmarkt«, wie auch sein Titel heißt: politisches Traktat und kulturgeschichtlicher Exkurs, Legende und sozialkritische Erzählung, Mythos und ausgelassene Schelmengeschichte. Und: das grandiose Bildnis einer kleinen Stadt in der mexikanischen Provinz.

In Zapotlán wird jedes Jahr im Oktober Jahrmarkt gehalten. Das zieht sich ein paar Tage hin, in denen immer mehr Leute in die Stadt drängen und zwischen den Marktständen, in den Säulengängen, im Kirchenschiff nächtigen. Alte Konflikte zwischen ihnen und der Obrigkeit flammen wieder auf, und die inbrünstigen Gebete während der Messen deuten schon die Orgien an, die folgen werden. Der Höhepunkt ist erreicht, wenn am 12. Oktober das Fest des Schutzpatrons der Stadt, des heiligen Josef, gefeiert wird. In Arreolas Erzählwerk, das nicht nur die Genres, sondern auch die Zeiten wechselt, darf sich dieser selbst an die Leser wenden und sie davon unterrichten, dass die Kirche aus ihm erst im 19. Jahrhundert einen Heiligen machte und dass er froh ist, als Zimmermann zu so etwas wie dem »Schutzpatron einer sozialistischen Kirche« geworden zu sein. Einen solchen Schutzpatron könnten die Ureinwohner der Region wahrlich brauchen, denn ihnen wurde das Land sogleich geraubt, als die spanischen Eroberer ihre Schiffe mit Machete und Monstranz verließen: »Fest steht, dass das Land nicht mehr uns gehört, und hin und wieder erinnern wir uns daran.«

Der dies sagt, ist kein Einzelner, es ist vielmehr die Stimme des Volkes selbst, mit der der Roman anhebt: »Wir sind ungefähr dreißigtausend.« 30 000 Indígenas, denen ein paar hundert spanischstämmige Bürger und Gutsbesitzer gegenüberstehen. Aus dem gewaltigen Chor der Namenlosen treten nach und nach Einzelne heraus, die von vielen lustigen Ereignissen in ihrem traurigen Leben erzählen. Und auch die Gutsbesitzer und die bestochenen Richter kommen zu Wort, Arreola komponierte ein vielstimmiges Erzählwerk, gewissermaßen den inneren Monolog einer ganzen Stadt, mit ihren Glücksrittern, Betrügern, Aufrührern und Frömmlern. Vieles ändert sich über die Jahrhunderte in Zapotlán, eines aber bleibt gleich: Wenn der nächste Jahrmarkt naht, erinnern sich die Indios wieder daran, dass sie betrogen wurden, und sie möchten den uralten Rechtsstreit, der seit Jahrhunderten geführt wird und immer zu ihren Ungunsten entschieden wurde, neuerlich aufnehmen.

Furios, wie der gelehrte, zornige Juan José Arreola vom ewigen, ewig unbelohnten Widerstand erzählt, der nie völlig erlischt, und von der Lebenslust, die sich das Volk auch in Zeiten der Unterdrückung nicht nehmen lassen will. Was geschähe, frage ich mich, als ich das Buch wegräume, wenn man die Bewohner von Viborg in einem interkulturellen Kraftakt probeweise nach Zapotlán, die Bewohner eines europäischen Romans in einen lateinamerikanischen versetzte? Würden die Leute aus der dänischen Provinz dort immerhin erkennen, dass sie unglücklich sind und sich geradezu abmühen, es auch zu bleiben? Oder würde sich auf den mexikanischen Ort bald die dänische Traurigkeit legen? Wäre es möglich, fragte ich mich, dass auch Zapotlán binnen weniger Jahre gleich Viborg zerfiele, eine Bevölkerung aus lauter monadenhaft Vereinsamten, von denen sich ein jeder vom Nächsten benachteiligt, verraten, ausgestochen fühlt und sich danach sehnt, diesen zu benachteiligen, zu verraten, auszustechen? Und gelänge es, wenn die Bevölkerung virtuell in die andere Richtung aufbräche, mit der renitenten Lebenslust der mexikanischen Armen die Dänen von Viborg aus ihrer aufgeklärten Lebensunlust zu reißen?

Aber ist, frage ich mich, was wir vom dänischen Erzähler über Dänemark, vom mexikanischen über Mexiko hören, überhaupt richtig? Dänemark, für Hultberg die dünkelhafte Republik der traurigsten Menschen, führt auch heuer wieder das Ranking an, mit dem ein großes internationales Medienunternehmen alle Jahre wieder die Staaten der Erde nach der Zufriedenheit ihrer Bewohner reiht. Im Ranking die glücklichsten Menschen der Erde, sind die Dänen im Roman des Dänen Hultberg für nichts so begabt als dafür, ein dumpfes Leben zu führen. Und Mexiko? Im Ranking liegt das Land, in dem die Drogenkartelle einen aggressiven und hochgerüsteten Staat im Staate besitzen, weit hinten. Doch Arreola rühmt die Sinnenfreude, die Renitenz der Mexikaner, als sei es, obwohl seit Jahrhunderten das Elend, die Unterdrückung auf Mexiko lastet, doch ein tägliches Glück, dem Volk der Rebellen anzugehören. Natürlich ist die andere Geschichtsschreibung, die in der Literatur geschrieben wird, die wahre.

Eine Geschichte, grausam wie selten eine. Animal ist neunzehn Jahre alt, seit dem großen Chemieunfall in seiner indischen Geburtsstadt Khaufpur sind seine Knochen nach und nach eingeschmolzen. Jetzt kann er sich nur mehr auf allen vieren fortbewegen, in grotesker Verkrümmung, mit dem Hintern als höchstem Punkt seines Körpers und dem Gesicht knapp über dem Boden. Er ist nicht der Einzige, den der Unfall dazu nötigt, seine Existenz nach Art eines durch die Großstadt streunenden Tiers zu bestreiten: Den ganzen

Tag robbt er vom Hinterhof des einen Restaurants zu den Müllkübeln des anderen, um in den Abfällen zu suchen, was sich noch verzehren lässt. Begleitet wird er meist von Jara, seiner Freundin, die flüchtige Betrachter für einen struppigen Straßenköter halten, dem man den Knochen gerne gönnt, den er sich irgendwo aus dem Unrat holt.

»Früher war ich ein Mensch.« Das ist der erste Satz eines Romans, in dem von einer von Menschen verursachten, von Menschen vertuschten Katastrophe berichtet wird, deren Opfer wie Tiere behandelt werden. Früher hatte er einen Namen, jetzt heißt er nur mehr Animal und sieht sich selbst als »Menschentier«. Was Animal aber auszeichnet, das ist sein selbstbewusster, lebensstarker Anspruch, dennoch kein Opfer zu sein, sich nicht als Opfer zu fühlen. Als Tier der Großstadt vielleicht, aber nicht als Opfer und auch nicht als hilfloses Objekt karitativer Güte. »Die Welt der Menschen ist dafür gemacht, in Augenhöhe betrachtet zu werden. Hebe aber ich den Kopf, starre ich jemandem auf den Schritt. Ist eine ganz andere Welt, da unten. Glaubt mir, ich weiß, wer sich die Eier nicht gewaschen hat …« Animal sieht die Welt aus einer ungewöhnlichen, entlarvenden Perspektive, und er ist ein oft witziger, meist ordinärer, immer gänzlich unsentimentaler Chronist des Lebens da unten, in der Gosse, im Schmutz, auf den Kanalgittern.

Die äußeren Geschehnisse des Romans, der im fiktiven Khaufpur spielt, erinnern stark an jene, die sich 1984 in Bhopal ereigneten, als eine Fabrik der Union Carbide Corporation in die Luft flog, vermutlich 16 000 Menschen sofort tötete und Hunderttausende verletzte, von denen viele noch heute an den Folgen zu leiden haben. Aus diesem Stoff kann ein Autor ganz verschiedene Bücher machen: Er kann dokumentarisch von der Vorgeschichte einer vorauszusehenden

Katastrophe erzählen oder von ihrer beschämenden Nachgeschichte, etwa dass der verantwortliche Direktor der Corporation Indien um eine Kaution von 1500 Dollar verlassen durfte, nie zur Verantwortung gezogen wurde und sein Unternehmen geradezu lächerlich geringe Summen an die Hinterbliebenen und die Überlebenden auszahlte. Es hätte eine bittere Geschichte von Klage und Anklage daraus werden können, aber der 1950 geborene indisch-britische Autor Indra Sinha, der eine Hilfsorganisation für die Opfer von Bhopal mitbegründete, hat etwas ganz anderes unternommen: Er hat vor dem Hintergrund des Grauens einen Schelmenroman verfasst.

Animal ist ein schlitzohriger, derber Kerl, der sich nicht unterkriegen lässt, der betrügt und belügt und mit einem grandiosen Überlebenswillen begabt ist. Er lernt einen wohlmeinenden australischen Journalisten kennen, der ihm Kassetten gibt, auf die er seine Lebensgeschichte sprechen soll. 23 sind es am Ende, und seiner Form nach fingiert der Roman, diese Kassetten, die in einem wüsten Kauderwelsch aus Englisch, Hindi und Französisch besprochen wurden, unredigiert wiederzugeben. Animal gelangt in die Kreise echter und falscher Samariter, bekommt es mit Hilfsorganisationen zu tun, die tatsächlich die Interessen der Opfer verfechten, und mit anderen, deren einziger Zweck es ist, die Interessen des Konzerns und seiner Aktionäre zu wahren. Indra Sinha bringt das Kunststück zuwege, eine Geschichte von kaum überbietbarer Tragik aus der widerständigen Perspektive eines charmanten, wilden und ungezähmten Lumpen der Großstadt zu erzählen, der in das Leben vernarrt ist und niemals aufgeben wird, um seinen Platz darin zu kämpfen.

Exkurs des Exkurses: Apokalypse, österreichisch

Wo die legendäre Insel Scoglio Pomo liegt? Irgendwo im wilden Sprachmeer Fritz von Herzmanovsky-Orlandos. Ein Sprachwitzler, so rabiat, wie die österreichische Literatur keinen zweiten hervorgebracht hat, ein anarchischer Zwangscharakter, der sich nach strenger politischer Ordnung und dem permanenten künstlerischen Ausnahmezustand sehnte, hat sie in einem Roman ersonnen und auch gleich wieder vernichtet. Von 1921 bis kurz vor seinem Tod, mehr als dreißig Jahre lang, hat er immer wieder an diesem Inselroman gearbeitet und ihn doch nie zu einer verbindlichen Textgestalt gebracht. Friedrich Torberg, der jüdische Emigrant, der den Genius des von antisemitischem Dünkel keineswegs freien Sammlers, Sprachkünstlers, Zeichners, Mythomanen, Immobilienmillionärs und Obskurantisten erkannte, hat ihn nach dessen Tod im Nachlass entdeckt; und dem stilistischen Irrwitz, der mäandernden Phantasie des Werkes seine bearbeitende Sorgfalt angedeihen lassen, bis von dem Manuskript nur mehr die Hälfte übrig war.

Im Rahmen der historisch-kritischen Ausgabe erschien der Roman ein Vierteljahrhundert später unter dem Titel »Rout am Fliegenden Holländer«. Und ein weiteres Vierteljahrhundert später, nachdem in der Handschriftensammlung der Österreichischen Nationalbibliothek eine neue Abschrift aufgetaucht war, unter dem Titel »Scoglio Pomo«.

Wie er auch heißen mag, der Roman ist das Mittelstück der »Österreichischen Trilogie«, deren Flügel »Der Gaulschreck im Rosennetz«, dieser nächtliche Spaziergang durch die Abgründe des Wiener Biedermeier, und »Das Maskenspiel der Genien«, eine kuriose Utopie auf das Jahr 1966, bilden. Die Handlung ist so verstiegen wie unbedeutend, denn der Inhalt gilt hier wenig, der Exzess von Phantasie und Sprache fast alles. Eine aus sämtlichen Provinzen des Reiches zusammengekommene Schar von dementen Aristokraten, neureichen Parvenus, geilen Böcken, hübschen Mädchen, verstiegenen Gelehrten wie den Dozenten Hühnervogt und Fehlwurst findet sich auf einer unbekannten dalmatinischen Insel namens Scoglio Pomo ein. Wiewohl das Eiland seit antiken Zeiten von keinem Menschen mehr betreten wurde, verfügt es – für Herzmanovsky-Orlando eine Petitesse an Widerspruch – über ein nobles Strandbad und ein hochmodernes Kurhotel, als dessen Direktor der Baron Michelangelo Zois mit unüberbietbarer Grandezza seines Amtes waltet.

Fritz von Herzmanovsky-Orlando, Träger eines auch nicht unoriginellen Namens, hat sich zeitlebens einen Spaß daraus gemacht, seinen literarischen Figuren absonderliche Namen und Titel zu geben; das Absonderlichste daran war freilich, dass die grellsten Erfindungen Leihgaben der Realität waren, und Michelangelo Freiherr Zois von Edelstein, dem er im Roman ein skurriles Denkmal setzte, hieß tatsächlich einer seiner besten Freunde aus gemeinsamen Schultagen. Der Michelangelo Zois des Romans hat es unter anderem mit Gästen wie dem Herrn Dodola zu tun, seines Zeichens »Präsident des Antiautomobilklubs Owacht«, und dem greisen Professor Giekhase, der seine wissenschaftliche Lebensaufgabe darin sieht, die »Ilias« und die »Odyssee« in eine »von ihm konstruierte Sprache zu übertragen«, die nur er selber versteht und die er selber »täglich sieben bis acht Stunden lernen muss, damit er nicht aus der Übung kommt«. Man ahnt, warum die Wiener Avantgardisten der fünfziger Jahre in dem kakanischen Kauz mit seinen anfänglich monarchistischen und später nordisch-esoterischen Neigungen ihren Ahnherrn sahen.

Der groteske Gesellschaftstanz auf Scoglio Pomo endet in der Apokalypse, die Insel wird von der britischen Kriegsflotte bombardiert, die Hotelanlage liegt in Schutt und Asche, die mondänen und halbseidenen Kurgäste sind allesamt zermanschkert – »die unglückliche Frau von Horny zerbarst zu einem traurigen Gewirr von schwarzseidenen Mantillefetzen und bläulichen Eingeweiden«. Als Vorbote des Unheils war ein paar Tage zuvor ein Gespensterschiff an der Küste aufgetaucht, der Fliegende Holländer; als man Kaiser Franz Joseph im Epilog davon berichtet, weiß er um die wahren Gründe der Tragödie: »Ich hab immer gsagt, der Richard Wagner ghört eingsperrt … na ja, da ham wir's wieder.« Die Apokalypse, eine Etüde auf Sprachwitz und Obsession, Österreich als Labor, in dem mit dem Untergang als Witz experimentiert wird.

Die europäische Kritik rühmt an der Erzählkunst des Angolaners José Eduardo Agualusa die sinnliche Pracht und die überbordende Phantasie, als wäre die genuin afrikanische Kunst – das Barock. »Barroco tropical« heißt denn auch ein Roman von ihm, und »Barock« meint pralles Leben und nahen Tod, sinnliche Daseinsfreude und Wissen um die Vergänglichkeit, meint, dass die Szenerie verschwenderisch ausgestattet ist und die Handlung auf Erden zugleich in der Hölle und im Himmel spielt. »Tropisch« ist dabei als Steigerungsform zu verstehen, denn die Gegensätze sind in Angola, wie Agualusa es zeigt, noch krasser als in den alten barock-katholischen Kulturen Europas, die Hölle ist dort höllischer als höllisch und der Himmel noch himmlischer, als er es sprachlogisch sein dürfte.

Wie der um zwanzig Jahre ältere Lobo Antunes schreibt Agualusa auf Portugiesisch, allerdings ist es ein Portugiesisch, das mit dem Klang, dem Rhythmus der afrikanischen Sprachen gesprochen und geschrieben, also gewissermaßen afrikanisiert wird. Lobo Antunes ist in Portugal geboren und aufgewachsen und erst als Arzt im Tross der Kolonialarmee nach Angola gelangt, Agualusa hingegen ist in Angola geboren und aufgewachsen und nach Portugal erst zum Studieren gegangen: zwei Lebenswege in entgegengesetzter Richtung. Auch Agualusa ist ein literarischer Feuerwerker, der ein gewaltiges literarisches Schaustück zu entzünden vermag. Worum es in seinem tropischen Barockroman geht? Vielleicht ist es am besten, »Barroco tropical« als wilde Phantasmagorie über Angola zu lesen, ein Land, das sich in einem langen, verlustreichen Kampf aus kolonialer Bedrückung zu befreien vermochte, dessen marxistische Befreiungshelden jedoch rasch die Vorzüge der Korruption und der Bereicherung entdeckten. Einer von ihnen rechtfertigt seine Geldgier durchaus revolutionär: »Ich halte den Kapitalismus für den geeigneten Weg zum Sozialismus.« Für die Mächtigen und ihre bestechlichen Handlanger hat Agualusa nichts als Hohn und Verachtung über, er idealisiert aber auch die alten Traditionen des Volkes nicht, etwa wenn er auf peinigend präzise Weise von den »Hexen« erzählt, auf die in Angola noch heute Jagd gemacht wird und von denen viele der Lynchjustiz zum Opfer fallen.

Und dennoch, so radikal er die Macht verwirft und so grausame Szenen er vom angolanischen Alltag entwirft, im Unterschied zu Lobo Antunes hütet sich José Eduardo Agualusa davor, der Geschichte das Geschichtliche auszutreiben und diese als sinnlose und grausame Wiederholung des Sinnlosen und Grausamen zu deuten. Die nachtschwarze Verklärung der Welt zur Hölle bleibt Lobo Antunes vorbehalten, der einst mit der Kolonialarmee in Angola stationiert war und seither von den Bildern des Schreckens, die sich ihm damals eingebrannt haben, nicht mehr losgekommen ist, wie er von der Identifizierung des Menschen mit der Bestie, der er begegnete, nicht mehr loskommen wollte und ihm Portugal selbst zum Pfuhl der Schande und Gewalt geworden ist, aus dem er unentwegt neue Ungeheuer emporsteigen sieht. Agualusa hingegen, der sich als Angolaner, als Afrikaner versteht, zeichnet Angola als Hölle – aber auch als Himmel und jedenfalls als einen konkreten Ort auf Erden, der von Menschen bewohnt, nicht von Bestien verwüstet wird.

Der sich mit den Opfern des Kolonialismus identifiziert, möchte interessanterweise über die Apokalypse hinausgelangen, während jener, der mit der Armee der Kolonialherren ins Land kam, schaudernd über das, was Menschen in Angola Menschen angetan haben, sich selbst zur ewigen Apokalypse verdammt.

3. Kapitel

Die Aura der Fälschung

Ich hatte lange auf ihn gewartet, ohne zu wissen, wer zu mir kommen würde. Ich hielt es für möglich, dass er viel jünger war, als er sich ausgab, ja dass mir ein bekannter Schriftsteller oder ein Mann des öffentlichen Lebens begegnen würde, der es unter Vorspiegelung einer falschen Biografie noch einmal probieren und endlich aufs Ganze gehen wollte.

Den ersten Brief von ihm erhielt ich vor fast zwei Jahren. Der Verfasser, der einen fingierten Namen benützte, wie er selbst einräumte, hatte eine Deckadresse im Kärntner Feldkirchen angegeben, an die er meine Antwort erbat, zu der ich mich aber nur veranlasst sehen sollte, wenn ich mich von der Sache, um die es ging, tatsächlich angesprochen und durch sie nicht in der eigenen Arbeit gestört fühlen würde. Der Brief war von ausgesuchter stilistischer Sorgfalt und zeigte in seiner altväterischen Eleganz einen Menschen, der souverän über die klassischen rhetorischen Mittel verfügt und über ein Anliegen, dessen Dringlichkeit in jedem Satz zu spüren war. Der Verfasser begann damit, dass ein Radio-Gespräch mit mir, das er gehört habe, in ihm die Hoffnung geweckt hatte, den richtigen Mann für eine Angelegenheit gefunden zu haben, die keinen Aufschub mehr erlaubte.

Johannes W., dies war der Name, bei dem wir in unserem Austausch blieben, bezeichnete sich als Mann, der seinen 82. Geburtstag bereits hinter sich gebracht und vor sich nur mehr einen kleinen Aufbruch und das große Ende habe. Was er von mir wollte, war vorerst nicht mehr, als ausdrücklich aufgefordert zu werden, mir einige Manuskripte zu schicken, mit denen er eine schöne Zeit seines Lebens verbracht habe. Das war auf so selbstbewusste und zugleich bescheidene Weise geschrieben, dass ich mich weder unangenehm geschmeichelt noch von einer unglücklichen Seele bedrängt fühlen musste. Misstrauisch fragte ich mich dennoch, ob dies nicht der tückische Versuch eines Autors war, der sich von mir missachtet glaubte und mir nun mit einigen Manuskripten, die ich, über die Verfasserschaft getäuscht, neu und anders lesen würde, mein eigenes Urteil von früher als voreilig und ungerecht vor Augen führen wollte. Ich grübelte, wem es zuzutrauen war, mir eine solche Falle zu stellen, war aber neugierig genug geworden, dem Unbekannten brieflich mitzuteilen, dass er mein Interesse an seinen Texten geweckt habe.

Damit war ein Briefverkehr eröffnet, der mir nach und nach lauter kleine Meisterwerke einer Briefkunst ins Haus brachte, die ich längst für ausgestorben gehalten hatte. Es dauerte nicht lange, da legte Johannes W. einem Brief ein paar kleine Prosastücke bei. Deren Ton war geradezu klassisch beherrscht, von ferne meinte ich die Stimme Johann Peter Hebels zu hören, dessen Anekdoten leichthin geschrieben anmuten und doch in erzerne Sätze gegossen sind, und auch den altdeutschen Klang, den Ernst Bloch in seinen Prosastücken »Spuren« heraufrief, glaubte ich vernehmen zu können. Die umfangreichste Erzählung trug den Titel »Das Haus« und begann so: »Flohmärkte, wo die Geschichten nur so herumliegen, sind – ich finde das selber eigenartig – nicht mein Vergnügen. Manchmal glaube ich, weil sie so viel Tod und Vergessen anhäufen und das Verbrauchtwerden, das uns durch die Tage begleitet, schlagartig zusammenraffen.« Ich las diese Erzählung gebannt und beendete nach den zwanzig Seiten, die sie hat, die Lektüre in der Gewissheit, es mit einem echten, mehr: einem bedeutenden Schriftsteller zu tun zu haben. Eine andere Erzählung, »Die beiden Wächter«, fängt so an: »Manche Geschichten kommen auf einen zu, manchmal ein Leben lang, und manchmal wie das eigene Leben, ohne dass man je darin auftaucht. Beinahe ein Leben lang habe ich Haus an Haus mit dieser Geschichte gewohnt. Ich bin darüber alt geworden und habe alle sterben sehen, die im Nebenhaus zu Hause waren.« Den Menschen, der solches schreibt und es so schreibt, dass man, ob man die Sache nun spannend oder langweilig findet, jedenfalls kein Wort darin entdeckt, das man streichen oder mit einem treffenderen ersetzen könnte, wollte ich kennenlernen, kennenlernen in dem, was er geschrieben hat, und in dem, was er im bürgerlichen Leben darstellt oder dargestellt hat, kurz, ich wollte mehr von dem Werk und dem Menschen erfahren.

Mich haben Lebensläufe, also auch die Biografien von Schriftstellern, immer interessiert. War ich von einem Buch fasziniert, wollte ich erfahren, wie der war, der es zustande gebracht hatte. Den selbstgefällig stolzierenden Sermon, dass die Literatur sich gleichsam von selbst zu einem unendlichen Text fortschreibe, in dem die Individualität der Autoren unerheblich sei und geradezu gelöscht werde (der »Tod des Autors«, verkündet vom allerletzten Autor, der für diese Sterbeurkunde namentlich im Gedächtnis zu bleiben begehrt), hielt ich immer für die Marotte einiger Literaturwissenschaftler, die wie Paul de Man Grund hatten, ihre eigene Biografie zu verheimlichen, oder von modischen Geistern, die mit großer Entdeckergebärde alle paar Jahre das Rad neu erfinden. Natürlich führt es in die Irre, literarische

Kunstwerke stets auf die Biografie ihrer Verfasser zu beziehen, denn sprechen sie nicht ohne biografische Auskünfte zu uns, dann taugen sie nichts. Nicht um ihr Werk besser zu verstehen, hat mich interessiert, wie es jenem Erzähler, dieser Dichterin im Leben ergangen ist, sondern weil mich umgekehrt auch in ihrer Literatur das Leben interessierte, das Leben, das sie führten, und jenes, das sie in ihrer Literatur imaginierten. Kunst ist doch notwendig, weil sie verwandeltes, konzentriertes Leben, verdichtetes, verändertes, umgestaltetes, neu geschaffenes Leben ist, und nicht als technische Übung, bei der man als staunender Laie die Fertigkeit von Artisten bewundern oder als kundiger Experte hinter das raffinierte System der Bezüge kommen könnte. Warum sollte ich mich nicht für die Künstler, nur für ihre Werke interessieren, und warum nur auf die Erzählungen dieses merkwürdigen Mannes, der Johannes W. genannt werden wollte, nicht auf ihn selbst neugierig sein?

Am 10. Oktober 2011 erhielt ich einen Brief von ihm, der mir das ganze Ausmaß dessen, worauf ich mich eingelassen hatte, auf einen Schlag offenbarte, und mir zugleich den Auftrag, den ich erhalten und wie vage auch immer angenommen hatte, auf geradezu unwiderrufliche Weise klarmachte. Johannes W. schickte mir ein »Werkverzeichnis«, das alle seine literarischen Texte, von denen kein einziges Stück je veröffentlicht worden war, penibel verzeichnete. Es handelte sich um sechs Prosabände im Umfang von rund 2000 Seiten, vier Sammlungen von Gedichten sowie rund tausend Seiten mit Lyrik, Reisebildern, Studien, Aphorismen, die Johannes W. unter dem Sammeltitel »Werklos verfasste Texte« vereinte und worunter er Gedichte, Erzählungen, philosophische Betrachtungen verstand, die zu keinem der großen

Zyklen gehörten. Natürlich erschrak ich, als ich mir dieses Textmassiv vorstellte, dessen Erstbesteigung nun mir oblag und mit dessen Erschließung ich beauftragt worden war, doch teilte mir Johannes W. beruhigend mit, dass es mit der Veröffentlichung keine Eile habe und er es zufrieden sei zu wissen, dass für die Vernichtung oder Veröffentlichung seiner Literatur ab sofort nicht mehr er, sondern ich zuständig sei. Lapidar schloss er mit den Worten, die er nie mehr revidieren würde: »Das Schicksal meiner Texte hat sich für mich erledigt.«

Nach und nach schickte Johannes W. Ausschnitte aus den angekündigten Manuskripten, darunter aus einem Roman, der den Titel »Kein Roman« trägt, die »HörenSagenGeschichten«, eine Sammlung von Anekdoten, und einen lyrischen Zyklus aus sieben Teilen, der ein solch dichtes Netz an Verweisen auslegt, dass jedes einzelne Gedicht durch mindestens ein zweites kommentiert, interpretiert, fortgeschrieben wird.

Nun war es endlich so weit gekommen, dass ich mich nicht länger mit anerkennenden Briefen aus der Affäre ziehen konnte (um mich dabei doch immer tiefer in sie zu verstricken), sondern dass gefragt und geklärt zu werden hatte, wie wir die Sache mit diesen Texten, die bisher nur Johannes W. selbst und ich als sein auserwählter Leser kannten, angehen sollten, damit aus ihnen Bücher würden. Sollte ich mich auf die Suche nach einem Verlag begeben, dem das nicht alltägliche Unterfangen zuzutrauen wäre, einen alten Mann, der sein Lebtag lang geschrieben, aber nie etwas zur Veröffentlichung angeboten hatte, endlich zu einem Buch zu verhelfen? Und war es angeraten, die Sache vorsichtig anzugehen, also dem Verlag einen einzigen Band nahezulegen, oder sollten wir gleich aufs Ganze gehen und die Dimension des vorliegenden Werks immerhin andeuten?

Als ich Johannes W. diese Fragen gestellt und selbst ein paar Für und Wider erwogen hatte, erhielt ich einen Brief, der mich in ein Erstaunen setzte, das mich den Charakter von W.s Begehren erst recht begreifen ließ. Nein, sagte er mir, von diesen Überlegungen wolle er rein gar nichts wissen. Wichtiger als alles sei ihm, dass ich seinen »Anspruch der Namenlosigkeit« respektierte, den er sich durch ein achtbar der Welt zugewandtes, dem lärmenden Getriebe abgewandtes Leben erworben zu hoffen glaubte. Er wünschte, dass das eine oder andere, das er geschrieben hatte, auch veröffentlich werde, aber nur unter der Bedingung, dass die Spuren seiner Autorschaft getilgt wären. Wenn sich eine vollständig anonymisierte Veröffentlichung nicht machen ließe, könnte er sich damit einverstanden erklären, dass die Texte unter dem Verfassernamen Johannes W. erscheinen, jedoch erst nach seinem Tod. Nichts wünsche er so sehr, als mit allem, was er als Mensch erlebt und als Autor ohne Buch geschrieben habe, von der bewegten Unendlichkeit, die ihm die Menschheit und ihre Geschichte bedeuteten, aufgenommen zu werden, als ein winziger Tropfen im unendlichen Textmeer.

Da war sie, jene Sehnsucht, die mir immer fremd, ja zuwider war, die Sehnsucht, die eigene Identität zu löschen und von allem Persönlichen gereinigt ins große Ganze einzuströmen, dieser gewissermaßen buddhistische Gleichmut, dem der ewige Kreislauf des Lebens nichts Erschreckendes ist, sondern Trost, Heimkehr, Aufhebung aller Widersprüche bedeutet! Ausgerechnet mich, der ich das Individuum, die Persönlichkeit für die größte Entdeckung in der Geschichte der Menschheit halte, hatte sich ein rigoroser Gegner dieser Anschauung von der Welt erkoren, um das Seine dem unermesslichen Meer hinzuzufügen und namenlos in die Menschheit, die Schöpfung einzugehen.

Diese wie letztwillig verfügten Bedingungen verdrossen mich auch deshalb, weil es mir nun noch schwieriger erschien, für Johannes W.s Texte einen Verleger zu finden. Zwischendurch erreichten mich revidierte Werklisten, in die er weitere Texte und Sammlungen aufgenommen hatte. Und endlich schrieb er mir, dass er nun abreisebereit sei, denn der kleine Aufbruch sei nah, die Zeit für das große Ende nicht mehr fern. Er gedachte, sein Haus in Kärnten aufzugeben und mit nicht viel mehr, als was er am Leibe trug, in die Gegend zurückzukehren, in der er im Ruhrgebiet aufgewachsen war. Seine um etliche Jahre ältere Frau, mit der er einst aus Deutschland nach Österreich und von einem Beruf in einen anderen gewechselt war, weil man, »wenn man die große Liebe erfährt, auch alles andere im Leben ändern soll«, war vor achtzehn Jahren gestorben. Seine Schwester in Deutschland, alt geworden wie er selbst, hatte für zwei behinderte Kinder zu sorgen, die ihrerseits auch schon in die Jahre gekommen waren. Da lag es nahe, ein letztes Mal aufzubrechen, das Haus in Kärnten loszuwerden und alles, was darin war, herzuschenken, wegzuschmeißen, loszulassen. Aber vorher wollte er mich in Salzburg besuchen, und wir vereinbarten uns für den 23. April 2012.

Der Student Paul Valéry ist 23 Jahre alt, als er damit beginnt, sich täglich bei Morgengrauen an den Schreibtisch zu setzen, ein Schulheft herauszunehmen und darin seine Gedanken über das Leben, die Sprache, vor allem aber über das Denken selbst und die Arbeit des Geistes niederzuschreiben.

Er wird damit 51 Jahre nicht aufhören und insgesamt 263 solcher »Cahiers« mit Aphorismen, Bemerkungen, Reflexionen, Essays, Einfällen, Erörterungen füllen. In dieser Zeit heiratet er und wird Vater dreier Kinder; er geht als Jurist ins Kriegsministerium, wird von einem kunstsinnigen Kapitalisten als Vorleser engagiert und zieht endlich als Vortragsreisender durch halb Europa; er erwirbt mit Gedichten und Essays frühen Ruhm, veröffentlicht dann während zweier Jahrzehnte keine Zeile und nach dem Ersten Weltkrieg zwanzig Bücher in nur drei Jahren, die ihn zum berühmtesten Schriftsteller Frankreichs machen.

Das alte Frankreich, in dem er 1871 in der Provinz geboren wurde, hörte in diesem halben Jahrhundert auf zu existieren, zwei Weltkriege überziehen den Kontinent mit Verwüstung, und gegen Ende seines Lebens meint er über Leichenfeldern die Schemen eines neuen, vereinten Europa des Friedens sehen zu können. Was immer in der großen Welt geschah und ihm selbst in seiner kleinen widerfuhr – Paul Valéry blieb unerschütterlich dabei: Bald nach fünf Uhr steht er auf, trinkt eine Tasse schwarzen Kaffee, zündet sich die erste Zigarette an und setzt sich im Schlafrock an den Schreibtisch, wo er drei Stunden lang notiert, was ihm durch den Kopf geht und worüber er Klarheit erlangen möchte. Bis zum letzten Tag werden ihn weder Krankheit noch Krieg, weder Familienglück noch unglückliche Liebschaften oder gesellschaftliche Verpflichtungen je davon abhalten, sich am Morgen seinen »Cahiers« zu widmen, als gelte es, der Unordnung der Welt das strenge Reglement des täglichen Rituals, der Unsicherheit der Zeit die Arbeit des Denkens entgegenzusetzen. Irgendwo in seinen »Cahiers« finde ich den Satz: »Im Grunde habe ich das Talent eines Berufssoldaten.«

Tausende Bücher, die ganze Legion abendländischer Denker haben in Valérys Aufzeichnungen ihre Spuren hinterlassen. Worum es ihm ging? Ich glaube, er strebte nicht nach dem sakralen Amt des Sehers, der noch nie Geschautes sieht, das noch nie Gedachte denkt und Sprache werden lässt; der soldatische Morgenschriftsteller empfand es vielmehr als sein Talent und seine Pflicht, all das, was Generationen vor ihm gedacht und intellektuell erkundet hatten, noch einmal zu prüfen und es begrifflich in letztgültiger Klarheit zu fassen. (Mit dem Ideal der Klarheit hielt es Valéry so grundsätzlich, dass er die Mathematik als bedeutendste Äußerung des menschlichen Geistes begriff und da und dort, seltsamerweise dunkel raunend, von einer Mathematisierung der Sprache, ja der Poesie sprach.) Warum schultert er sich diese Last und begibt sich, ausdauernd wie diszipliniert, auf den lebenslangen Marsch durch alle Epochen der Geistesgeschichte? Valéry wollte finden, aufstöbern, ausgraben, was es lohnte, dass er es zu sich und seiner Zeit in Beziehung setze. Das kann nur vorhaben, wer trotz aller Brüche im historischen Prozess, von denen er weiß oder deren Lebenszeuge er selbst wird, an eine Kontinuität in der geistigen Entwicklung der Menschheit glaubt; und auch daran glaubt, dass diese aus etwas Paradoxem entsteht, aus der gemeinsamen Anstrengung von lauter Einzelnen, die frühmorgens, spät in der Nacht oder in der Steppe des langen Tages einsam an ihrem Werk gearbeitet haben, arbeiten, arbeiten werden.

Erfährt dieses Thema nicht gerade eine triviale Aktualisierung, in der es um das Kollektiv und den Einzelnen, die wüste Masse der anderen und die kostbare eigene Person, um den Fortschritt der Menschheit als private Domäne geht? Vor zwei Jahren ist ein Mädchen, in dem das deutsche Feuilleton das periodisch ausgerufene Genie der Jugend entdeckt zu haben glaubte, mit einem Roman berühmt geworden, bei dem sich bald herausstellte, dass es ihn zu weiten Teilen gar nicht selbst verfasst hatte. War die 18-jährige, die ihr Buch aus lauter Bauteilen, wie sie in den Blogs des Internets zu finden sind, zusammengebastelt hat, also gar nicht das Originalgenie, als das sie zuvor ausgerufen wurde? (Oder handelt es sich beim Kult des einsamen Genies, das in einem noch nie vorher vernommenen Ton noch nie vorher geschaute Welten entwirft, nicht ohnedies um ein abgestandenes Ideal?) Helene Hegemann war sich nicht der geringsten Verfehlung bewusst, als sie Dinge, die sie gelesen hatte und die ihr Eindruck gemacht hatten, dem Textkorpus integrierte, das sie mit ihrem Namen unterzeichnete und das sie nach wie vor für ihr eigenes hält.

Die abendländische Kultur wäre ohne die Leistung der mittelalterlichen Mönche, die unermüdlich damit beschäftigt waren, die Zeugnisse der Alten zu kopieren und immer neue Handschriften davon herzustellen, gar nicht zu denken. Abschreibend Tag um Tag in der Bibliotheksklause des Klosters, Jahr für Jahr, in dem draußen, vor den Mauern, auf den Winter der Frühling kam und nach dem Sommer schon wieder der nächste Herbst, haben manche von ihnen auszuschmücken begonnen, was sie nur hätten abschreiben sollen. Auch der getreue Kopist war nicht immer so treu, wie es sein Auftrag war und seinen Stolz der Demut ausmachte, und hat stattdessen das Original bearbeitet, sei es in frommer Absicht, aus Langeweile, Eitelkeit oder schöpferischem Gestaltungswillen, der sich nicht auf ewig bändigen ließ. Die eigenmächtige oder fahrlässige Veränderung dessen, was nur abgeschrieben und vervielfältigt hätte werden sollen, war aber nicht der edle Zweck, sondern der Missbrauch des einsamen Fleißes in der mönchischen Gemeinschaft.

Wer ein wissenschaftliches Werk veröffentlichte, hat sich lange auf die großen Autoritäten beziehen müssen; aber erst im Zeitalter des sich entfaltenden Individualismus wurde es zur Pflicht und Ehre, penibel aufzulisten, welcher Hinweis welchem Denker vor einem selbst zu verdanken war, und wenn einer seine eigenen Theorien mit den Argumenten hinreichend vieler anderer unterfüttert hatte, kam ihnen der Anspruch objektiver Erkenntnis zu (mochte sich diese auch bald als vorläufig erweisen). Die individuelle Höchstleistung des Wissenschaftlers war also der Fleiß, mit dem er sich die Gedanken anderer aneignete, die Redlichkeit, mit der er diese Anregungen in Fußnoten auflistete, und die Objektivität, die er gerade dadurch erreichte. Dass bei all dem die epochalen wissenschaftlichen Leistungen trotzdem durch schöpferische Ideen, unerwartete Sprünge aus dem vorgegebenen Gedankensystem, die aufblitzende Erkenntnis von Individuen zustande kamen, galt es in der akademischen Welt eher zu verbergen, als eitel zu betonen.

Der Bedenkenlosigkeit, mit der die einen ihre akademischen und literarischen Arbeiten zusammenstoppeln, indem sie sich aus jeder Ecke greifen, was ihnen gerade passt, steht die Skrupulösität zahlloser Studenten gegenüber, die fürchten, eines Plagiats überführt zu werden, dessen sie sich gar nicht schuldig gemacht haben, ja, das sie um jeden Preis vermeiden wollten. Ein Universitätslehrer, seit längerem schon ratlos in seiner Zuneigung zur neuen Generation von Studenten, hat mir kürzlich einen Stoß von Proseminararbeiten überreicht und mich gebeten, ihm offen zu sagen, was ich von ihnen halte. Was die Lektüre der zehn, fünfzehn Seiten langen historischen Arbeiten so bedrückend machte, war nicht die fachliche Unkenntnis der Verfasser, denn es waren beschlagene, ernsthafte Leute darunter; ärgerlich war auch nicht, dass sie sich nach dem Vorbild eines deutschen Ministers ihre Arbeit unter Missachtung redlichen Zitierens zu erschwindeln versuchten. Nein, gerade das Gegenteil war der Fall: Hier schrieben empörend vorsichtige Kinder zwischen zwanzig und dreißig im ängstlichen Bemühen, nur ja jeden ihrer Sätze quellenmäßig auszuweisen, jede Wendung mit einem neuen Zitat unanfechtbar zu machen. Oft hatten sie es schon auf Dutzende Zitate, aber noch auf keinen eigenen Gedanken gebracht; und wenn sie doch einen gefasst hatten, zeigten sie sich krampfhaft bemüht, ihn lieber einer Autorität ihres Faches gutzuschreiben als sich selbst. (So sehr misstrauen sie dem wissenschaftlichen Betrieb, dass sie sich ducken, als müssten sie stets gewärtig sein, eines Betrugs überführt zu werden, den sie gar nicht verübt haben.)

Hier die junge Autorin, die ihre geistige Prägung schon durch das Internet mit seinen tausenderlei Kopien von Kopien erfahren hat und den Unterschied zwischen eigener und fremder Geistesarbeit für unwichtig hält, sofern sie ihn überhaupt noch zu erkennen vermag. Dort der geborene Minister, der auf seinem Weg nach oben einfach zusammenstiehlt, was ihm an geistiger Arbeit anderer zur Verfertigung der eigenen taugt: Da ist schon ein Unterschied zwischen Helene Hegemann und Karl-Theodor zu Guttenberg! Sie nimmt es mit piratenhafter Attitüde als eine Art von Demokratisierung der Künste, dass sie sich bedenkenlos am Vorhandenen bedient; weil sie es selber war, die im Supermarkt die Dinge aufstöberte, die ihr gefielen, glaubt sie schon, durch ihre bloße Auswahl ein authentisches Zeugnis ihrer selbst gegeben zu haben. Er ging es hingegen nach Art des Gutsherrn an, der gar nicht recht versteht, dass irgendjemand so scheelsüchtig sein kann, ihm den gewohnheitsmäßigen Textraub nicht als angestammtes Recht zuzubilligen. (Die plebejisch witzige Variante des Textraubs haben deutsche Studenten öffentlich gemacht, als sie gegen den akademischen Glücksritter mit der Parole anritten: »Doktortitel für alle!«)

Valéry, der die soldatische Tugend für die seine hielt und frühmorgens am Appellplatz der Ideengeschichte antrat, mehr als fünfzig Jahre lang, bei jeder geistigen Witterung und selbst bei labilem seelischen Zustand, hat in den »Cahiers« einmal geschrieben: »Wie ich es auch anstelle, mich interessiert alles.« Wären das herrliche Zeiten für ihn, die unseren? Wer sich für alles zu interessieren glaubt, der kann im Internet auch für alles Informationen zuhauf finden, richtige, halbrichtige, falsche. Jedwedes Bildungsgut flottiert im Internet freilich eigenartig herkunftslos, was dem Netz den demokratischen Anschein gibt, mit dem seine Ideologen es identifizieren, die Informationen selbst aber schwer überprüf- und kritisierbar macht. (Mir gelingt es seit Jahren nicht, den Wikipedia-Eintrag, der mich als publizistischen Herold der europäischen Ost-Erweiterung rühmt, korrigieren zu lassen. Dieser Lexikon-Artikel zeigt sich beharrlich resistent gegen alle Versuche, die bereits vor über zehn Jahren festgelegte Tendenz des biografischen Eintrags abzuschwächen, eine Tendenz, die mich als den verdienstvollen Vermittler der osteuropäischen Literatur überschätzt und das viele, das ich in den letzten zwanzig Jahren geschrieben habe, immer nur unter dieser falschen Prämisse zusammenfasst.)

Worüber alles schreibt Valéry? Irgendwann, als die »Cahiers« schon über zehntausend Seiten umfassten, machte der konservative Familienmensch sich mithilfe einer Geliebten daran, Ordnung in das stetig wachsende Werk zu bringen. Er teilte das Material in dreißig Rubriken auf, von denen jede von 1894 an seine verstreuten Eintragungen zu einem bestimmten Thema chronologisch zusammenführt. Die Kapitel galten der Sprache, Philosophie, Mathematik, dem System, Gedächtnis, Bewusstsein, der Aufmerksamkeit und Wahrnehmung … Dabei dachte und schrieb er stets aus dem Wissen über die Tradition und ganz auf der Höhe seiner Zeit; manchmal war er dieser sogar voraus, aber das war nicht seine Absicht, verstand er sich doch nicht als Seher, sondern als Bewahrer, nicht als Vor-, sondern als Nachdenker. Beschäftigte er sich mit der Sprache, nahm er gleichwohl manche Thesen von Wittgenstein und der Wiener Schule vorweg; grübelte er über die Bedingungen von Aufmerksamkeit und Bewusstsein, gelangte er durch schmerzwache Introspektion zu Einsichten, die die moderne Psychologie viel später, wenn nicht gar erst die Hirnforschung von heute bestätigen würden. Am liebsten aber dachte Valéry über das Denken selber nach: Was heißt es zu denken, was kann und woran scheitert das Denken? Den Menschen versteht er als »Vater und Sohn der Gedanken, die ihm kommen«; er hält ihn also für den Schöpfer seiner geistigen Welt und für deren Produkt.

Ach, die Hirnforscher, die im Rufe stehen, die Leitwissenschaft der Epoche zu repräsentieren! Die ewige Leib-Seele-Problematik haben sie auf experimentell komplizierte und intellektuell dürftige Weise gelöst: Der Mensch ist keine Einheit, kein Ganzes, kein Einzelner, kein »Ich«, das seine

Antriebe wie Neurosen aus dem Widerspruch von Leib und Geist bezöge. Er ist auch nicht, im Sinne Valérys, der Schöpfer und das Produkt seiner Gedanken, nein, er ist nur mehr Produkt: das Produkt seines Gehirns, das für ihn arbeitet, aber frei von seiner Beeinflussung. Das kleine Gehirn ist die große Maschine, die, als würde sie gar nicht im Kopfe sitzen (der immerhin auch zum Körper des Menschen gehört), unablässig irgendwo in einer extraterritorialen Sphäre des Menschen, in einer versperrten Kommandozentrale vor sich hin rattert. Der Mensch hat keinen freien Willen, das haben die Gehirnforscher einander auf so vielen Kongressen bestätigt, dass sie es selber glauben, wenn auch nicht aus freien Stücken, denn sie reagieren ja selbst nur ab, was ihnen ihr Gehirn mit gebietender Kraft aufgenötigt hat. Ein paar Tausendstelsekunden, haben sie herausgefunden, ehe der Mensch sich für oder gegen etwas entscheidet, hat sein Gehirn die Entscheidung bereits für ihn getroffen, sodass der Mensch zum Eigentum seines eigenen Gehirns verkommt. Religiöse Fanatiker, huldigen sie dem Gehirn als dem aus sich selbst und durch sich selbst in die Welt gekommenen Gott.

Was halten sie eigentlich für jenen »freien Willen«, dem sie mit dem ernormen technischen Aufwand ihrer Apparaturen dahintergekommen sind, dass es ihn gar nicht gibt? Ihre Vorstellung vom freien Willen ist oft so mechanistisch simpel, dass es der neurowissenschaftlichen Wende in der Wissenschaftsgeschichte wahrlich nicht bedurft hätte, um ihm den Garaus zu bereiten. Schon vor 25 Jahren hat die kanadische Hirnforscherin Patricia Churchland die Ära der »Neurophilosophie« ausgerufen, die das »Ich«, mit dem sich die Philosophen seit beiläufig dreitausend Jahren abmühen, schlichtweg als Fiktion enttarnen und auslöschen werde.

Was früher rätselhaftes »Ich« war, soll entschlüsseltes »Gehirn« werden, das den Vorteil besitzt, im Unterschied zum unergründlichen »Ich« mit Scannern vermessen werden zu können; und auch wenn die Vermessung des Kontinents, der da Gehirn heißt, noch lange nicht an ihr Ende gekommen ist, verheißt sie doch denen, die sich damit beschäftigen, dass sie eines Tages ans Ende kommen und das größte, das alles bergende Rätsel endgültig lösen werden. (Für Fanatiker sind Traum- und Schreckbilder einer Endzeit immer verführerisch, ob sie es nun vorziehen, religiös, politisch oder naturwissenschaftlich zu halluzinieren.)

Dabei kann man so viel Geist aus dem Hirn zwingen, wie sich drinnen befindet, man wird dennoch nicht verstehen, wie es der Lobby der Hirnforschung gelingen konnte, ihre Disziplin hoch über alle anderen zu heben und von trotz ihres Gehirnes völlig geistlosen Politikern Summen zu akquirieren, von denen andere Forscher nicht einmal zu träumen pflegen. Für die paar europäischen Großprojekte der Hirnforschung, die suggerieren, es würden künftig alle sozialen, politischen, moralischen Probleme der Menschheit neurowissenschaftlich bewältigt werden können (von den ungelösten Problemen der Philosophie, Kriminologie, Kunstgeschichte und der Verspätung im regionalen Zugverkehr gar nicht zu reden), lässt die Europäische Union mehr Euros rollen als für alle Projekte aller geisteswissenschaftlichen Fakultäten aller Mitgliedsländer zusammen. Hirnforschung gegen Geisteswissenschaft, das klingt abgeschmackt, aber was die Marketingstars unter den Neurowissenschaftlern von sich geben, kann nur unter dem Aspekt der Science-Fiction, der technokratischen Verführung des Denkens begriffen werden: Es bedarf also dringend der geisteswissenschaftlichen Analyse und Deutung.

Valéry war noch davon überzeugt, dass der Mensch Subjekt und Objekt seiner Gedanken, Schöpfer und Produkt seiner Sprache sei. Aber gilt Gleiches nicht auch für die erste, von mir mit spontanem Argwohn betrachtete Generation von Ureinwohnern des Internets? Sich selbst aus den Produkten, die sie sich aneignen, zu erschaffen, das ist es doch, womit auch sie unentwegt beschäftigt sind! Sie tun es, indem sie sich auf den unendlichen Ozean des Internets hinaustreiben lassen und sich dort herausfischen, was sie vielleicht gar nicht gesucht haben, sich aber dennoch zu eigen machen. Sie werden zu Schöpfern ihrer realen Welt, indem sie ihre Persönlichkeit aus den Produkten der virtuellen zusammensetzen.

Helene Hegemann mag sich tatsächlich nicht mehr bewusst sein, dass sie ein Plagiat begeht, wenn sie abschreibt, ist ihr und ihren Bewunderern das Ideal des Individuums, das sich in originären Werken zu manifestieren hat, doch fremd, ja als Zwangsvorstellung vorgestriger Geister verächtlich. (Bewunderer … ist das noch das richtige Wort? Kann man einen Menschen bewundern, der gerade das Individuelle seiner Existenz löscht und ein entpersönlichtes Bild seiner selbst vervielfältigen möchte?) Das kulturelle Bewusstsein Wolfgang Beltracchis gründet hingegen noch in einem System von Werten, in dem die Aura des Originals und der Kult des Originalgenies ihren Platz hatten, nur war Beltracchi so frei, gegen dieses, sein eigenes System zu verstoßen. Deswegen ist ihm in Köln der Prozess gemacht worden, an dem ich als interessierter Prozessbeobachter aus der Ferne teilnahm und ihn und seine Kumpanen anfangs mit verfänglicher Sympathie beobachtete.

An die hundert Gemälde der klassischen Moderne, wahrscheinlich aber viel mehr, hat Beltracchi gefälscht und damit so viel verdient, dass er, seine Frau und seine Partner bei dem dubiosen Geschäft ein Leben führen konnten, in dem alte Hippieträume und neureicher Luxus eine nicht ganz uncharmante Verbindung eingegangen waren. Doch sind die Bilder, die Beltracchi gemalt und als originale Werke von Heinrich Campendonk oder Max Ernst ausgegeben hat, wirklich Fälschungen? Im juristischen Sinne schon, denn er hat sie eben nicht als seine eigenen, sondern als Werke Campendonks und Ernsts an Kunsthändler verkauft, die sie wiederum mit enormem Gewinn an reiche Kunstsammler weiterverkauften. So etwas nennt man Betrug, selbst wenn er an Betrügern verübt wird, die die Fälscherware ihrerseits an Betrüger verscherbeln. Der Kunstmarkt ist das Casino von honorigen Händlern, die mit gefälschten, und von Betrügern, die mit echten Werken Geschäfte mit Leuten machen, die nichts dagegen haben, dass die Preise für Bilder, die sie erstehen, in bizarre Höhen getrieben werden, weil ihnen die Kunst als wertbeständige Anlage von Geld teuer ist, das sie mit wer weiß was verdient und wer weiß wo nicht versteuert haben. Auch hier gilt natürlich die Lammvermutung, dass die Dinge in aller Unschuld geschehen und die Preise auf der abgegrasten Kunstweide wie von selbst immer wieder in die Höhe schießen.

Aber nicht deswegen, weil er ein System von allgemein akzeptiertem Schwindel, vorsätzlicher Täuschung und wundersamer Geldvermehrung bloßgestellt hat, ist Wolfgang Beltracchi ein Fälscher, bei dem es mir zunächst schwerfiel, ihn als den Schurken zu identifizieren, der er ist. Er hat mich vielmehr mit einer urkünstlerischen Aussage bezwungen, die er zum Verhältnis von Original und Fälschung gemacht hat. Befragt, wie es ihm gelingen konnte, Bilder zu malen, von denen der beste, jahrzehntelang mit seinem Werk vertraute

Kenner Max Ernsts in ausführlichen Expertisen bestätigte, dass sie Originale wären, meinte er lapidar: »Ich habe immer nur die Bilder gemalt, die mir von einem bestimmten Maler gefehlt haben.« Bilder, die Max Ernst nur nie dazu gekommen war, selbst zu malen, weil er ewig mit anderem beschäftigt war oder äußere Schwierigkeiten ihn hinderten! Tatsächlich hat Beltracchi nichts kopiert, und er hat auch keine verschollenen Bilder, die fotografisch überliefert sind, nachgemalt, er hat vielmehr, Campendonks oder Ernsts Werk vor seinem inneren Auge, dieses um ein paar, von ihm so bezeichnete »ungemalte Bilder« der Meister ergänzt.

Zu sechs Jahren Gefängnis ist Beltracchi verurteilt worden, er wird die Strafe sicher nicht absitzen, sondern bald Freigänger sein. Ich vermute, erst dann wird er in die Krise seines Lebens geraten. Nicht nur, dass ihm der luxuriöse Lebensstil, den er sich angewöhnt hat, fehlen wird; vielmehr wird er jetzt nicht weiter die ungemalten Bilder der großen Meister malen können, sondern sich überlegen und ausprobieren müssen, wie seine eigenen ausschauen könnten. Offenbar war Beltracchi doch nicht nur von der Gier nach Geld getrieben oder allein vom Spaß motiviert, gierige Händler und dumme Sammler hinters Licht zu führen. Ein paar überhebliche Äußerungen, mit denen er sich als Großer präsentieren will, die ihn in Wahrheit aber kleiner machen, verraten, dass Rache im Spiel war, Rache nicht dafür, dass er unbegabt wäre, sondern dass er seine Begabung nicht in einem eigenen Werk zu entbinden wusste, Tragödie des unbefreiten Künstlertums.

Kopist, Fälscher, Plagiator – nein, sie sind nicht Fleisch vom selben Fleische. Der Kopist des Mittelalters sah seinen Auftrag und seine Ehre darin, die Schriften, die er sich vornahm, getreu zu kopieren. Sein Laster war es, da und dort in die Kopien eigene Gedanken einzufügen, den sakrosankten Textkörper also zu verändern. Niemals aber würde er mit seinem eigenen Anteil am Ganzen geprunkt haben, suchte er vielmehr doch vollständig hinter der Autorität dessen, den er kopierte, zu verschwinden. Auch der Fälscher verschwindet in dem von ihm gefälschten Werk, sein Stolz aber ist es, dass er in ihm zugleich auch wieder auftaucht. Er kennt den Künstler, den er fälscht, besser als alle anderen, die diesen nur bewundern, er als Einziger kennt nicht nur seine Stärken, sondern auch seine heimlichen Schwächen, und es gehört zu seinen eigenen Stärken, selbst diese Schwächen originalgetreu hinzubekommen; macht er sich anfangs auch aus Geldgier oder einer bösen Lust am Betrug ans Werk, ist er doch darauf aus, sich mit dem Objekt seiner Fälschung geradezu erotisch zu vereinigen, ja, mit der Person, dessen Bild er fälscht, zu verschmelzen, woraus manchmal vollkommene Hingabe, manchmal rohe Bemächtigung wird. Der Plagiator hingegen nimmt in seinen Besitz, was ein anderer erschaffen hat, er eignet sich die Gedanken, Bemühungen, zahllosen Arbeitsstunden eines Fremden an, ohne sich zu jenem anderen, dessen Autorität der Kopist sich unterwirft und die der Fälscher sogar zu mehren glaubt, in irgend liebende, verehrende oder wenigstens dankbare Beziehung zu setzen.

Im Fernsehen ist eine achtteilige Serie angekündigt, die den Titel trägt: »Der Zweite Weltkrieg in Farbe«. Endlich, denke ich mir, die Konzentrationslager und Stalingrad immer nur in Schwarzweiß, das ist mit den Jahren auch ziemlich langweilig geworden! Die Serie ist von der BBC gestaltet und das Filmmaterial im Westwing Studio von einem Team unter

Leitung des bewährten Matthew Barrett koloriert worden. Dank eines neuen Färbeverfahrens sind die einst in Schwarzweiß gedrehten Szenen auf dem Niveau heute produzierter Farbfilme zu sehen, und die Kritiker loben, wie natürlich die dem vorhandenen Objekt künstlich applizierten Farben wirken. Der Zweite Weltkrieg bietet in seinen natürlichen Farben ein ganz anderes Seherlebnis, als man es bisher gewohnt war, und in ein paar Jahren wird man es kaum glauben mögen, dass sich die Leute so lange mit unkolorierten Schlachtenbildern zufriedengegeben haben. Die Serie, aufwendig gestaltet wie keine zuvor, wird von zahllosen Stationen in aller Welt übernommen, denn genau das hat in der unüberschaubaren Fülle an Dokumentationen dem Laien wie dem Fachmann bisher gefehlt: das große Völkerschlachten und Menschenschinden in Farbe.

Auf meinen Einwand, was in den Studios von BBC und Westwing mit enormem Aufwand hergestellt wurde, sei eine Fälschung, wird man antworten: Im Gegenteil, Schwarzweiß war bloß das Filmmaterial jener Jahre, die Realität selbst hingegen war immer schon farbig, und jetzt erst wird sie uns unverfälscht über den Bildschirm ins Haus geliefert: rot das Blut, gelborange der Feuersturm, braun der Schlamm, bleich die ausgehungerten Menschen. Gebt der Geschichte die Farbe zurück im Kino der Wirklichkeit!

Alle warnen vor der gelben Expansion, die sich in ihrem unersättlichen Hunger nach Boden und dessen Schätzen durch halb Afrika frisst, amerikanische Banken erobert, asiatische Konzerne unterwandert und europäische Firmen unter Tributspflicht zwingt. Das Empire wächst und wächst und macht sich immer neue Regionen untertan, in die es die Heere ihrer Ingenieure und Facharbeiter, ihrer Inspektoren und Agenten schickt, auf dass in den eroberten Gebieten der natürliche Reichtum tüchtig ausgeplündert und die Menschenrechte der Einheimischen effizient missachtet werden können. So ist einst der Reichtum Britannias entstanden und verteidigt worden, mit Kapital, Kriegsschiffen und Fortschritt, mit Pastoren und frommen Sprüchen und unerhörten Massakern. Irgendwann aber begannen die Kolonisierten aufzubegehren, und als die britischen Herren erkannten, dass keine Massaker und keine frommen Sprüche ihnen die Kolonien dauerhaft retten würden und es dem Vaterland schlichtweg zu teuer kam, die Zwangsherrschaft über Hunderte Millionen aufrechtzuerhalten, wurde das Commonwealth erfunden, und ab da begannen die Unterdrückten von gestern nach und nach und ganz ohne Waffen das Reich ihrer einstigen Herren zu erobern. Am interessantesten, sagen manche, die es besser wissen als ich, ist England dort, wo sich Inder, Kenianer, Jamaikaner niedergelassen und begonnen haben, ihre mitgebrachte Kultur mit der in England vorgefundenen zu vermischen (zu vermischen; nicht die vorgefundene zu ersetzen).

Gerade so wird es auch mit der chinesischen Expansion geschehen, die jetzt noch nichts anderes zu kennen scheint, als weiter und weiter vorzudringen und sich immer größere Teile der Welt mit vermeintlich kommunistisch erwirtschaftetem Kapital untertan zu machen. Und doch hat die Unterwanderung des gelben Empires durch die Verdammten und Aufgekauften der Erde schon begonnen, und zwar in Gestalt der Verösterreicherung Chinas.

In der Provinz Guangdong haben die kapitalistischen Geschäftsleute und ihre kommunistischen Patrone weder Mühen noch Kosten gescheut, eine ganze Region zu austrifizieren. Dorthin, wo auch in China nichts wuchs, außer einer Großstadt mit lumpigen zwölf Millionen Einwohnern, deren Namen Guangzhou außerhalb Chinas keiner kennt, ist eine kleine Stadt gesetzt worden, die mit ihren Häusern und Straßen, steilen Berghängen und ihrem See als Kopie von Hallstatt angelegt ist. Diese Stadt in Oberösterreich ist pittoresk, die alten Häuser sind kühn den Berghang, die Felsen hinaufgebaut und scheinen geradezu in den tiefen See hinabzustürzen; der ganze Ort ist dicht gedrängt und bietet sogar für den Friedhof so wenig Platz, dass die Toten nach einigen Jahren aus den Gräbern geholt werden müssen und mit ihren sorgsam geputzten Knochen in den Karrner, das Knochenhaus, übersiedeln, um für die neuen Toten, die ich mich scheue als frisch Verstorbene zu bezeichnen, die alten Gräber freizubekommen.

Hallstatt ist eine der ältesten Ansiedlungen Österreichs, ihr Name ist auch der einer frühgeschichtlichen Epoche, der Hallstattkultur, die in der Bronzezeit eine Reihe neuartiger Techniken und Gerätschaften erschuf, mit denen die Menschen dieser Zeit sich ihr schweres, einfaches Leben angenehmer und komplizierter machten, ein österreichisches Talent, nebenbei, sich die Dinge in einem angenehmer und komplizierter zu machen. (Wider besseres Wissen bin ich gerade dabei, die Hallstattkultur aus dem 8. vorchristlichen Jahrhundert der österreichischen Geschichte einzuschreiben und die Kelten bedenkenlos als frühe Repräsentanten österreichischer Lebenskultur zu austrifizieren.) Kurz, österreichischer als Hallstatt kann ein Ort schwerlich sein, und gerade diesen Ort haben chinesische Architekten und Bauleute jetzt unweit des Molochs Guangzhou ein zweites Mal errichtet. Sie haben weder beim Patentamt darum angesucht noch ordnungsgemäß das Copyright am Salzkammergut erstanden, sie haben es einfach getan und Hallstatt in der chinesischen Provinz nachgebaut. Hallstatt, die Kopie, soll in der Provinz Guangdong Millionen Touristen anziehen, so wie Hallstatt, das Original, an den Touristen, die in Bussen herangekarrt werden und meist nur drei, vier Stunden bleiben, fast erstickt. Der oberösterreichische Landeshauptmann Pühringer hat in einem Interview dennoch beglückt darauf hingewiesen, dass Hallstatt im Salzkammergut von Hallstatt in Guangdong profitieren werde, weil die Kopie, an der sich Millionen erfreuen mögen, viele mit der Idee infizieren wird, auch dem Original verfallen zu wollen.

Das ist einleuchtend, denn durch ihre bloße Existenz erinnert die Kopie daran, dass es ein Original gibt, und die Tatsache, dass etwas kopiert wird, entwertet das Original nicht, sondern steigert seine Bedeutung. Das habe ich mir auch gedacht, als wir ein paar Monate später in München durch einige Schwabinger Lokale zogen, die sich darin glichen, dass ihre Wände mit Andy Warhols seriellen Porträts von Marilyn Monroe und anderen Ikonen der Kulturindustrie tapeziert waren; anderntags, im Museum Brandhorst, einem schönen, lichten Bau, standen wir vor den Werken, die als die Originale der millionenfach verkauften Kopien von Warhols Serie gelten und die mich genauso bescheuert anmuteten wie die billigen Poster in den Lokalen. Warum, dachte ich mir, soll ich im Museum in kultureller Beflissenheit vor Bildern erschauern, die ich in zahllosen Bars als Tapeziererware betrachtet habe, während ich, was im Museum verboten ist, Wein trinken und Tapas verzehren durfte? Es ist die schiere Anzahl von Kopien, die diesen im Museum ausgestellten seriellen grafischen Werken jene Aura gibt, die als Relikt bürgerlicher Kunst abzuschaffen Warhol vorgeblich angetreten war!

Konsequenter als im Museum Brandhorst geht es im Louvre zu, in dem längst nicht mehr das Original von Leonardo da Vinci, sondern nur eine Kopie der Mona Lisa ausgestellt ist. Das Original, habe ich den Direktor des Louvre in einer Fernsehsendung sagen gehört, wäre viel zu kostbar, als dass man es den widrigen Luftverhältnissen im Museum und dem dauernden Blitzlicht der Fotoapparate aussetzen dürfte. Also ersetzt die Kopie dort das Original, und über eine kurze Weile hat diese Kopie ihre eigene Aura zu entfalten begonnen, von der jetzt Millionen Fotografen versuchen, sie auf ihren touristischen Erinnerungsbildern zu bannen. Natürlich gibt es tonnenweise Ansichtskarten und Drucke der Mona Lisa, aber die sind etwas anderes und Minderes als jene eine Kopie, die man als Originalkopie bezeichnen könnte, weil sie das Original dort ersetzt, wo dieses einst seinen Platz hatte.

Was die Kopie kann, vermag die Fälschung schon lange! Konrad Kujau, von dem die 1983 im *Stern* veröffentlichten Hitler-Tagebücher stammen, nutzte die Zeit im Gefängnis, um über den Kunstmarkt und das Geschäft nachzudenken, das sich mit der seriellen Herstellung von Originalen machen lässt. Als er entlassen wurde, begann er nach alter Gewohnheit sofort damit, Bilder zu kopieren, die er nun aber gemäß seiner neuen Geschäftsidee nicht mehr strafwürdig als Originale der betreffenden Maler ausgab, sondern preiswürdig zu »Original Kujau-Fälschungen« erklärte, womit er sich juristisch absicherte, zugleich aber seinen Fälschernamen zur künstlerischen Originalmarke machte: Deklarierte Fälschungen sind Originale! Es fanden sich so viele Leute, die eine originale Fälschung des Verfassers von Hitlers Tagebüchern ihr Eigen nennen wollten, dass seine Kopien bald hohe Preise erzielten, was logischerweise etliche Fälscher auf die Idee brachte, ihrerseits Fälschungen von »Original Kujau-Fälschungen« herzustellen, von denen ich versucht bin, sie für reine Emanationen der Konzeptkunst zu halten.

Vor einigen Monaten schlug ich eine österreichische Wochenzeitung auf, las einen Artikel, der mir vage bekannt vorkam, aber auch wieder nicht so sehr, dass ich ihn rundweg für das Plagiat eines Textes von mir gehalten hätte. Ich las den Artikel, in dem ein Roman des südafrikanischen Autors Imraan Coovadia vorgestellt wurde, und wunderte mich ein wenig, dass die Sätze in dieser Besprechung gar so unbeholfen dahinstolperten. Als ich mit der Lektüre ans Ende gelangt war, entdeckte ich bestürzt meinen Namen, der für den des Verfassers ausgegeben wurde, und sogleich verspürte ich den beschleunigten Puls der Beschämung, der mich zu jagen beginnt, wenn ich öffentliche Schmach erleide oder sie mir in Gedanken vergegenwärtige. Wie konnte ich einen Text in so roher Fassung aus den Händen geben? Schließlich zog ich meine Unterlagen zu Rate und sah, dass ich tatsächlich einen Artikel dieses Themas an ebendiese Zeitung abgeschickt hatte, in der ich regelmäßig auf Bücher afrikanischer, asiatischer, lateinamerikanischer Autoren hinwies, als Mitarbeiter eines Projektes, das »Weltempfänger« heißt und die Auseinandersetzung mit Literatur aus jenen Ländern, die man einmal die Dritte Welt genannt hat, vorantreiben möchte.

Ich las mein Manuskript, in dem es nach dem mir eigenen Rhythmus dahinging, las den Artikel, wie er in der Zeitung mit meinem Verfassernamen abgedruckt war, und begriff, dass ich zum Opfer einer Fälschung geworden war, die man perfiderweise mit meinem eigenen Namen versehen hatte, sodass die Leser das abgehackte Geschreibsel für meines halten mussten. Was mochte geschehen sein? Ich konnte mir die Sache nur so erklären, dass sich der Redakteur, dem ich den Text zum vereinbarten Termin im verabredeten Umfang elektronisch zugesandt hatte, zum Zählmeister ermächtigt gefühlt und mechanisch nach jedem fünfzehnten Wort in meinem Manuskript einen Punkt gesetzt hatte, unbesehen, ob er grammatikalisch oder musikalisch passte. Vermutlich leidet er an der seit einigen Jahren grassierenden syntaktischen Kurzatmigkeit, sodass er bei Satzkonstruktionen, die sich in mehr als zwei Nebensätze ausschwingen, in die Panik gerät, kein Ende mehr zu finden. Da er seine eigene Schwächlichkeit für das sprachlich Gegebene hält, glaubt er, die Welt müsse an seinem stilistischen Maß genesen, und darum redigiert er hinein, wie er es eben für angeraten hält, und verändert bedenkenlos Texte anderer, als wäre es sein sprachpolizeilicher Auftrag.

Ich begriff, dass ihn nicht ein Ressentiment gegen mich persönlich zu seiner Attacke veranlasst hatte, sondern ein Generationenkonflikt vorlag: hier ein Autor, dummerweise ich, der seit dreißig Jahren in allen möglichen Zeitungen und Verlagen publiziert, und dessen Stil, ob er gefällt oder nicht, seine Persönlichkeit selber fasst; dort ein jüngerer Redakteur, der sich von den Verstiegenheiten eines persönlichen Stils frei zu halten versteht und den es reizt, jeden Text, dessen er habhaft wird, so zu behauen, dass er nach ihm selber, also nach nichts als dem anonymen, sich anonym fortschreibenden Hypertext ohne störende Autorschaft, ohne individuelle Eigenheiten klingt.

Ich war niedergeschlagen, hatte ich es doch bisher bei den politisch links, liberal oder konservativ orientierten Feuilletons stets mit Redakteuren zu tun gehabt, die den persönlichen Zugang und Stil noch achteten, kurz: die Autorschaft des Autors schätzten. Was mich quälte, war das lähmende Gefühl der Vergeblichkeit. Da hatte ich vor mehr als drei Jahrzehnten gleich mit den allerersten von mittlerweile 2000 Artikeln das Recht erworben, diese so veröffentlicht zu sehen, wie ich sie verfasst hatte; und nun bekam ich es mit einem zu tun, der, frei von Bedenken und Arglist, überzeugt war, kein Mensch könne erwarten, in so etwas Lächerlichem wie seiner eigenen Sprache und Persönlichkeit respektiert zu werden.

Ich habe dem Redakteur unverzüglich einen erbosten Brief geschrieben, allein, er antwortete mir nicht, ich habe dem Chefredakteur der Zeitung, der mir von sporadischen Begegnungen bekannt war, geschrieben, allein, er antwortete mir nicht (der Niedergang der guten Sitten, hat Jean Améry geklagt, kündigt sich im Verfall der Briefkultur an, in der kalten Gleichgültigkeit, mit der Briefe ignoriert werden und so die Person des Briefschreibers für nichtig erklärt wird). So hat meine Zusammenarbeit mit dem *Falter* mit einer Fälschung geendet, die ein Rohling mir zur Schande unter meinem Namen veröffentlichte.

Wie es weitergehen soll mit der Verösterreicherung Chinas? Ach, das Land ist riesig, sodass es hinreichend Platz für zahllose Kopien österreichischer Städte bietet, um die es auch einfach schade wäre, würden sie immer nur in Österreich herumstehen.

Allerdings, es geht auch umgekehrt! Unweit von Köln befindet sich in einem Ort namens Brühl schon seit 1981 eine chinesische Stadt, und zwar auf dem Gelände des riesigen Freizeitparks »Phantasialand«. Zu dessen zahllosen Attraktionen gehören Achterbahnen, die das Aufregendste bieten, was auf diesem Sektor zu bestaunen, zu benützen und auszukotzen ist. Das Phantasialand bietet aber auch architektonische Zauberwerke, etwa einen Stadtteil, der Alt-Berlin zeigt, wie es im Zweiten Weltkrieg untergegangen ist, eine indianische Siedlung, in der die Besucher in Tipis nächtigen können, und die berühmte »China Town«. Um diese Stadt zu erbauen, wurden fast zwei Millionen Bauteile aus China in Containerschiffen übers Meer gebracht, dann in Waggons und Lastkraftwagen verladen, auf Schienen und über die Landstraße weiter transportiert – nicht, dass die Chinatown von Brühl ein billiges Imitat aus deutschen Materialien wäre! Die Leistung, originalgetreu mit originalen Zutaten zu arbeiten, wurde in China nicht mit europäischem Hochmut belächelt, sondern mit nationalem Stolz gewürdigt und trug den beiden Betreibern von Phantasialand die chinesische Kulturmedaille ein, die höchste Auszeichnung für kulturelle Leistungen, die der chinesische Staat zu vergeben hat. 2003 kam ein nach der strengen Fengshui-Lehre errichtetes Hotel dazu, das als das größte originalchinesische Gebäude außerhalb Chinas gilt, mögen sich die Bewohner der diversen Chinatowns in Kanada oder den USA noch so sehr darüber ärgern.

Das kühne Projekt zeitigte die logische Folge, dass das Phantasialand inzwischen eine Station auf jeder Reise ist, die chinesische Pauschaltouristen in zwei Wochen durch Europa führt. Was dürfen sie keineswegs versäumen zu sehen, wenn sie von Land zu Land und Sehenswürdigkeit zu Sehenswürdigkeit gehetzt werden? Eine Stadt, wie sie sie aus ihrer Heimat kennen. Aber sie kennen sie eben nur aus ihrer Heimat, und eine chinesische Stadt in Europa ist, auch wenn sie ihm Stein auf Stein gleicht, doch etwas anderes als dieses asiatische Original. Ja, die Kopie ist sogar interessanter als das Original, hier endlich hat sich das Verhältnis von Kopie und Original vollends umgekehrt: Denn dieses gibt es tausendfach überall in China, jene aber nur ein einziges Mal, im Phantasialand von Brühl.

Der öffentlich begehbare Mann
Sternstunden des Scheiterns (3)

Und er schaute die Welt und sah, dass es nicht gut war. Die Menschen betrogen einander und belogen sich selbst und wurden über Trug und Lug immer unglücklicher. Da glückte dem amerikanischen Professor Jeff Jarvis (er ist fast auf den Tag so alt wie ich) ein Traum. In ihm sah er zufriedene Menschen, die nicht verbergen mussten, was sie dachten und fühlten, die kein Geheimnis daraus machten, wovor sie Angst hatten und wonach sie sich sehnten. Er schaute die Zukunft und entdeckte Wesen, die einander kannten und mit sich selbst im Reinen waren, die arglos die verborgenen Nischen ihrer Persönlichkeit ausleuchteten und sie gewohnheitsmäßig öffentlich machten. Frei von der Obsession des Privaten, entsagten sie dem Zwang, den sie über sich selbst verhängt hatten, dem Zwang, ihre Antriebe zu verbergen und sich über das auszuschweigen, wovon sie glaubten, dass es ihr Innerstes ausmache. Da begriff Jarvis, dass die Welt nur zu retten war, wenn man ihr die Geheimnistuerei austreibe.

Wenn die sozialen Utopien zu Schanden gehen, verächtlich gemacht oder vergessen werden, gähnt eine Lücke auf, die wie geschaffen dafür ist, dass in sie die Verheißungen der Technologie gestopft werden. Jarvis hatte nie einen Gedanken an soziale Veränderungen verschwendet, dafür aber das Internet als Ort der Errettung entdeckt. In seinen Vorlesungen und Büchern, Ratgebern für die Selbstoptimierung des digitalen Menschen, predigt er den Neuen Menschen, der dem Dünkel des Individualismus entronnen ist und dafür mit einem milden Rausch andauernder Zufriedenheit belohnt wird. Wie das gelingen soll? Indem der Einzelne sich überschreitet und seine Existenz mit Abertausenden teilt. Denn Unglück heißt, ein Einzelner zu sein, den die anderen nicht kennen, nicht erkennen können, weil er sich ihnen entzieht und hinter Masken, Ritualen, Formen verbirgt. Alles Unglück ist mit dem Individuum in die Welt gekommen, das sich zwar in der Gesellschaft behaupten, aber nicht eins mit ihr werden möchte und auf dem Recht beharrt, in frevelhafter Selbstbezogenheit für sich zu leben. Was Jarvis als Urgrund allen Unglücks erkannte, ist das, was dieses Individuum einst als höchstes Gut in der Gesellschaft inthronisierte: die Persönlichkeit.

Frühere Ideologen der Weltverbesserung hatten behauptet, dass Eigentum Diebstahl sei, und so die Verteilung der Güter auf alle als Geburtsstunde des Neuen Menschen proklamiert. Auch Jarvis ist davon überzeugt, dass Eigentum Diebstahl ist, aber nicht jedes, nur das immaterielle Eigentum, das sich im kommunikativen Akt über das Internet teilen, mitteilen lässt. Asozial handelt, wer nicht bereit ist, seine Erfahrungen mit der weltweit zerstreuten und einzig im täglichen Wunder des Internets wieder vereinten Gesellschaft zu teilen und somit die Grenzen seiner Persönlichkeit selbst aufzuheben, um diese gewissermaßen in die große Gemeinschaft hinaus zu laden: »Die Privatsphäre ist die Domäne des Egoisten.«

Die große Stunde schlug für Jeff Jarvis, als er eine niederschmetternde Nachricht erhielt (nicht ich sage das, er selbst sieht es so) und erfuhr, dass er an Prostata-Krebs erkrankt war. Kaum aus der Ordination mit dem Befund zur baldigen Operation ins nächste Spital geschickt, begann er über Twitter und Facebook seine Krankheit öffentlich zu durchleiden und, was ihm im Krankenhaus und in den bangen Monaten der Rekonvaleszenz widerfuhr, täglich, mitunter stündlich via Internet zu verbreiten. Auf diese Weise versuchte er seine Krankheit rigoros zu entprivatisieren, sie also nicht länger egoistisch als sein Eigentum zu betrachten, sondern sie zu vergesellschaften, indem er Hunderttausende an den Ängsten, Schmerzen, Demütigungen, die sie ihm bereitete, teilhaben ließ. Das einsame, das individuelle Leiden kann nur aus der Welt verschwinden, wenn ein jeder so viel von sich preisgibt, dass er Teil von vielen wird, und umgekehrt so vieles, das andere von sich preisgeben, aufnimmt, dass die vielen wiederum Teil von ihm geworden sind.

Nachdem er seine Studenten davon unterrichtet hatte, dass er durch die Operation inkontinent geworden sei und Windeln tragen müsse, behauptete Jarvis stolz, sein ganzes Leben zu einem offenen Buch gemacht zu haben, in dem jeder blättern könne. Er erhielt Nachricht von zahllosen Leidensgenossen, die von seinen Bekenntnissen zu ihren eigenen Bekenntnissen ermutigt wurden, auch sie wagten sich jetzt, da er es ihnen vorgemacht hatte, mit ihren Gebrechen aus der quälenden Einsamkeit des Verschweigens und Vertuschens heraus. Was Jarvis fordert, ist aber nicht das Recht des Einzelnen, den Nächsten auch mit unliebsamen, verstörenden, peinlichen Dingen zu behelligen, sondern die Pflicht aller, ihre privaten Angelegenheiten öffentlich zu machen, also das Private ihrer Existenz zu tilgen. Wer immer woran immer leidet, an Gram oder Krebs, an unglücklicher Liebe oder bösen Nachbarn, hat kein Recht, sich darüber auszuschweigen, denn nur wenn er teilt, was er erleidet, kann er anderen helfen, und da er damit auch sich selber hilft, fallen soziale Pflicht und persönlicher Nutzen wundersam in eins.

Ich höre Jeff Jarvis, wie er in den virtuellen Reichsparteitag des Internets hinausruft: Wollt ihr die totale Transparenz? Und millionenfach schallt es begeistert zurück. Der Gedanke, überwacht zu werden, hat seinen Schrecken für Menschen verloren, die es danach giert, die Grenzen ihrer Persönlichkeit niederzureißen. Die Drohung, womöglich überwacht zu werden, ängstigt sie nicht mehr, denn wer es für die Erbsünde des Menschen hält, Geheimnisse zu haben, den kann kein Geheimdienst beunruhigen, der gewohnheitsmäßig sammelt, was er über die Nutzer des Internets von diesen selbst erfährt.

Über kurz war Jeff Jarvis berühmt geworden, Herold einer Ära, in der, was die Kommunikationsindustrie technisch ermöglicht, von deren Usern auch begeistert verwirklicht zu werden hat. Sein Erfolg aber machte ihn unvorsichtig, im Delir der permanenten Selbstentäußerung tingelte er durch die Talkshows des Landes, in denen er sich als erster öffentlich begehbarer Mann präsentierte. Ich stelle mir vor, wie es war, als dem attraktiven Mann und brillanten Redner, der freimütig vor der Kamera berichtete, wie es sich mit seiner Impotenz verhielt, eine unverfängliche Frage gestellt wurde, die ihn in die größte Verwirrung, in stammelnde Not stürzte, die simple Frage nämlich, wie hoch sein zu versteuerndes Einkommen sei. In diesem Augenblick sehe ich ihn das Elend ermessen, das die Rückverwandlung eines öffentlichen in einen privaten Menschen bedeutet, denn nach schrecklich langen Momenten fiel Jarvis nichts ein als die Behauptung, dass seine Einkommenssteuererklärung niemanden etwas angehe. Die Intimität, die er zuvor als spießiges

Überbleibsel der bürgerlichen Ära gegeißelt hatte, meldete machtvoll ihre Ansprüche an, sie hatte gewissermaßen nur das Organ gewechselt, das ihre Domäne war: Nicht der Hodensack, sondern der Geldsack, nicht der Beutel, sondern der Geldbeutel ist es, den verborgen zu halten die Scham gebietet. Jämmerlich schrumpfte die neue Ethik auf ihr altes, ein uraltes Maß. Der Professor, der die totale Transparenz gefordert und seine Windeln gezeigt hatte, aber seinen Kontostand für sich behalten wollte, geiferte noch ein wenig vor sich hin. Dann klappte er das offene Buch, als das er gelesen werden wollte, zu, und siehe, auf seinem Deckel stand »Sparbuch«.

Am Grünmarkt traf ich nach längerem wieder R., der so wie ich gerne kleine Erledigungen in der Stadt vorschützt, um sich von seinem Schreibtisch für zwei, drei Stunden zu entfernen. Niemand schafft es so leicht, in mir jenen oft über Tage, Wochen schlummernden Hund mit der traurigen schwarzen Schnauze zu wecken, der auf den Namen Skepsis hört, als er mit seinem unverdrossenen Optimismus. Er stand vor einem Gemüse- und Obststand, um die Schulter die weißleinene Einkaufstasche gehängt, aus der allerlei Grünzeug ragte. Mit ein paar Schritten war er bei mir und fragte, als hätten wir uns erst gestern getrennt, ob ich wohl seinen Twitter-Eintrag von heute früh gelesen habe. Zuverlässig knurrte es leise in mir auf. R. hält das Twittern für eine Errungenschaft, mit der es gelingt, weit verstreute Menschen mit raschen wie kritischen Informationen zu versorgen. Ich konnte nicht anders, als einzuwerfen, dass es beim Verfassen von Tweets in Wahrheit darum gehe, möglichst viele, die willenlos im Internet treiben, mit gedanklichem Fastfood zu ködern, sie also wie menschliche Stopfgänse zu traktieren.

Das hätte ich nicht sagen sollen, denn jetzt erklärte mir R. nicht zum ersten Mal die technologischen Voraussetzungen und politischen Nutzbarkeiten des Twitterns. Es ist ein Spiel, in dem wir uns seit Jahren messen, und zu ihm gehört, dass ich das Wissen, an dem er mich teilhaben lässt, immer gegen ihn und seine Begeisterung für die Welt von morgen verwende. Tatsächlich habe ich es ihm zu verdanken, dass ich inzwischen meine Ressentiments gegen die Verheißungen des digitalen Fortschritts manchmal sogar zu begründen imstande bin. Er ist es, der mich über die neuesten Entwicklungen informiert und mir erklärt, was die bekannten Wörter, Namen, Begriffe im digitalen Kosmos bedeuten. So gibt er mir, freigebig und großmütig, die Mittel zur Hand, die ich zur intellektuellen Selbstverteidigung gegen ihn benötige.

Nur dank R. und gegen ihn kann ich behaupten, dass das Twittern in der regelmäßigen krampfhaften Entleerung unverdauter geistiger Brocken besteht. Twittern heißt mir: nicht mehr denken, sondern mitteilen, wie es sich anfühlte, als man gerade glaubte, fast etwas gedacht zu haben. Wer twittert, verkündet Einsichten, die es nicht wert, und Gedanken, die noch keine geworden sind, und übt sich so im radikalen Gegenteil dessen, was man einmal Geistesgegenwart genannt hat. Keine Geistesgegenwart zu haben, aber sie durch schiere mediale Präsenz zu suggerieren, das ist es, was das Twittern für Menschen, die sich überschätzen oder durch gesellschaftliche Funktion und sozialen Status überschätzt zu werden pflegen, so reizvoll macht.

Auf dem Nachhauseweg fragte ich mich, ob ich meine Tiraden womöglich benötigte, um mich gegen eine Verlockung abzuhärten, von der ich ahne, wie gefährlich sie mir werden könnte. Ich hab's ja schon öfter mit mir erlebt, dass ich mich heroisch gegen Dinge sträubte, denen ich später suchtartig verfiel.

Der TV-Moderator Armin Wolf steht zu Recht im Rufe, einer der intelligentesten Journalisten Österreichs zu sein. Da er dem Irrglauben unterliegt, dass ein Schnelldenker wie er sich auch als Schnellschreiber behaupten müsse, twittert er natürlich, er twittert, wie es beim Twittern vielen ergeht, geradezu unaufhörlich, vor den Abendnachrichten, die er moderiert, danach, und, wie er kürzlich gestand, sogar während der Sendung. Am Twittern schätzt er besonders die Geschwindigkeit, mit der sich dabei Öffentlichkeit und segensreiche Kommunikation herstellen lassen. Noch während er auf Sendung sei, werde ihm getwittert, dass seine Krawatte schief sitze, und daher könne er sie sofort richten. Triumph des Fortschritts! Immerhin der Toilettenfehler hat keine Zukunft mehr in einer Zukunft, die vertwittert ist.

Was Wolf über Twitter jedoch nie erfahren wird: dass er die Dinge zu schnell angeht, zu begierig ist, immerfort seine geistige Wendigkeit zu erweisen, und unersättlich darin, in seinen Interviews nicht die Wahrheit herauszufinden, sondern seine Überlegenheit zu demonstrieren (was ihm im Umgang mit österreichischen Politikern meist mit souveräner Leichtigkeit gelingt). Intelligent wie er ist, weiß er selbst, dass seine Brillanz mit dieser Schwäche in eins fällt. Kaum dass es zu Ende war, hat er einmal nach einem langen Gespräch mit einem wichtigen Politiker via Twitter verlautbart, dass er zu hohes Tempo angeschlagen und es darüber womöglich versäumt habe, in die Tiefe zu gehen. Diese Einsicht ist nichts wert, wenn man sie eine Minute nach Aktionsschluss nicht zum Anlass von Selbstreflexion, sondern von Selbstpräsentation via Twitter nimmt. Darum hat er es beim nächsten Mal auch gleich wieder so gehalten, erleichtern es die neuen Technologien einem doch ungemein, immer wieder mit den alten Fehlern zu reüssieren.

Was hast du nur immer mit der Geschwindigkeit, dass du gewohnheitsmäßig über sie lamentierst, mit der Beschleunigung, deren verderbliche, gewalttätige Kraft du beklagst? Alles scheint dir im Verfall zu sein, indem es hochgerüstet wird auf das Tempo der elektronischen Maschinen: die Menschen, wehrlos im Dauerbeschuss der sozialen Netzwerke, über ihnen am Himmel ein blitzendes Feuerwerk von Informationen und Nachrichten, das niemals erlischt, und alle einer Beschleunigung ausgesetzt, der sie sich bei Strafe, sonst zurückgelassen, abgehängt zu werden, ergeben müssen … Dabei erlebst du selbst es doch ganz anders: Du beklagst, was dich gar nicht bedrängt.

Seit Jahren hast du das Gefühl, dass dein eigenes Leben immer langsamer wird (obwohl du am Ende jeden Jahres den Eindruck hast, es wäre noch kürzer gewesen als das vorige. Das ist kein Widerspruch. Die Mönche, in deren Klosterleben ein Tag dem anderen gleicht und sich nach dem Maßstab der Welt kaum etwas ereignet, was aufregend, gar sensationell wäre, diese in der frommen Gleichform ihrer Tage lebenden Mönche wundern sich im Alter erstaunt, dass ihnen die Jahre wie im Flug vergangen sind und die Abertausenden Tage sie wie ein einziger anmuten.) Nur mehr selten widerfährt dir, was dich über viele Jahre bedrängt hat, dass du dich nämlich eilen (»abstrudeln«) musst, irgendwohin zu gelangen, denn du vereinbarst kaum mehr verbindliche Termine außer Haus; oder dass dieser immer schwerer gewordene Druck auf dir lastet, in drei Stunden, zwei Tagen, sechs Wochen einen bestimmten Text fertig gestellt zu haben, denn du lässt dir kaum mehr Arbeiten aufhalsen, die dich unter Zeitdruck bringen könnten. Seitdem die Kinder erwachsen und ausgezogen sind, brauchst du dich auch als Familienkoch nicht mehr auf pünktliche Zubereitung der Speisen einzustellen, denn deine Frau ist von grandioser Freiheit ihrem eigenen Hunger gegenüber. Steht das Essen schon auf dem Tisch, wenn sie am späten Nachmittag aus der Schule heimkehrt, freut sie sich, ist es aber erst in zwei Stunden so weit, nimmt sie sich einige Sudokus vor, bei deren lautlos konzentrierter Auflösung sie völlig zur Ruhe kommt. Du kannst tagsüber vom Schreibtisch aufstehen, wann es dir passt, und gehst deine drei, vier Kilometer in der Gegend, auf dem Berg, um den Weiher, wann es dir gerade einfällt. Oft weißt du abends nicht, womit du den Tag herumgebracht hast, meistens mit dem Verräumen von irgendwelchen Papieren, Zeitungsausrissen, Prospekten, die die Tendenz haben, sich bei dir rasch anzustauen, und mit dem Zappen durch den Nachmittag der deutschen Privatsender, was deine Empörung leider nur mehr selten so hochreizt, dass die Lethargie von dir abfällt und du dich in deinen Aufzeichnungen zu Tiraden über einen Kulturverfall veranlasst siehst, den wenige so genießen wie du. Hast du abends zu viel Wein erwischt und bist am Morgen verkatert, bringst du den Tag mit fauler Zeitungslektüre herum, ganz ohne das schlechte Gewissen, das dich früher gerade dann zu Extraschichten von Arbeit genötigt hat, wenn du dich aus eigenem Verschulden in schlechter körperlicher Verfassung befandest.

Noch loben viele immerhin deinen Fleiß, du aber weißt, dass du in Wahrheit längst ein fauler Kerl geworden bist, stets versucht, seine Zeit gedankenlos zu verplempern. Und so einer predigt notorisch wider die Beschleunigung, gegen den Verlust der Muße, ausgerechnet du, der so langsam lebt, dass er fürchten sollte, eines Tages, ohne es bemerkt zu haben, irgendwo festzukleben, redest vom Diktat der Geschwindigkeit, unter dem stehen mag wer immer, du jedenfalls nicht.

In der Salzburger Getreidegasse gibt es ein Geschäft für Büroartikel und Schreibwaren, das ich gerne aufsuche, weil dort den Kunden gegenüber noch jener Ton angeschlagen wird, der mir von meiner Jugend aus den meisten Geschäften der Innenstadt vertraut ist und der mich daher für die wenigen Minuten, in denen ich meine Einkäufe erledige, in jene Welt von gestern versetzt, die unwiederbringlich dahin ist. Ich verspüre dann die innige Illusion, noch jung zu sein und wie einst geradezu tollkühn um die Ausfolgung bestimmter Schulhefte vorstellig zu werden. Als die Druckerpatrone meines Computers in den letzten Tagen arg nachzulassen begann, war ich froh, neuerlich eine kleine Einkaufsreise in die Vergangenheit unternehmen zu können. Der Dame, die seit Jahrzehnten ihr strenges Amt versieht, überreichte ich einen Zettel, auf dem die Handelsnummer der Patrone aufgeschrieben war, und beglich sogleich die Rechnung, auch wenn die gewünschte Ware nicht vorrätig war und erst bestellt werden musste. Zwei Tage später, als ich sie abholen wollte, erwies sich, dass die Dame, deren Sehkraft über die Jahre mit der meinen nachgelassen hatte, eine Ziffer falsch gelesen und also eine nicht in meinen Drucker passende Patrone geordert hatte. Nachsichtig bequemte sie sich jedoch zu einem neuerlichen Versuch, mir die gewünschte Ware zu besorgen, und hieß mich nach zwei Tagen wieder in meinem Lieblingsgeschäft erscheinen. Da stellte sich unangenehmerweise heraus, dass die jetzt richtig bestellte und passende Patrone um acht Euro günstiger war als die zuvor irrtümlich angelieferte. Umstandslos wurde mir die Druckerpatrone mit einer »Gutschrift« auf acht Euro ausgehändigt, und als ich fragte, bei welcher Kassa ich diese einlösen könnte, antwortete die Dame, die mich mit einem Mal nicht mehr streng musterte, sondern mitleidig betrachtete: »Ja, Deutsch müsste man halt können.«

Diese Feststellung, klar wie rätselhaft, gab mir zu denken, bis ich begriff, dass ich, vorausgesetzt, ich würde den Zettel nicht verlieren, bei meinem nächsten Einkauf um acht Euro weniger zu bezahlen haben würde. Aber diese gute Aussicht auf übermorgen war nichts gegen die Belehrung, die mir die lebenskluge Frau schon heute zuteilwerden ließ: Deutsch müsste man können! Ich gebe mir ja alle Tage Mühe, und manchmal gefalle ich mir im hochmütigen Gefühl, bereits Fortschritte gemacht zu haben. Dann aber kommen wieder die Tage quälender Unsicherheit, in denen ich lese, was ich gerade geschrieben, drei Mal umgeschrieben und dann doch verworfen habe, und mich die Einsicht deprimiert, noch lange nicht bei dem angekommen zu sein, was ich als eine mir selbst gegebene Gutschrift akzeptieren könnte.

Meine Frau zeigt mir ein neues Sprachlehrbuch, zum Gebrauch für Schüler zwischen der fünften und achten Schulstufe. Als ich es vor 45 Jahren lernte, wurde der Imperativ auf Deutsch noch mit »Befehlsform« übersetzt. Jetzt lese ich, dass er in der deutschen Grammatik von heute als »Aufforderungsform« bezeichnet wird. Vom Befehl zur Aufforderung, das ist der sprachliche Weg von der autoritären zur demokratischen Gesellschaft. Wenn heute ein Befugter etwas anordnet, ist das kein Befehl mehr, dem man sich lieber nicht widersetzen sollte, sondern eine Aufforderung, der man bei guter Laune vielleicht Folge leisten mag. In ein paar

Jahren wird mein alter autoritärer Imperativ als »Bittform« firmieren, denn was ein Befehl ist, wird sich dann nicht mehr als Aufforderung auszugeben haben, sondern als Bitte. Damit sich die Dinge gleich bleiben, müssen sie manchmal umbenannt werden, und die Bittform ist einer Gesellschaft angemessen, die vollendete Demokratie in lauter symbolischen Akten simuliert, sodass Befehle zwar wie eh und je wie Befehle befolgt werden, aber zugleich anmuten müssen, als würden sie einem nicht einmal so Schlimmes wie eine höfliche Aufforderung abverlangen.

Gute Nachricht für die trauernde Witwe
Liebesgeschichten (3)

Frau P., eine jugendliche Frau Mitte fünfzig, hatte unerwartet ihren Mann verloren, mit dem sie, sofern Außenstehende das beurteilen können, in inniger Ehe über dreißig Jahre zusammengelebt hatte. Zwei bereits erwachsene Kinder, wohlgeraten, waren in der Familie auch vorhanden, die sich jetzt beim Begräbnis, zu dem sehr viele Leute erschienen waren, in Gram fest zusammengeschlossen zu haben schien. Nach der Zeremonie mit ihren üblichen Verrichtungen trat die geachtete Pathologin, dem Toten, wie es in dieser nur mittelgroßen Stadt unter den Gebildeten nicht unüblich war, von ferne her bekannt, zu Frau und Kindern, kondolierte und ersuchte die Hinterbliebenen, sie in ihrem Institut aufzusuchen, sie habe eine gute Nachricht für sie.

Zwei Tage später betrat die nunmehrige Witwe, begleitet von Sohn und Tochter, das Institut für Pathologie, das in einem unscheinbaren Haus am Rand des weitläufigen Krankenhauskomplexes untergebracht war, notabene zwischen Trauerweiden, deren dünne, lange Blätter sich jetzt im Herbst auf dem Boden sammelten. Die Professorin, eine Frau um die sechzig, klein, kompakt, mit grauer Igelfrisur, begrüßte die Trauerfamilie freundlich, führte sie in das karg möblierte Besprechungszimmer und bat alle, um einen kleinen Tisch Platz zu nehmen. Nach einigen Worten, die dem Toten und seiner sympathischen, in der Stadt so geschätzten Erscheinung galten, wandte sie sich an die Frau, die in leicht zitternder Spannung wartete, was ihr die Pathologin, die sich vor ein paar Tagen über den toten Körper ihres Mannes hergemacht hatte – eine Sache, die ihr, die diesen Körper so lange kannte, ein wenig ungeziemend erschien –, zu sagen haben würde.

Der Tod, stellte die Pathologin klar, war durch einen Herzinfarkt hervorgerufen worden, der wohl keinen tödlichen Verlauf genommen haben würde, wenn an dem Ort, an dem er den Mann ereilte, entsprechendes Gerät zur Ersten Hilfe vorhanden oder auch nur ein in dieser ausgebildeter Sanitäter zugegen gewesen wäre. Das ist sicher sehr traurig für Sie, fuhr sie fort, aber ich habe bei der Obduktion einen Tumor nahe am Rückenmark entdeckt, der an einer Stelle wuchs, an der es nur wenig Schmerzrezeptoren gibt, sodass der Verstorbene von ihm noch gar nichts bemerkt haben dürfte. Der Tumor, so erfuhren die Trauernden endlich die gute Nachricht, war inzwischen so weit gediehen, dass er diese Zone in kurzer Frist durchstoßen haben würde, was große körperliche Schmerzen verursacht, den Erkrankten binnen kurzem gelähmt und ihm nur die Aussicht auf ein paar schmerzensreiche Monate geboten hätte. Dies mag Ihnen ein Trost sein, fügte die Pathologin hinzu, und Frau P., in die Mitte genommen von Sohn und Tochter, wusste gleich, als sie vor dem Institut durch das raschelnde

Laub der Trauerweiden schritt, dass sie diese Nachricht lange beschäftigen werde: ob ihr nämlich die Liebe gebiete, dankbar zu sein, dass ihr Mann so rasch und ohne Schmerzen (»mitten im tätigen Leben«) gefällt worden war, oder ob es ihm nicht dennoch lieber gewesen wäre, sich von seinem Leben und der Liebe zu ihr bis ans abgekargte Ende seiner Tage verabschieden zu können? (Und ihr selbst?)

Als Valéry am 20. Juli 1945 stirbt, ordnet General de Gaulle ein Staatsbegräbnis an, denn der Verblichene galt als größter Dichter und bedeutendster Intellektueller Frankreichs, mehr noch: als die unangefochtene moralische Autorität der Grande Nation. Diese Wertschätzung nimmt aus zwei Gründen wunder: Zum einen hatte Valéry die Jahre des Krieges und der deutschen Besetzung von Frankreich unbehelligt in Paris gelebt, seine Essays zu fünf prächtigen Bänden gesammelt und zum Widerstand keinerlei Kontakte gehabt (sich freilich auch jedweder Kollaboration verweigert). Dass im patriotischen Taumel von 1945 ausgerechnet ein seit Jahren verstummter Lyriker und fleißiger Essayist, der sich allenfalls für den »Aufstand des Geistes« begeisterte, zum Repräsentanten der Nation wurde, ist verblüffend.

Zum anderen war Valérys Hauptwerk zum Zeitpunkt seines Ablebens noch gar nicht bekannt, man schätzte den Lyriker und verehrte den Essayisten. Erst zwölf Jahre nach seinem Tod wurden die »Cahiers« veröffentlicht, in einer faksimilierten Ausgabe von nicht weniger als 29 Bänden und rund 27 000 Seiten, sodass der Autor postum als Verfasser eines Werkes erkennbar wurde, dessen Monumentalität in der Weltliteratur einzigartig ist. Auf jeder dieser 27 000 Seiten wollte Valéry mit seiner ganzen Persönlichkeit enthalten sein, jeder Satz, den er schrieb, sollte die Essenz seiner Persönlichkeit fassen, ja aus ihr seine Kraft beziehen. Nur rund ein Zehntel der Notizen, Fragmente, Bemerkungen, die in den 29 Bänden enthalten sind, finden sich in der vorbildlichen Auswahl des S. Fischer-Verlags, in der ich Valéry vor zwanzig Jahren zum ersten Mal begegnete; und wiederum nur ein Zehntel dieser Auswahl hat Thomas Stölzel für sein Lesebuch mit dem aparten Titel »Ich grase meine Gehirnwiese ab« ausgewählt, um Paul Valéry, der auch in Frankreich wohl mehr verehrt als gelesen wird, in einem handlichen Buch dem deutschen Publikum in Erinnerung zu rufen.

Die neue Auswahl, mit der ich mich seit einigen Wochen vergnüge, enthält also nur ein Prozent dessen, was Valéry in der täglichen Morgenschicht durch 51 Jahre an gewaltigen Textbergen angehäuft hat. Doch die Auswahl genügt. Das spricht für den Herausgeber, und es spricht gegen das Werk Valérys. Denn die Auswahl genügt, um zu zeigen, was für ein präziser Stilist und obsessiver Denker er war, aber sie genügt auch, um das unüberschaubare Ganze der »Cahiers« ausreichend vorzustellen. Was sich nämlich Valérys Verehrer zu bemerken verbieten, hat dieser selbst gewusst. Nach Jahrzehnten der Arbeit an den »Cahiers« hielt er fest: »Immer dieselben Gedanken seit 1894.«

Warum aber schreibt man? Um immer bei denselben Gedanken zu bleiben, sich in denselben Ideen, Idealen zu behaupten – oder doch, um neue auszuprobieren? Um sich, gegen den Lauf der Zeit, in seinem Innersten zu bewahren – oder um sich schreibend zu verändern, im täglichen Akt des Schreibens das aus sich herauszutreiben, von dem man vor dem Schreiben vielleicht gar nichts wusste und das man erst schreibend von sich und der Welt entdeckt?

Ich weiß es nicht. Ich weiß es nicht einmal, wenn ich auf die Jahre zurückblicke, in denen ich mich selbst schreibend zu behaupten und der Welt zu vergewissern versuche. Ich weiß es nicht. Es ist peinlich, aber ich muss mir eingestehen (sogar zugestehen?), den Urgrund dessen, was mich antreibt, nicht zu kennen (immer noch nicht).

Was Valéry, der die Mathematik als wissenschaftliche Königsdisziplin betrachtete, als Schriftsteller vorschwebte: ein Wörterbuch, in dem alle Begriffe zu vollkommener Klarheit geschärft sind. Wie ist ihm das bei einem Begriff gelungen, der in den »Cahiers« geradezu omnipräsent ist? »Meine Spezialität, das ist mein Geist.« Einverstanden. »Denn mein wirkliches Thema ist die Liebe zu dem, was im Geist ist.« Nun ja. »Lass mich nicht allein, sagt mein Geist zu meinem Geist.« Ups. Dass er einen seiner bekanntesten Essaybände »Krise des Geistes« nennt, versteht sich von selbst, und vielleicht war sein Ansehen in Europa ja auch deswegen so exorbitant, weil er als Wanderredner auf allen Akademien des Kontinents unentwegt ein »Europa des Geistes« beschwor, während gerade ein Europa des Ungeists triumphierte und den Kontinent nicht nur ideell, sondern höchst real in Trümmer legte.

Dabei weiß Valéry mit der von ihm geforderten Präzision weder zu sagen, was »Europa« sei (wie könnte er auch?), noch was es mit dessen »Geist« auf sich habe, aber im Unterschied zu gewöhnlichen Menschen braucht er viele tausend Seiten, um es nicht zu wissen. Auf den asketisch strengen Valéry können sich daher nicht nur gescheite, nachdenkliche Leute, sondern auch all die Schwadroneure und Schwätzer berufen, die Europa unentwegt im Munde führen und, sobald ihre Jagd nach dem Profit als Jagd nach dem Profit kenntlich wird, periodisch auf den Wohlklang der Phrase, auf die Werte (ihren Mehrwert) und den Geist (ihre Dummheit) Europas setzen.

(Wenn ich feststelle, dass Valérys Begriff des »Geistes« unscharf, schwammig, im Ganzen von über fünfzig Jahren der Grübelei gesehen sogar beliebig ist, möchte ich dennoch vom »Geist«, selbst wenn er begrifflich nur vage zu fassen ist, nicht lassen. Sogar der Heilige Geist wäre mir recht, wenn er mir nur zur Seite stünde, jene abzuwehren, die dort, wo früher das edle Walten von Geist vermutet wurde, nichts als neuronale Reaktionen erkennen können. Bornierte Verteidigung eines verlorenen Postens, ich weiß.)

Wie erzählt man einigermaßen spannend die Lebensgeschichte eines Mannes, der von sich selbst sagte, die größte Leistung wäre es gewesen, seine geistige Existenz vor den Verlockungen der Gesellschaft geschützt zu haben – »auf Kosten von mancherlei und zum Preis eines mittelmäßigen Lebens«. Das ist das Problem, vor dem jeder Biograf Valérys steht. Was immer er für ein Leben gehalten haben mag, das nicht mittelmäßig gewesen wäre: Er hat sich jedenfalls ehrbar Mühe gegeben, sich auf die alltägliche Arbeit des Denkens und Schreibens und die alltäglichen Freuden und Aufgaben des Lebens zu konzentrieren. In Frankreich sind zahlreiche Biografien Valérys veröffentlicht worden, die der Nation das Leben eines ihrer Klassiker näherzubringen versuchen. Erzählen, ja feiernd erzählen ließe sich das alles schon, aber nicht in einer Biografie, die sich auf die äußeren Geschehnisse und Wendungen einer öffentlichen Existenz bezieht, sondern in einer Erzählung, die ihre Aufmerksamkeit der inneren Entfaltung eines Charakters widmete.

Ich habe es mit der vom Genfer Philosophen und Publizisten Denis Bertholet verfassten Biografie Valérys probiert und mich nach und nach zu ärgern begonnen. Denn Bertholet weiß zwar alles, was man von Valéry nur wissen kann, aber er weiß nicht, was man von ihm zu wissen braucht. Er unterrichtet uns von feinsten biografischen Verästelungen und führt uns auf die Seitenwege und in die Sackgassen dieses Lebens; aber über so vieles, was ich wissen wollte, erfahre ich nichts. Wie ging es an, dass aus dem jungen Antisemiten und politischen Haudrauf Valéry noch vor dem Ersten Weltkrieg plötzlich ein Mann der Versöhnung wurde? Wie konnte er in den zwanziger Jahren zur Instanz des Europäertums werden und sich doch nicht scheuen, mit Mussolini zu dinieren? Was bedeutete es, dass er sich lieber als mit Rainer Maria Rilke, der seine Gedichte folgenreich ins Deutsche übersetzte, mit dem schwülstigen, aber steinreichen und mächtigen Gabriele D'Annunzio traf (dass Rilke ein Dichter war, hat er wohl gar nicht registriert)? Auch wäre es interessant zu erfahren, wie das im Alltag vor sich ging: dass Valéry jahrzehntelang verheiratet war und sehr darauf achtete, als fürsorglicher Familienmensch zu gelten, seine Frau aber niemals in die Salons der Gescheiten, Mondänen und Reichen, die er täglich besuchte, mitgenommen hat?

Fragen wie dieser muss sich eine Biografie stellen, nicht um ihren strahlenden Helden als moralisch fragwürdigen Charakter zu zeigen, sondern um diesen Charakter in seinen Widersprüchen zu fassen. Valéry war ein Einzelgänger, der die einsame Arbeit liebte, und dennoch ein charmanter Mann von Welt, der sich in den Salons zu bewegen wusste. Er hat die herrschenden Auffassungen seziert und kritisiert und doch stets die Nähe der Herrschenden gesucht. Bertholet schreibt einmal von Valérys »Doppelnatur aus Konformismus und Radikalität«. Das ist eine sehr gute Formulierung, und sie trifft einen Sachverhalt, der nicht nur für Valéry gilt. Von ihr, von dieser Doppelnatur, hätte ich gerne mehr erfahren (denn ich erfahre ja gerne etwas vom Leben, wenn ich mich mit den Büchern und der Biografie ihrer Verfasser beschäftige).

Bis zuletzt war ich mir nicht sicher, womöglich doch überrascht zu werden und in Johannes W. jemandem gegenüberzustehen, den ich immerhin vom Hörensagen kannte. Um elf Uhr läutete die Hausglocke, ich eilte, wie wir es brieflich vereinbart hatten, hinunter, dem Greis, der sich angekündigt hatte, dabei behilflich zu sein, seine gesamte schriftliche Habe, das literarische Vermächtnis eines Lebens, in Kisten in meine Wohnung hinaufzutragen. Wir hatten gut zu schleppen, am Ende waren 37 Kilogramm Papier, verteilt auf drei große Kisten und in diesen geordnet in zahlreiche, in schwarzes Leder gebundene Bände, in meinem Arbeitszimmer.

Dann saßen wir einander am großen Tisch im Wohnzimmer zum ersten und letzten Mal gegenüber, tranken Tee und hielten erste und letzte Aussprache miteinander. Wie soll ich diesen Mann beschreiben? Eine merkwürdige Alterslosigkeit war an ihm, er hatte seinen 84. Geburtstag schon hinter sich, hätte aber auch gerade erst auf seinen 75. zugehen können. Wie ich beim Treppensteigen erkennen konnte, war er noch sicher zu Fuß, setzte die Schritte aber vorsichtig. Ein Mann, eher schmal als dick, aber auch nicht mager. Die Haare schütter und eigentümlich farblos. Ein offenes, freundliches Gesicht, die Stimme nicht laut, nicht leise, die Sprachfärbung nahezu neutral, der da sprach, konnte von überall aus dem deutschen Sprachraum stammen. Die Kleidung schlicht, dunkelbraun die Hose, hellbraun die Jacke aus Schnürlsamt, darunter ein grünes Hemd (oder war es blau oder grau?). Ein Mann, alles andere als schüchtern, aber keineswegs aufdringlich. Wenn ich in einem Film die Rolle eines Geheimagenten besetzen müsste, würde ich schwerlich jemanden finden, der von Aussehen, Auftreten, Haltung besser dafür geeignet wäre: ein Mann, wie geschaffen dafür, dass er nicht auffalle. So saß er mir gegenüber, bestimmt und bescheiden, freundlich ohne jeden Anflug von Amikalität, beredt und verschlossen.

Keine zehn Minuten dauerte es, bis er zusammengefasst hatte, was ich von seinem Leben wissen und gegebenenfalls weitererzählen durfte: 1928 im Ruhrgebiet geboren und aufgewachsen, in den letzten Kriegstagen noch eingezogen und gleich in englische Kriegsgefangenschaft geraten. Danach Ausbildung zum Schreiner und nach der Gesellenprüfung Besuch eines Abiturientenlehrgangs zum verspäteten Abschluss des Gymnasiums, danach in einem Konzern in verschiedenen Verwendungen tätig. Mitte der fünfziger Jahre Beginn des Germanistik-Studiums, das er immer wieder unterbrechen musste und erst 1970, als es ihm beruflich nicht mehr nützte, der Ordnung halber mit einer Dissertation über einen mittelhochdeutschen Dichter abschloss. Geschrieben hat er seit seiner Jugend, Ende der fünfziger Jahre alles bis dahin Verfasste aber vernichtet. Dann, 1961, heiratet er eine Frau, die für damals auffällige fünfzehn Jahre älter war als er, drei Jahrzehnte schrieb er nur mehr sporadisch, weil sich Ehe und Literatur nicht vertrügen, und arbeitete in nicht näher bezeichneten mittleren bis gehobenen Positionen bei diversen Firmen. 1994 ist seine Frau gestorben, da war er selbst gerade in Pension gegangen. Und zwei, drei Jahre nach ihrem Tod hat ihn die Leidenschaft der Jugend, das Schreiben, wieder ergriffen, aber nicht wild, sodass nichts Verzweifeltes in der regelmäßig geübten Tätigkeit lag, die seither seine Tage ausfüllte. Im Winter lebte er im wärmeren Mallorca, das Jahr über in Kärnten.

Nun war die Zeit gekommen, für den kleinen Aufbruch und das große Ende: zurück nach Deutschland, zur Schwester und ihren behinderten Kindern, und danach – zurück in den Tod. Den er nicht so nannte. Mir saß kein Mann gegenüber, der als Sisyphos gelten wollte und begehrte, in trotzigem Leiden und Ertragen für einen glücklichen Menschen gehalten zu werden; aber für einen, der sich restlos mit seinem Schicksal ausgesöhnt hatte, nichts von der Welt mehr erwartete und es mit allem, wie es gekommen war und noch kommen werde, zufrieden war. Er hinterließ mir keine Anschrift, aber das Versprechen, dass ich Nachricht erhalten werde, sobald er im großen Ende verschwunden sein würde, verschwunden, aber nicht gänzlich verloren, sondern Teil des großen Meeres geworden, das aus Myriaden von Tropfen besteht.

Dann ging er, es war ein gänzlich unsentimentaler Abschied. Mir schien, Johannes W., der mir einmal schrieb, »freilich kann ich seit je nichts so gut wie vergessen«, habe seine Schriften, die er mir an diesem 23. April 2012 ins Haus gebracht hatte, schon zu vergessen begonnen, als er die Treppe hinunter schritt, sich in sein klappriges Auto setzte und davonfuhr. Ich harre, von ihm jene Nachricht zu erhalten, von der er mich nicht mehr selbst wird unterrichten können.

Zwischenstück 3

Brief und Lebensdichtung

Wer schreibt heute noch Briefe? Die Tätigkeit selbst hat etwas Widerständiges bekommen. Denn um einen Brief zu schreiben, muss man sich die Zeit nehmen, die keiner mehr zu haben glaubt; man hat sich schreibend unter jene sprachliche und gedankliche Zucht zu begeben, die uns beim technologisch beschleunigten Austausch von Informationen verloren gegangen ist, und wir müssen uns des Bildes besinnen, das wir vom Empfänger haben und das wir ihm von uns selber geben möchten. Briefe zu schreiben, selbst wenn diese frech oder grob geraten, setzt ein gewisses Maß an Respekt voraus, den Respekt nämlich, dass der Empfänger des Briefes einem immerhin die Mühe wert war. Noch das freundlichste E-Mail verweigert uns diese Achtung: Dass es schnell verfertigt wird, zum sofortigen Verschleiß bestimmt ist und aus seriellen Versatzstücken und Abkürzungen besteht, das macht ein E-Mail – mit all den praktischen Vorteilen, die es bietet – ja gerade aus.

Jean Améry hat schon 1976 in dem Essay »Der verlorene Brief« den Niedergang »einer Ausdrucksform des Humanen« beklagt, damals, als die Briefkultur nur von Telefon, Fernschreiber und Telegramm bedroht, nicht aber durch die Entwicklung des Internets nahezu zerstört war. Was ihm am Brief teuer war: dass er einer Sphäre angehört, in der die Devise »Zeit ist Geld« nichts gilt – und dass er dem, der ihn verfasst, die Gelegenheit zur »Selbstkonstitution« gibt (wie auf andere Weise das Tagebuch dem, der es im alltäglichen

Exerzitium des Schreibens verfasst). Egal, worüber geschrieben wird, im Brief wird nicht nur Information übermittelt, sondern immer auch Identität entworfen.

Rund tausend Briefe haben sich von Jean Améry aus dem Zeitraum zwischen 1945, als er, gezeichnet fürs Leben, aus Auschwitz befreit wurde, und 1978, als er in einem noblen Salzburger Hotel in den Tod ging, erhalten. 327 davon sind in dem Band mit Briefen enthalten, der die Ausgabe mit Werken Jean Amérys in acht Bänden beschloss. Die »Selbstkonstitution«, wie ist sie Améry gelungen? Wie hat er, der noch 1937 schrieb, niemand werde ihn je aus Österreich wegbringen, und der schon im Jahr darauf flüchten musste, wie hat er brieflich versucht, sich selber neu zu entwerfen – als Überlebender, der wusste, dass ihm die Selbstverständlichkeit des Lebens unwiederbringlich dahin war? Als Exilant, der die »Emigration nicht für ein Lebensprogramm« hielt; als Essayist, der sich gleich 1945 auf die Suche nach dem verlorenen Manuskript seines Jugendromans begab und der 1978 darüber verzagte, dass ihm auch der Roman »Charles Bovary, Landarzt« nicht die gebührende Anerkennung als Erzähler eintragen werde?

Der erste Brief datiert aus dem Jahr 1945. Améry war mit »45 Kilogramm Lebendgewicht und im Zebra-Anzug« nicht zurück nach Österreich, sondern nach Brüssel gegangen und hatte dort erfahren, dass seine Frau Gina in ihrem Versteck an einer Herzerkrankung gestorben war. Nun teilt er dem Ehepaar Maria und Rudolf Leitner, das sich 1941 nach New York gerettet hatte, brieflich mit: »Ja, ja, ich bin es schon, Hans Mayer, den Ihr in Antwerpen gekannt habt. Nur die Grüße an Gina kann ich nicht mehr bestellen, denn sie ist tot.« Sein letzter Brief, 33 Jahre später, wird wieder an Maria Leitner adressiert sein, die ihren Ehemann verließ, um 1948 von New York zu ihrem Briefpartner nach Brüssel zu ziehen, ihn zu heiraten, fortan seine Manuskripte zu tippen und mit ihm die finanzielle Misere, die viel zu kleinen Wohnungen und die seelische Not zu teilen. Am 16. Oktober 1978, ehe er das tödliche Gift nimmt, um den Freitod, den er in seinem Traktat »Hand an sich legen« als »unveräußerliches Menschenrecht« gerechtfertigt hatte, zu vollziehen, schreibt er seiner »geliebten Herzilili« einen ergreifenden Brief, in der Hoffnung, »dass Du mich auch dieses letzte Mal verstehen wirst«.

Über die Motive dieses Freitods ist viel spekuliert worden. Gewohnheitsmäßig wird behauptet, da sei einer, der der Hölle von Auschwitz und Bergen-Belsen entronnen war, dem Grauen doch noch erlegen. Die Nachrufe deuteten sein Ende stets in diesem Sinne, als hätte Améry den ihm von den Nationalsozialisten zugedachten Tod mit Verspätung selbst nachgeholt. Das ist richtig und greift doch zu kurz. Améry war nämlich bereits vor der Ära des Faschismus, vor Verfolgung und Folter mit der Idee des Freitods eigentümlich vertraut, und zur nie verheilenden Wunde Auschwitz kamen noch ganz anders geartete Verletzungen und Kränkungen hinzu. In den Briefen kann man davon auf geradezu verstörende Weise lesen.

1945 ist es die Liebe, die Améry zwar nicht aus seiner Verzweiflung rettet, aber wohl am Leben erhält. In seinen Liebesbriefen zeigt der gestrenge Stilist eine Neigung zum kindlich ausgelassenen Wortspiel. Dem »Mopserl«, wie er Maria Leitner nennt, schickt er als »blutarmes Haserl« gerne agrammatische Liebesgrüße, mit denen er sich ihrer intimen Vertrautheit versichert: »Ich bins ein freiwillig verlassener Viecherl und hab Sehnsucht nach umfusserln und eventuell sogar Mops-Geplazerl.« In seinem Abschiedsbrief schreibt er: »Ich danke Dir für alles, für so sehr viel, für den Jean Améry, der nur durch Dich, mit Dir bestand.«

Die Ehe war kinderlos, Améry hatte, lange vor seiner Folterung durch die Nazischergen, geradezu eine Genophobie ausgeprägt, die sich als veritable Abneigung gegen Kinder, ja gegen die bloße Idee der Fortpflanzung und als pathologischer Ekel vor Schwangeren äußerte. Es war geradezu ein Schock für mich zu lesen, wie Améry, dessen Humanismus ich fraglos, allerdings ungebührlich auf alle Sphären seines Lebens bezogen hatte, von Schwangeren, von kleinen Kindern schreibt: mit Ekel, Wut, geradezu mit Hass. Der bloße Anblick einer schwangeren Frau flößt ihm körperliche Abscheu ein, der Lärm spielender Kinder erregt namenlosen Zorn in ihm. Sexualität ist ihm, in merkwürdiger Umkehr der religiösen Tradition, nur denkbar, wenn sie von der Möglichkeit der Fortpflanzung getrennt wird.

Das kinderlose Ehepaar erschafft sich jedoch auf seltsam infantile Weise Ersatzkinder in Form von kitschigen Tieren aus Stoff und Plüsch, die Améry seine »Fetzenkinder« nannte und die in seiner Korrespondenz eine kurios bedeutende Rolle spielen. Unvorstellbar, dass sich der scharfe Selbstanalytiker nicht darüber klar war, in der Liebe zu den Stofftieren eine bizarr verrenkte Form von Vaterschaft auszuleben. Im Postskriptum seines letzten Briefes, den er »sterbend in Schuld« verfasste, verabschiedete er sich von der Ehefrau mit der Bitte: »schmeiß die Fetzenkinder nicht weg.«

Die meisten Briefe hat Améry an seinen Namensbruder und Lebensfreund Ernst Mayer gerichtet. Mit ihm war er seit der Schulzeit befreundet, als angehende Dichter hatten sie 1934 gemeinsam die Zeitschrift *Die Brücke* herausgebracht. Über die langen Jahre des Briefwechsels sehen wir, wie der eine, Améry, zu einem Ruhm gelangt, an dem er keine Freude hat, weil er dem Essayisten, Philosophen und politischen Intellektuellen, dem »ewigen Leidensjuden« gilt, nicht dem Dichter, und aus dem anderen ein honorabler Hofrat und Landesschulinspektor wird, der daran leidet, die literarische Berufung seiner Jugend aus den Augen verloren zu haben. So schreiben sie einander Briefe, als würde einer dem anderen jeweils die neuesten Eintragungen in seinem Tagebuch zeigen. Sorgfältig werden jedes Jahr die gemeinsamen Urlaube geplant; zwei Jahre nach Améry geht auch sein vertrautester Freund in den Freitod, den Selbstmord zu nennen sich Améry stets geweigert hat.

Keinem anderen hat Améry so unverstellt geklagt, woran er leidet, so ungeschützt gestanden, wonach er sich sehnt. »Wir haben uns Eltern und Geburtsland schlecht gewählt«, schreibt er 1976 aus Brüssel nach Wien, doch zur Anklage Österreichs gesellt sich unverweilt das Eingeständnis: »Ach, lieber Freund, ich möchte auf meine alten Tage heimkehren … Ich gehöre in unser Hügelland, das wir einst durchwanderten.« Dem Freund gesteht er, wie schwierig sich jene Ehe zu dritt gestaltete, auf die er seine Frau Maria verpflichtete, als er im Alter in heftiger Liebe zur jungen amerikanischen Germanistin Mary Cox-Kitaj entbrannte – »die letzte Leidenschaft eines alten Mannes«, der »diese Passion (im doppelten Wortsinne) braucht wie das Brot im KZ, um überhaupt noch Arbeits- und Geisteskräfte zu mobilisieren«. Und es ist Ernst Mayer, dem er bitter berichtet, dass die neue Linke, der er in Diskussionsveranstaltungen mutig klarmachen wollte, wie viel alter Antisemitismus sich in ihrem vermeintlich aufgeklärten Antizionismus verbarg, »mich auspfiff, weil ich für Israel eintrat«.

In seinem Essay aus dem Jahr 1976 klagte Améry darüber,

dass mit »dem Verfall der Briefkultur auch der Niedergang der guten Sitten« einhergeht: »Nichts ist demütigender als das ins Leere gesprochene Brief-Wort.« Er erwähnt, einmal einen Brief an Günter Grass geschrieben und von diesem keine Antwort erhalten zu haben. Was er nicht erwähnt: Einmal, ein einziges Mal hat er auch seinem großen geistigen Anreger, dem von ihm geradezu verehrten Jean-Paul Sartre einen Brief geschrieben, den dieser von seinem Sekretär beantworten ließ. Was sich darin erweist, wenn jemand Briefe nicht beantwortet? Eine »höchst verabscheuenswerte humane Indifferenz«. Diese wollte sich Améry, der unter der Last tagespublizistischer Arbeit ächzte, selber nicht zu Schulden kommen lassen, und so scheint er tatsächlich auf alle Briefe, die ihn erreichten, auch geantwortet zu haben.

Daraus ergaben sich mitunter spannende und anregende Auseinandersetzungen, wie etwa mit Inge Werner, einer jungen Österreicherin, die sich nach Lektüre von Amérys Büchern bewusst wurde, dass sie familiär in jenen Nationalsozialismus verstrickt war, von dem in Österreich damals fast niemand sprach. Ihr schrieb er geradezu liebevolle, aufmunternde Briefe des Inhalts, dass sie, die österreichische Nachgeborene, nicht »festgenagelt am Kreuz der Vergangenheit« zu bleiben brauche. »Sie waren weder Opfer noch Henker. Sie sind frei, frei jene neue Identität zu finden, nach der es Sie verlangt …«

1974 hatte Améry den Roman »Lefeu oder der Abbruch« vorgelegt (ja, so empfand er es: vorlegen). Kaum begreiflich, was er, auf dem Gipfel seines Ruhmes und vielleicht der berühmteste Essayist seiner Zeit, damals fürchten zu müssen glaubte: »Beunruhigend ist Reich-Ranicki, von dem ich nur hoffen will, dass er sich nicht beckmessernd über meine Arbeit hermacht …« So viel Lob und Anerkennung konnte er gar nicht bekommen, dass er nicht auf den einen Verriss versessen war. Und er kam, zuverlässig, als hochmütige, demütigende Abkanzelung unter dem Titel »Schrecklich ist die Verführung zum Roman«.

Vier Jahre später, 1978, wagt er es noch einmal mit einem Roman, im Herbst soll er erscheinen, »Charles Bovary, Landarzt«. Es wird ein Schreckensjahr, zu dessen Beginn er an den Freund Ernst Mayer die düsteren Worte richtet: »Ist es nicht merkwürdig: man ersehnt den letzten Frieden und hat doch Angst. Die blöde Kreatur ist in uns und beschämt des Geistes tiefstes Verlangen.« Winter, Frühling, Sommer, ein Vortrag nach dem anderen, »Bahnhöfe, Flugplätze, mehr oder weniger öde Hotelzimmer, ungeduldiges Warten …« Warten auf den Herbst und ob es gelingen werde, endlich auch als Romancier wahr- und ernst genommen zu werden, denn »ich bin ein sich Wandelnder und will nicht ewiglich mir den Mund mit dem Etikett Essayist verkleben lassen«. Vernünftig mit Améry zu reden, dass sein Lebenswerk auch ohne diesen Roman Bestand haben werde und den Beifall der Großkritik nicht benötige, war für seine Freunde, Gefährten, Bewunderer nicht möglich. Er wollte es nicht wissen. Das Buch erscheint, und Améry beschließt, die Rezensionen nicht abzuwarten. Bei der Direktion des Hotels, in dem er »den Weg ins Freie« nimmt, entschuldigt er sich brieflich in akkurater Handschrift »für die Umstände, die er bereitet«.

Es waren gezählte Tage und Wochen, die Ingeborg Bachmann und Paul Celan zusammen verbrachten, aber ihre Liebesbeziehung, innig, verquält, zerstörerisch, währte 22 Jahre und fand erst mit dem Tod Celans ihr Ende. Sie hat ihn mehr geliebt als ihr Leben, aber mit ihm zu leben, das gelang ihr nicht. Ein paar Mal haben sie versucht, nicht nur fordernde, kränkende, verzeihende Liebesbriefe zu schreiben, sondern als Liebespaar miteinander auszukommen – 1948 in Wien, 1951 in Paris, 1957 in München. Woran sie scheiterten, das erklären auch ihre Briefe, Postkarten, Telegramme, Widmungsgedichte nicht, die sich zu einem einzigartigen Briefwerk fügen und den Blick in einen Abgrund bieten. Im Mai 1948 haben sie sich in Wien kennengelernt, er ein junger Mann aus der Bukowina, heimat- und staatenlos, der seine ganze Familie in den Vernichtungslagern der Nationalsozialisten verloren hatte, sie eine begabte Studentin aus der österreichischen Provinz, deren Vater schon 1932 der NSDAP beigetreten war.

Geradezu fröhlich unterrichtete Ingeborg Bachmann ihre Eltern in Klagenfurt davon, dass sich der »surrealistische Lyriker Paul Celan«, auf den sie im Künstlerkreis des Malers Edgar Jené traf, »herrlicherweise in mich verliebt« hat: »Mein Zimmer ist momentan ein Mohnfeld, da er mich mit dieser Blumensorte zu überschütten beliebt.« Ein Davongekommener, war der 28-jährige Celan damals nur auf der Durchreise, fünf Wochen später zog er weiter nach Paris. Im April 1970 ging er dort, ohne jedes Vertrauen in die Welt und heillos zerrüttet, in die Seine. Ingeborg Bachmann fügte auf die Nachricht von seinem Tod ihrem Roman »Malina« das »Traumkapitel« um die Prinzessin von Kagran ein, in dem steht: »Mein Leben ist zu Ende, denn er ist auf dem Transport im Fluss ertrunken, er war mein Leben. Ich habe ihn mehr geliebt als mein Leben.«

Dass er beim »Transport« untergegangen sei, diese Formulierung schlägt den Bogen vom Selbstmord des Autors zum millionenfachen Mord an den Juden, dem Celan mit knapper Not, doch gezeichnet fürs Leben entronnen war.

Sein erster Brief enthält im Mai 1948 ein der Geliebten gewidmetes Gedicht, »In Ägypten«, das den Raum ihrer Liebe, wie sie anders für ihn nicht zu denken war, in neun Regeln für das Leben und das Schreiben nach der Shoa ausschreitet. Celan verbindet darin die Erinnerung an die Verbrechen mit dem fragilen Glück von heute, die Totenklage um drei jüdische Frauen mit der aufkeimenden Liebe zu »der Fremden«; diese Liebe kann nur sein, wenn die Geliebte bereit ist, das Gedenken an die Toten zu repräsentieren, und in beider Liebe zueinander auch seine – und ihre! – Liebe zu den Ermordeten aufgehoben bleibt.

Das Schreiben war für Celan ein großes, immer wieder erneuertes »Totengedenken« und das Gedicht eine »Grabschrift« oder gar »dieses Grab« selbst, wie er es über die »Todesfuge« formulierte, eben weil die Ermordeten kein Grab auf Erden haben. Sosehr sie seine Todesnähe als Dichter verstand und respektierte, so tapfer und ausdauernd kämpfte Ingeborg Bachmann darum, den Geliebten dem Leben zurückzugewinnen; seine Zurückweisungen ertrug sie mit erschütternder Duldsamkeit: »Schreib mir bald, bitte, und schreib, ob Du noch ein Wort von mir willst, ob Du meine Zärtlichkeit und meine Liebe noch nehmen kannst, ob Dir noch etwas helfen kann, ob Du manchmal noch nach mir greifst und mich verdunkelst mit dem schweren Traum, in dem ich licht werden möchte. Versuche es, schreib mir, frag mich, schreib Dir alles weg, was auf Dir liegt.«

Ingeborg Bachmann war sechs Jahre jünger als Celan, doch in den Briefen ist stets sie es, deren Liebe auch die Fürsorglichkeit für den anderen, die Sorge um seine seelischen und materiellen Nöte einschließt. Kaum ein Brief von ihr – und wie man erst jetzt, da der Briefwechsel zu lesen ist, recht ermessen kann: keiner ihrer literarischen Texte –, der nicht

Wendungen, Bilder, Gedanken Celans aufgriffe und umformte, in einem auch die künstlerische Arbeit umfassenden Dialog, in den sie mit ihm trat. Aber es ist, über all die Jahre hin, ein sehr eingeschränkter Dialog, war Celan doch zu solcher Hingabe an die Geliebte, zu vergleichbarem Interesse für das, was sie tat, zumeist nicht fähig. Sie ist es, die über seine Gedichte spricht, er tut Gleiches nur, um ihrem Glück, das er schlicht voraussetzt, sein eigenes Unglück und seine Einsamkeit entgegenzuhalten: »Für Deine Bemühungen um meine Gedichte danke ich Dir«, schreibt er, aber im selben Brief – vom 7. Juli 1951 – fegt er ihren Versuch, auch einmal über ihre schwierige Situation in Wien zu sprechen, mit kalt bemessenen Urteilen aus der gemeinsamen Korrespondenz: »Du hast bisher mehr vom Leben gehabt, Inge«, und »Du hast auch mehr Freunde, mehr Menschen, die um Dich bemüht sind, als wir andern.«

Was soll sie einem Mann darauf antworten, der das Arbeitslager als Skelett überlebt hatte und dessen Gedichte Gräber für die ins Gas Geschickten waren? Dass ihre Probleme mit dem sich männerbündisch formierenden österreichischen Literaturbetrieb, ihre finanzielle Misere, die Schwierigkeiten beim Studium nichts waren? Sie schrieb ihm: »Was Du auf das Intimste meiner Briefe zu antworten hast, weht mich sehr kühl an, aber ich verstehe und respektiere Dich zu sehr, um Bitterkeit in mir aufkommen zu lassen …«

Häufig thematisiert Celan den Erfolg, den die Geliebte hat. Nicht, dass er ihr den Erfolg neidet, er misstraut vielmehr schon der Bereitschaft, sich in der Welt zurechtzufinden. 1952 kommt er, auf ihr Drängen hin, zur Tagung der Gruppe 47 nach Niendorf. Während sie jedoch nach ihrem Auftritt als Principessa der Gegenwartsliteratur umschwärmt wird – die ihrem Status entsprechend später nach Rom übersiedelt –, macht die Riege der 47er, in der mehr Antisemiten zu finden waren, als es die Antisemiten unter ihnen glauben mochten, den wie traumwandelnd unter sie getretenen Paul Celan völlig nieder: Sein psalmodierender Vortrag der »Todesfuge«, beschied man ihm, habe die amüsierte Zuhörerschaft an den Schauspieler Heinz Erhardt erinnert.

1952 zerbricht die Beziehung. Während er der Bachmann noch bittere Vorwürfe machte, nicht zu ihm zu stehen, hatte Celan in Paris bereits Gisèle de Léstrange geheiratet, eine nicht unvermögende Malerin aus altem Adel. Ingeborg Bachmann wiederum hielt es durchaus freizügig: »Alles ist wie immer, ich habe Arbeit und Erfolg, Männer sind irgendwie um mich, aber es bedeutet wenig.« Viel bedeutete nur er, und als er ihr 1952 die Freundschaft anstatt der Liebe anbietet, weiß sie: »Ich habe auf alles gesetzt und ich habe verloren.« Was aber bedeutet Freundschaft – nach der Liebe? Dass die Verletzte, Gekränkte stetig besorgt ist, für ihn, der sie verletzt und gekränkt hat, Verbindungen zu knüpfen, die ihm Sicherheit geben, sein Misstrauen gegen die Welt mildern könnten. Fünf Jahre sehen sie sich nicht, schreiben sie kaum Briefe. Im selben Jahr 1953 veröffentlichen sie ihre epochalen Bände »Die gestundete Zeit« und »Mohn und Gedächtnis«. Sie gelten, unabhängig voneinander, als die zwei Autoren, die der deutschsprachigen Lyrik nach 1945 den Weg gewiesen haben – und sind doch, was selbst ihre Freunde nicht wissen, insgeheim ein Liebespaar, selbst in den Jahren, da sie den persönlichen Kontakt meiden.

1957 treffen sie sich, zufällig, wie es scheint, auf einer Tagung in Wuppertal, und die nie ganz erloschene Liebe flammt neuerlich auf. Jetzt ist es Celan, der monatelang um die Geliebte wirbt: »Du warst, als ich Dir begegnete, beides für mich: das Sinnliche und das Geistige. Das kann nie auseinandertreten, Ingeborg.« Oder: »Du bist der Lebensgrund, auch deshalb, weil Du die Rechtfertigung meines Sprechens bist und bleibst.« Aber auf ihrer Liebe liegt ein Fluch. Claire, die Witwe des Dichters Iwan Goll, hatte nach Lektüre von Celans frühen Gedichten, wie man heute weiß, Gedichte aus dem Nachlass ihres Mannes umgeschrieben, um in der Öffentlichkeit Celan als Plagiator und ihren verstorbenen Mann als den eigentlichen Schöpfer der unverkennbaren Celanschen Dichtersprache auszugeben. Es ist nicht übertrieben zu sagen, dass die Plagiats-Affäre für Celan zur lebensbedrohlichen Krise wurde. Panisch war er bemüht, Verbündete für seinen Verteidigungskampf zu finden, Bekanntschaften, Freundschaften und eben auch die Liebesbeziehung zu Ingeborg Bachmann wurden von diesem einen Kampf verschlungen. In seinem Nachlass wird man einen Koffer finden, der nichts als diese Affäre betreffende Materialien barg. Die Briefe jener Jahre bieten schauerliche Lektüre, denn Celan spürt hellhörig nicht nur dort antisemitische Untertöne auf, wo sie tatsächlich angeschlagen wurden; vielmehr scheint ihm die Welt überhaupt auf diesen Streit geschrumpft zu sein. Selbst als er 1960, im Alter von erst vierzig Jahren, den renommiertesten deutschen Literaturpreis erhält, wittert er überall Verleumdung, Verrat, eine Phalanx von Gegnern, »Hitlerei, Hitlerei, Hitlerei«.

Dies ist der Augenblick, an dem in der Geschichte dieser Liebe, die so wenig Glück gewährte, und ihrem aufwühlenden Briefwechsel zwei neue Protagonisten aufgerufen werden: Gisèle de Léstrange, die großzügige und geduldige Gattin, die mit Ingeborg Bachmann, der ewigen Geliebten, in einen Briefwechsel tritt, und Max Frisch, der sich auf das Drängen seiner damaligen Lebensgefährtin Bachmann hin mit beschwichtigenden Worten an Celan, ihren fernen Geliebten, wandte. Die Konstellation ist also unüberbietbar heikel.

Gisèle de Léstrange, seit 1952 mit dem Hungerleider aus Rumänien verheiratet und Mutter des 1955 geborenen gemeinsamen Sohnes Eric, ist die wahre Heldin dieser Liebesgeschichte ohne versöhnliches Ende, dieses Briefwechsels von Liebenden, die sogar ihre Lebenspartner zur Unterstützung aufboten. Sie, die von der hoffnungslosen Liebe unterrichtet war, wendet sich direkt an Ingeborg Bachmann, wirbt um Verständnis für ihren untreuen Ehemann, um Hilfe in der Plagiats-Affäre und versichert der Nebenbuhlerin: »Ich habe gelitten, das wissen Sie, als ich Paul sich entfernen fühlte … aber Sie haben so viel mehr gelitten. So viel mehr. Ich würde Ihnen gerne die Hand drücken.« Nach Celans Selbstmord schicken sie sich zu Herzen gehende Briefe, die frei von Eifersucht und Dünkel sind. Jede für sich und beide gemeinsam hatten sie den unglücklichen Celan nicht zu retten vermocht, doch sie sind so stark und empfindsam, einander zugleich mit Offenheit und Diskretion und mit echter Zuneigung zu begegnen.

Anders ist es mit Max Frisch, der sich zwar hilfreich zeigen wollte, aber nicht bereit war, die eigenen Ansprüche zurückzustecken. Der Schweizer Autor machte sich die Arbeit von fünf langen Briefentwürfen, bis er Celan so zu schreiben wusste, wie er es für angemessen hielt. Dann schlug er sich grundsätzlich auf dessen Seite, äußerte aber auch sein Missbehagen, selber von Celan auf »die Rolle eines zuverlässigen Anti-Nazi reduziert« zu werden, und gab dem Mann, der seit Monaten am Rande des psychischen Zusammenbruchs lebte, etwas zu bedenken, was diesen nur empören konnte. Frisch gestand nämlich, dass er selber froh sei, wenn sich ein Kritiker seiner Bücher als »politisch trübe Figur« erweise. Damit insinuierte er, auch Celan versuche womöglich seine »Regungen der Eitelkeit und des gekränkten Ehrgeizes« politisch zu legitimieren, indem er aus seinen Kritikern unisono Verschwörer in einem gegen ihn gerichteten antisemitischen Feldzug machte. Bemerkenswert, dass Celan die ihn ins Mark treffende Deutung, nicht allein ein verfolgter Jude, sondern auch ein gekränkter Dichter zu sein, keineswegs Frisch nachtrug, den er vielmehr in der Schweiz zur Koordination seiner publizistischen Verteidigung besuchte, sondern – Ingeborg Bachmann.

Die Briefe an sie werden um 1960 immer aggressiver. Spät erst hört sie auf einzulenken, verfasst sie einen selbstbewussten Brief des Abschieds und der Absage. Am 27. September 1961 fragt sie Celan, »wer bin ich für Dich, wer nach so viel Jahren?« Fragt, ob denn »ein Satz gegen Dich mehr bedeutet als dreißig Sätze gegen mich?« Sie begehrt auf dagegen, stets die Duldende, Verzeihende, die Fördernde, nie die Fordernde zu sein. Und schickt den Brief – nicht ab. In ihrem, nicht in seinem Nachlass werden ihn die Herausgeber des Briefwechsels finden.

In den Jahren danach tauschen die beiden nur sporadisch Kartengrüße aus, sie sehen sich nicht mehr. Ihr Leben aber verläuft im Gleichschritt. Die Jahreswende 1962/63 verbringen beide in psychiatrischen Anstalten, zwei Jahre später begibt sich Bachmann freiwillig in eine Nervenklinik, während Celan, nach einem Mordversuch an Gisèle, für Monate zwangsweise in einer geschlossenen Anstalt verwahrt wird. Der literarische Ruhm der beiden wächst und wird, fast dem Klischee vom leidenden Genie, vom Schmerz der Liebe wie der Kunst gemäß, mit bemerkenswert viel persönlichem Unglück bezahlt. Er geht mit fünfzig in Paris ins Wasser, sie verbrennt mit 47 in Rom.

Ihr Briefwechsel ist ein großer, ein düsterer Liebesroman, das Psychogramm eines Scheiterns, das beide Protagonisten selbst für exemplarisch hielten. Was das fortwirkende Verderbnis der Shoa für einen Überlebenden wie Paul Celan bedeutete; was es für eine Frau wie Ingeborg Bachmann bedeutete, vor dem Anspruch, den andere auf sie erhoben, den eigenen an ihre Kunst zu behaupten: das ist in diesem Briefwechsel nachzulesen, dem ich einzig den von Franz Kafka und Felice Bauer zur Seite zu stellen wüsste.

Stefan Zweig war nicht nur ein geschmeidiger Stilist und immens erfolgreicher Erzähler, sondern auch ein gewaltiger Briefsteller. Wie viele Briefe er tatsächlich geschrieben hat, kann man nur erahnen, es müssen Abertausende gewesen sein. Denn über Jahre hat er jedenfalls fünfzehn Briefe täglich verfasst und abgeschickt. Dabei oblag es ihm, dem berühmten Schriftsteller, mit jeder kleinen Karte ein gewisses sprachliches Niveau zu halten, und nicht wenige seiner an eine internationale Adressatenschaft gerichteten Briefe – viele von ihnen auf Französisch verfertigt – sind kunstvolle Prosa.

Ich blättere wieder in dem Band, der Briefe aus seinen letzten Lebensjahren vereint, der alte Zweig (alt? Er war 53, als es ins Exil, und 61, als er in den Tod ging) ist mir überhaupt der liebere, Briefe aus dem Jahrzehnt zwischen 1932 und 1942, das von politischen Katastrophen und der damit zusammenhängenden Verdüsterung seines Lebens geprägt war. Ein Autor wie er, der zu Lebzeiten in über fünfzig Sprachen übersetzt wurde und so etwas wie eine unablässig ratternde Schreibmanufaktur unterhielt, hatte in seinen Briefen natürlich vielerlei Verpflichtungen abzuarbeiten. Da galt es mit Verlegern verschiedener Länder über Vorworte und Nachworte und neue Projekte zu verhandeln und mit Übersetzern, Kritikern, Lektoren Kontakt zu halten. Diese Arbeit braucht man nicht als internationale Geschäftspost gering zu achten, sie wurde infolge der politischen Ereignisse umso wichtiger, als Zweig 1933 seinen deutschen Verlag verlor, sich zuerst in Wien neu zu orientieren versuchte, dann zu Gottfried Bermann Fischer nach Stockholm wechselte, dann in die USA zur Viking Press, dessen Leiter Ben Huebsch zu seinem Freund wurde, und endlich seine Verfügungen an den brasilianischen Verleger Abrahão Koogan sandte, der ihm 1941 half, eine Bleibe in Petropolis zu finden. An Koogan war auch sein letztes Schreiben gerichtet, mit dem er sich in der tiefen Verzweiflung des Exils aus dem Leben verabschiedete: »Mein lieber Freund, vor allem habe ich Ihnen zu danken für die Güte, die Sie mir zu Lebzeiten zuteil werden ließen, und ich muss Sie um Entschuldigung bitten für alle Mühen und Unannehmlichkeiten, die ich Ihnen durch meinen Tod bereite.« Mit solch ausgesuchter Höflichkeit (mit der sich 35 Jahre später Jean Améry schriftlich bei der Direktion für die Umstände entschuldigte, die er mit seinem Freitod dem Hotel Österreichischer Hof bereitete) wusste ein Mann in den Freitod zu gehen, der um das »alte Österreich« herzergreifend trauerte und an das »neue Europa« nicht mehr so recht zu glauben wagte.

Zur literarischen Betriebspost kamen die Nachrichten innerhalb des Olymps, die an Thomas Mann, Romain Rolland oder Sigmund Freud zu richten waren. Mit Rolland hatte Zweig seit 1910 korrespondiert, insbesondere die Briefe, in denen sie einander während des Ersten Weltkriegs versicherten, dass am Ende des Wütens ein von nationalem Hass befreites Europa erstehen werde, sind als Dokument einer europäischen Dichterfreundschaft ganz frisch geblieben. 1934 war es wiederum der in Paris lebende Rolland, an den Zweig einige seiner aufschlussreichsten Briefe schickte. Es ist ein Kapitel österreichischer Gemeinheit im Allgemeinen und Salzburger Niedertracht im Besonderen, von dem er dem Freund verstört berichtet.

Fünfzehn Jahre hatte Zweig in Salzburg eine Villa am Kapuzinerberg bewohnt, dort Gelehrte, Politiker, Künstler aus aller Welt empfangen und den alltäglichen Antisemitismus ignoriert. Im Februar 1934 ließ der klerikale Kanzler Dollfuß in die Wiener Arbeitersiedlungen schießen, die Sozialistische Partei verbieten, den Republikanischen Schutzbund auflösen und einige von deren Führern standrechtlich liquidieren. Hellsichtig schrieb der Großbürger Zweig an Rolland noch am selben Tag über die Arbeiter von Wien: »Sie haben nichts mehr zu verlieren, weil man ihnen alles genommen hat, aber sie haben sich Rache geschworen und werden sie mit den Nazis nehmen. Es ist das Ende für Österreich.« Wenige Tage später, am 18. Februar, wird Zweigs Haus in Salzburg von der Polizei durchsucht, Kerle in Uniform wühlen in seiner Autografensammlung und in seinem Wäschekasten. Weil er da und dort seine Sympathien für die große Bildungsbewegung, die die Sozialdemokratie der Zwischenkriegszeit war, bezeugt hatte, wurde Zweig verdächtigt, Waffen des Republikanischen Schutzbundes versteckt zu halten, ein Verdacht, der so abstrus war, dass ihn die Polizei wahrscheinlich selbst nur vorschützte. Eher war es ein Tribut an die Nationalsozialisten, die bereits überall im Land gegen die Juden hetzten. Zweig schildert Rolland die Hausdurchsuchung mit der gekränkten Ehre des weltberühmten Mannes, der erkennen muss, dass Ansehen und Verdienst bald nichts mehr bedeuten werden. »Ich schäme mich für Österreich«, schreibt er, der seine Heimat unmittelbar darauf verlassen, sein Haus verkaufen und nie mehr nach Österreich zurückkehren wird.

Zweig war durch die Vorkommnisse in Salzburg, seiner Lieblingsstadt, im Innersten getroffen. Nach dem »Anschluss« aber wuchs seine Depression zur heillosen Zerrüttung. Er wusste, dass es ihm materiell viel besser ging als fast allen seinen Kollegen, die ums nackte Überleben irgendwohin ins rettende Exil zu flüchten versuchten. Es ist erschütternd zu lesen, wie hilfsbereit dieser Mensch noch war, als er alle Hoffnung für sich selbst bereits aufgegeben hatte. Nicht alle haben ihm die Hilfe, die er ihnen zuteilwerden ließ, die finanzielle Unterstützung, die er ihnen gewährte, gedankt. Dankbar sein zu müssen ist eine Bürde, die sich am besten abstreifen lässt, indem man jenem zürnt, der diesen Dank verdiente, also Schuld an der unangenehmen, belastenden Bürde trägt. Der große Joseph Roth, der sich im Exil zu Tode soff, konnte mit regelmäßigen Überweisungen von Stefan Zweig rechnen, ließ sich aber hinterrücks über seinen freigebigen Freund aus, eben weil er es nicht ertragen konnte, ihm dankbar sein zu müssen.

Als er am 23. Februar 1942 mit seiner zweiten Frau Lotte in Petropolis aus dem Leben schied, hinterließ Zweig auf seinem letzten Schreibtisch eine »Declaração«, eine Erklärung, die mit den Worten endet: »Ich grüße alle meine Freunde! Mögen sie die Morgenröte noch sehen nach der langen Nacht. Ich, allzu Ungeduldiger, gehe ihnen voraus!« Tatsächlich rührte die Nachricht vom Tod Stefan Zweigs wie ein Donnerschlag in der weit verstreuten Gemeinde der österreichischen und deutschen Exilanten. Und nicht wenige haben den Ungeduldigen dafür getadelt, nicht ausgeharrt zu haben bis zum Sieg der Alliierten, bis zum Zusammenbruch des Dritten Reiches, als wäre dies die Pflicht jedes aufrechten Antifaschisten gewesen.

So leicht ist es auch wieder nicht, gegen die sechzig zu gehen, an der literarischen Ewigkeit zu arbeiten und sechs Geliebte zu haben. Noch dazu, wenn sie in der gleichen Stadt leben, intellektuell anspruchsvolle und sexuell fordernde Persönlichkeiten sind und jede von ihnen gerne die einzige wäre. Da ist der Aufwand, mit allen und allem zurande zu kommen, mit dem Alter, der Arbeit, der Organisation des Geschlechtslebens, schon ein gewaltiger, und darüber wird das Leben statt interessanter nur immer schwieriger: Der Liebhaber spürt den körperlichen Verfall, fürchtet, seine künstlerische Bestimmung zu versäumen, und verfängt sich in dem Netz, das er selber gesponnen hat und aus dem er nun kein Entrinnen mehr weiß. »Kurzum, es ist eine Hölle der Gejagtheit, einer Gejagtheit, in der es immer wieder um die Sicherung der Arbeit geht, da einzig und allein in dieser meine Existenz als solche, nicht nur die physische, zentriert ist.«

Die Hölle, Hermann Broch hat sie sich selber gezimmert und es sich in ihr eingerichtet. Sie war mit den Gespenstern seines schlechten Gewissens möbliert, mit denen zu hadern seine Lieblingsbeschäftigung wurde. Denn Broch, alles andere als ein leichtlebiger Verführer, war geradezu vernarrt in sein schlechtes Gewissen; nichts beschäftigte ihn inniger als die Frage, warum gerade er für dieses quälende Gefühl so begabt sei, wie er es sich beständig erhalten könne und was das für ihn und die Frauen bedeutete, um die er stets mit denkbar widersprüchlichen Signalen zu werben begann.

Eine jede ließ er vorab wissen, dass sie sich mit ihm ein arges Kreuz schultern würde, dass er schrecklich an dem Unglück leide, das er über sie bringen werde, und dass es eigentlich die »Nullogamie« war, die er ersehnte; »an den Schreibtisch anzugatten«, asketisch in seiner Arbeit zu verschwinden, das wäre sein wahres Lebensziel gewesen, aber da er dafür zu viril war, musste es eben der Liebesreigen sein. Auf jede einzelne Geliebte hat er sich in der Hoffnung eingelassen, endlich jene Ordnung in sein Leben zu bringen, die ihm ungestörtes Arbeiten an seinem großen Werk erlaube, aber mit jeder neuen wurde es schlimmer: Statt am literarischen Werk arbeitete er sich daran ab, seine Beziehungen zu arrangieren, die Frauen, die an ihm und ihrer Liebe litten, mit exzessiven Selbstanklagen zu trösten und gerade dadurch auf verquere Weise an sich zu binden; und das schlechte Gewissen, in das er darüber geriet, selbst zu analysieren.

Die Briefe an die Geliebte Ruth Norden und an seinen Psychoanalytiker Paul Federn, die der deutsch-amerikanische Germanist Paul Michael Lützeler aus dem verstreuten Nachlass sorgfältig ediert und geradezu verschmitzt kommentiert hat, sind in vielerlei Hinsicht aufschlussreich: Sie zeigen Broch im Gespräch mit einer politisch hellwachen Partnerin, einem väterlichen Freund – und ihn selber auf dem Weg zur politischen Wende seines Lebens; sie lassen erkennen, wie er sich die demokratische Neuordnung Europas nach dem Sturz des Faschismus dachte; sie gewähren Einblick in die Werkstatt eines großen Schriftstellers, der um seine Romane »Der Tod des Vergil« und »Die Schuldlosen« ringt und die tägliche Panik niederkämpfen muss, zu sterben, ohne zur Vollendung gelangt zu sein; und sie bezeugen, trotz der Perfidie, mit der er die Frauen an sich fesselte, gerade indem er sie auf Distanz hielt, den Humanismus eines Autors, der sich hilfsbereit und vorurteilsfrei für zahllose Kollegen verwendete und sich unter die moralische Verpflichtung stellte, jeden Brief, den ihm Leser oder Bittsteller schickten, auch zu beantworten. 1946, als er sechzig wurde, ächzte er monatelang unter der Last, die ihm sein Geburtstag ins Haus brachte: »An und für sich ist es grotesk, dass ein Menschenschicksal durch Korrespondenz zugrunde gerichtet sein soll, doch ich bin ein Beispiel dafür.«

Faszinierende Lektüre bieten diese Briefe, geschrieben zwischen 1934 und 1950, aber vor allem deswegen, weil man sie als Roman lesen kann, als Roman eines vertrackten Scheiterns, dessen Held sich nicht zu entwickeln vermag, sondern am Ende so unglücklich ist wie zuvor und nur älter, nicht klüger geworden ist. Der Ich-Erzähler dieses Romans, in dem sich der Protagonist fortwährend die Fallen stellt, in die er tappen wird, ist Hermann Broch, ein Erotiker mit selbstanalytischer Obsession, der sich schließlich nicht mehr um die Befriedigung, nur um die Befriedung seiner Geliebten sorgt.

Rastlos jagt er von der einen zur anderen, um sie zu beschwichtigen und der dritten von seinem Scheitern berichten zu können. Wie er die Frauen gegeneinander ausspielt, trickst er sich freilich selber aus, und dass er auch dieses begriffen hat, davon künden dann die Briefe, die er an seinen Psychoanalytiker schrieb; zu diesem, einem der treuesten Schüler von Sigmund Freud, war er nicht zuletzt deswegen gegangen, weil er sein Verhältnis zu Frauen selber als gestört empfand und die »Kraft meiner Neurosen« für gefährlich hielt; gefährlich für die Frauen und für sein Werk, um das es ihm hauptsächlich ging. Um an diesem in Ruhe arbeiten zu können, wollte er seine Sexualität »in der Ehe disziplinieren«, nur wusste er selbst nicht mehr, mit wem er sie schließen sollte.

1938 kam Broch, der nach dem »Anschluss« in Österreich

kurzfristig inhaftiert wurde, von England aus mit dem Schiff nach New York. In seiner Begleitung befand sich die Wiener Sozialarbeiterin Jadwiga Judd, die ihn bei seinen ersten Schritten im englischen Exil hilfreich begleitet hatte. Auf einen Termin für die Hochzeit hatten sie sich schon geeinigt. Aber in den USA wartete ja Ruth Norden auf ihn, wie alle von Brochs Freundinnen rund zwanzig Jahre jünger als er, eine aus Berlin stammende Intellektuelle, mit der er seit Jahren brieflich konversierte und die er mit verfänglichen Briefen schon längst auf sein Kommen vorbereitet hatte. Kokett bezeichnete er sich in den Briefen an Ruth, die ihn aus der Ferne bewunderte, als »alten Mann«, der unter dem »Gnaden-Fluch« stehe und seine künstlerische Schaffenskraft mit bitterer Einsamkeit zu bezahlen habe. Der Briefwechsel mit ihr ist von Anfang an auf eine sexuelle Beziehung hin angelegt und steckt zugleich voller Warnungen, dass ihn um seiner Kunst willen keine Frau je aus seiner Einsamkeit reißen dürfe. Was er Ruth insgeheim mitteilen wollte: Eine Geliebte brauche ich, die mir nicht zu nahe tritt.

Etliche Jahre hat sich die gebildete Ruth Norden, die in den USA rasch Karriere machte, leidend in diese Rolle gefügt; als der Krieg zu Ende war und sie an ihrer Selbstopferung gar zu sehr litt, überredete Broch sie mit allerlei politischen Argumenten, nach Deutschland zurückzukehren und dort am Aufbau eines demokratischen Pressewesens mitzuarbeiten. Strikt verlangte er von ihr: »Ruf mich nicht an!«, aber wenn sie es dennoch tat, bedankte er sich umgehend mit den Worten: »Das war nicht nur sweet of you, sondern auch süß.« Kaum dass sie weg war, begann er sie wieder zu hofieren.

Von Ruth Norden wusste seine Verlobte Jadwiga Judd vermutlich gar nichts; die Ehe verweigerte sie vielmehr, als sie Broch hinter das Verhältnis kam, das dieser bald nach der gemeinsamen Ankunft in New York mit der amerikanischen Autorin Frances Colby Rogers eingegangen war. Instinktiv scheint »der alte Mann« darauf geachtet zu haben, dass unter seinen Geliebten immer eine Frau, die ihn intellektuell anzog, mit einer konkurrierte, die er für sexuell attraktiv hielt. An dieser Konkurrenz litten aber nicht nur sie, sondern auch er selber – und seine redlich analysierten Gewissensqualen wurden so groß, dass er am Ende mit den Partnerinnen für geistvolle Gespräche nicht mehr diskutieren und bei den anderen keinen sexuellen Ausgleich mehr finden konnte. Die Impotenz ist daher das Thema vieler Briefe an Paul Federn, und wenn man genau hinhört, ist unter der männlichen Panik, von ihr befallen zu werden, fast so etwas wie Hoffnung zu vernehmen, durch sie endlich vom leidigen sexuellen Begehren selbst befreit zu werden.

Am wenigsten gemocht hat er von seinen Geliebten wohl die amerikanische Lyrikerin Jean Starr Untermeyer, die die Sisyphus-Arbeit auf sich nahm, den »Tod des Vergil« zu übersetzen. Sie war als Einzige ungefähr gleich alt wie Broch, der sie in einem verzweifelten Brief als »bourgeoise Hysterika« charakterisierte, »der jedes Feingefühl mangelt« und die es sich sogar herausnahm, ihn mit handgreiflichen Szenen der Eifersucht zu behelligen. Doch bittere Ironie, kaum hatte er sich von »der Untermeyerin« getrennt, war sie es, die er sich imaginieren musste, um mit den anderen Geliebten den Beischlaf vollziehen zu können. Ausgerechnet bei ihr erlebte er noch den Triumph der »Vollpotenz«, was er selber als regelrechte »Perversion« beurteilte, für die er sich »zutiefst schäme«. Paul Federn übrigens, dem er das alles beichtete, war er ähnlich widersprüchlich wie den Geliebten zugetan; er trachtete, so rasch wie möglich vom

Analysanden zum Freund zu werden, der nicht mehr zu den Sitzungen erschien, aber den Analytiker stattdessen seine Selbstanalysen zuschickte und mit ihm über diese ins Gespräch kommen wollte.

1948 kehrte Ruth Norden, enttäuscht darüber, dass die amerikanische Regierung im Kalten Krieg dazu überging, alte Nationalsozialisten auf verantwortliche Posten zu setzen, nach New York zurück. Jadwiga Judd, die Bildhauerin Irma Rothstein, Frances Colby Rogers, Jean Starr Untermeyer waren zu diesem Zeitpunkt als Heiratskandidatinnen schon aus dem Rennen. Aber da war noch Annemarie Meier-Graefe, Grafikerin und Witwe eines berühmten Kunsthistorikers, zu der er ein dezidiert »unplatonisches Verhältnis« unterhielt und die ihm geeignet erschien, der »Lust-Pflicht und Pflicht-Lust«, die ihm sein schlechtes Gewissen gegenüber Ruth auferlegte, zu entrinnen.

Gleichwohl blieb Ruth bis zu seinem Tod im Jahr 1951 seine Geliebte; zu ihrem vierzigsten Geburtstag klagte er in der Glückwunschkarte bitterlich darüber, »dass ich unglücklich bin, weil ich unfähig bin, Dir diesen Tag (samt aller anderen) schöner zu machen«. Erst nach seinem Tod wird Ruth Norden erfahren, dass der Mann, der sich der Ehe mit ihr verweigerte, weil er sie nicht vollends ins Unglück stürzen wollte, seit 1949 in geheimer Ehe mit Annemarie Meier-Graefe verheiratet war.

Merkwürdig genug, haben alle seine Geliebten Broch ein ehrendes Angedenken bewahrt. In ihren Erinnerungsbüchern berichten sie nur nebenhin von ihren Enttäuschungen, ihrer Verzweiflung, viel aber von dem edlen, dem unglücklichen Mann, der um ihretwillen so oft von seinem schlechten Gewissen gequält wurde. Dass er die Frauen unglücklich macht, ist das größte Unglück des Mannes.

4. Kapitel

Das Jahr der Bettler

Jetzt habe ich ihn doch wiedergetroffen, den traurigen Schriftsteller B., dem es zu Lebzeiten widerfährt, dass seine Bücher aus den Verlagsprogrammen verschwinden und sein Name vom Feuilleton vergessen wird! Mit dreißig publizierte er im wichtigsten Verlag des Landes, war er einer der Namen, die für das marktgängig so bezeichnete »österreichische Literaturwunder« galten, damals, als die Grazer aller Bundesländer auszogen, die deutschsprachige Literatur zu erobern (zu erobern?); mit vierzig wechselte er den Verlag, mit fünfzig die Verlage, die immer kleiner, aber deswegen nicht seriöser wurden, jetzt, an die siebzig, hat er Mühe, seine Texte, die er unverdrossen weiter produziert, alle paar Jahre in irgendeinem dubiosen Unternehmen unterzubringen.

Mir haben seine ersten Bücher, mit denen er, wenn nicht berühmt, so doch bekannt wurde, nicht gefallen, und mir gefällt auch nicht, wenn er jetzt mit herrischer Attitüde die Einsamkeit, das Unverstandensein preist, aber würde mich sonst nichts für ihn einnehmen, dann immerhin, dass er unerschütterlich so viele Jahre bei der Sache, bei seiner Sache geblieben ist. Er hat geschrieben, als er mit seinen Büchern ordentlich verdiente, er hat geschrieben, als er sich stattdessen um Stipendien bewerben und von Fördergaben leben musste, und er hat weitergeschrieben, als daraus Zuschüsse des literarischen Sozialbetriebs wurden. Er pflegt nicht zu klagen, wenn man ihn bei einer Veranstaltung trifft, sondern trägt sein Schicksal mit einem gewissen Stolz und Trotz, ja, vielleicht erhebt er gerade aus ihm den Anspruch auf Größe, und damit hat er natürlich recht, denn der echte, der wahre Schriftsteller ist der, der schreibend lebt, auch wenn er dafür nicht mit den Benefizien des literarischen Betriebs belohnt wird, sondern ohne Ruhm und Wirkung bleibt. Gestern aber, als ich ihm in Wien über den Weg lief, dort, wo die Lerchenfelder Straße bei einem aufsehenerregend grindigen Würschtlstand in den Lerchenfelder Gürtel mündet – als würde der Schlund der U-Bahnstation an diesem Imbissstand alles Unverdaute aus dem Bauch der Stadt herauswürgen –, hat er sofort zu klagen begonnen. Es war gegen zehn am Vormittag, er war wie üblich nach der Art eines stilvoll verarmten Landadeligen gekleidet und vermutlich vom vorangegangenen Abend verkatert; also in einer Verfassung, in der auch Glücklichere sich gerne weinerlich vom Leben und den Leuten gekränkt zeigen, und so fing er auch gleich darüber zu lamentieren an, dass er in der Buchhandlung ums Eck kein einziges seiner Bücher gefunden habe und es für sein seelisches Gleichgewicht besser wäre, Buchhandlungen zu meiden und Bücher allenfalls bei Amazon zu bestellen.

Wir stehen mitten im Verkehrslärm, der aus allen Richtungen dröhnt, und ich kann kaum verstehen, was er sagt, aber gut verstehen, was er meint, dass es nämlich hundsgemein sei, nicht nur heute ignoriert zu werden, sondern dass die Welt bereits dabei wäre zu vergessen, womit er gestern zum geachteten Autor geworden war. Als ich alleine weiterging, dachte ich mir, dass es schwer zu ertragen sein wird, vor seinem biologischen Tod diese Form des beruflichen Todes zu erleiden. Dann fiel mir der ältere Freund ein, der als Beamter über dreißig Jahre in derselben Behörde gearbeitet und etliche, die inzwischen selbst schon Amtsräte geworden waren, in ihren ersten Berufsjahren angeleitet hatte.

Als er drei Monate nach seiner Pensionierung an seinem Amt vorbeikam, fand er sich, geradezu ohne Absicht, plötzlich in diesem wieder, als hätten seine Füße gewusst, wonach seine Seele sich sehnte, ein unangekündigter, ihn selbst überraschender Besuch an seinem alten Arbeitsplatz (»Wirkungsstätte«), den er sich besser erspart hätte, denn als er im Amt erschien, das einst das seine gewesen war, bemerkte er gleich, dass ihn die Kollegen zwar freundlich, aber auch befremdet begrüßten, denn natürlich störte er, und natürlich verwunderte es sie, dass er sich in der Pension offenbar nach seinem Amt sehnte, während sie sich in der Arbeit allesamt bereits nach der Pensionierung sehnten. Beschämt brach er bald wieder auf, und als er durch die Gänge des Amtes schritt, bemerkte er, dass nichts an ihn erinnerte, daran, dass er hier mehr als dreißig Jahre gearbeitet hatte; er war erst drei Monate außer Dienst, und schon erinnerten sich die Gänge und Kanzleien, die Treppen, Nischen und Kammern, der Boden und die Wände nicht mehr an ihn. Aber musste irgendwas an ihn erinnern? Er redete sich gut zu, dass er immerhin viele Tausend Akten erledigt und so einige gute Dinge ermöglicht, viele wichtige Angelegenheiten hingekriegt und insgesamt dazu beigetragen hatte, dass das öffentliche Leben in seinem Bundesland nach gewissen Gesetzen geordnet blieb und sich gedeihlich weiterentwickelt hatte. Und doch verspürte er einen Schmerz der Kränkung, nicht nur, als er das Gebäude verließ, sondern immer, sobald er daran dachte, dass er nie wieder auf seinen Posten zurückkehren werde und dieser folgenlos mit einem anderen besetzt hatte werden können.

Ich tröstete ihn damals herzlos damit, dass auch die Kassiererin im Supermarkt, die dreißig Jahre die Waren der Kunden auf dem Laufband von links nach rechts an der piependen elektronischen Zählstelle vorbeischiebt, in diesem keine Spur ihrer Anwesenheit zu hinterlassen vermag; und gewiss weniger damit hadert als er, ihrer Welt der Arbeit entronnen zu sein. So belehrte ich ihn, und nahm mich insgeheim doch selbst von meiner Lehre der lebensklugen Resignation aus. Der Krankenpfleger weiß, dass er, längst namenlos geworden, Zahllosen, die längst namenlos geworden sind, beigestanden ist; die Lehrerin weiß, dass sie ein wenig in ihren Schülern fortlebt (wobei man sich im Leben der schlechten Lehrer besser erinnert als der guten); vielleicht vertraut auch die Kassiererin darauf, im Gedächtnis ihrer Stammkunden fortzuleben, und jedenfalls zählt sie für viele von ihnen zu jenen 2500 Menschen, auf die es der Mitteleuropäer durchschnittlich bringt, auf diese 2500 Menschen, zu denen der Städter im Laufe seiner Jahre ein persönliches Verhältnis entwickelt (wie intensiv er dieses auch ausformt).

Als gescheitert braucht sich von ihnen keiner zu fühlen, auch wenn sich verflüchtigt hat, was sie einst an Leben in ihre Arbeit gesteckt haben. Gescheitert ist nur B., der Schriftsteller, gescheitert sind mit ihm nur alle die Künstler, denen es nicht gelungen ist, in ihrem Werk ein Zeugnis ihrer selbst zu geben, das sie überleben wird, denn dies gehört zu ihrem Anspruch: dass die Kunst, auch wo sie sich mit ihrer Zeit auseinandersetzt, diese überdauert. Indes, was ist von all den berühmten und unbekannten deutschsprachigen Dichtern geblieben, von ihnen allen zusammen, die jeden Tag, jedes Jahr des 19. Jahrhunderts mit dem Feilen an ihren Versen verbrachten? Wenn ich es großzügig bemesse: eine Anthologie von zweihundert Seiten. Gescheitert? Wer sein Leben lang Gedichte schreibt, kann es gar nicht versäumt haben.

Ich sehe eine Sendung, die den Titel »Die fünfzig bewegendsten Fernsehmomente« trägt. Wenn etwas bewegender als nur bewegend ist, also das Gefühl so lange gesteigert wird, bis es gar nicht mehr mitkann, dann wird brutaler als brutal sein, was aufgeboten wird, unser Gemüt zu ergreifen. Zwei bewegendste Momente der Fernsehgeschichte (gibt es noch eine Geschichte, die keine Fernseh-Geschichte wäre?), die gleich hintereinander gezeigt werden, waren die Rede, die Martin Luther King an die amerikanische Nation hielt und in der er den Traum von der Gleichheit der Menschen beschwor – und die Hochzeit der schwedischen Prinzessin Viktoria, zu der die in phantastische Uniformen gesteckte Hocharistokratie Europas sich in der Kathedrale von Stockholm versammelte. Diese beiden Ereignisse haben nichts miteinander zu tun, können sinnvoll auch gar nicht verglichen werden, und es wäre wohlfeil, sie gegeneinander auszuspielen. Erbost aber merke ich an mir, dass es der Sendung um nichts als eine Gemütswallung geht, gleich wodurch diese geweckt wird und worauf sie sich bezieht, um die von Geist und Gefühl entleerte Emotion, die sich als vegetative Ergriffenheit äußert und uns eine Hysterie um ihrer selbst willen abverlangt.

Ich sehe die Gestalter der Sendung in ihrem Besprechungszimmer sitzen und planen, wie sich die Sendung abwechslungsreich und ausbalanciert hinbekommen lässt, zuerst ein imperialer Staatsakt, der den Untertan in uns Haltung annehmen lässt, dann eine Anekdote aus dem Leben einfacher Menschen, die uns erhebt, darauf ein Grubenunglück, das doch noch ein glückliches Ende fand – alle Kumpel aus dem Schacht gerettet –, endlich die Mächtigen, die aus äonenhafter Entfernung ganz nah heranzogen werden, du und ich als Milliardäre … Aus dem riesigen Archiv, in dem lauter bewegende Momente abgelegt sind, jene Bilder herauszusuchen, deren Abfolge unübertrefflich sinnfrei, aber unüberbietbar rührend ist, damit bringen die Sendegestalter ihre Tage zu, und niemand sage, das sei ein leichtes Amt, denn wie vieles gilt es da zu berücksichtigen, das Große und das Kleine, das zu Herzen Gehende und das statuarisch Zeremonielle, Glamour, Biedersinn, Niedertracht. Ich hoffe, dass in ihnen, wenn sie sich abends erschöpft in ein stilles Eck ihrer Wohnung verziehen und zum ersten Mal an diesem Tag für kurz innehalten, die quälende Ahnung zu scheuern beginnt, dass sie ihr Geld damit verdienen, die Leute mittels starker Gefühle herzlos und mittels historischer Informationen dümmer zu machen, und ich frage mich, ob sie dann traurig sein und alles, das Fernsehen, die Geschichte, die Menschheit, für ein großes Missverständnis und ihr eigenes Leben für verpfuscht halten werden.

Der gemessene Aufmarsch der Aristokraten, die umstürzlerische Rede des Predigers: Sie gelten gleich viel und damit beide nichts, denn ihr Wert besteht einzig darin, dass die einen, die aufmarschierenden Hochzeitsgäste, und die anderen, die Massen, denen der Prediger eine menschengemäße Zukunft weist, gleichermaßen dazu taugen, die fühllose Sentimentalität zu befeuern. Indem das eine mit dem anderen in eins fällt, wird Kings Rede jede Kraft und Würde geraubt, sie ist nicht mehr als die Ansprache an eine riesige Hochzeitsgesellschaft, wie umgekehrt die Vermählung einer sympathischen Prinzessin mit ihrem bürgerlichen Traummann zu einer Angelegenheit wird, die die Massen als Verheißung von Glück und Erfüllung erleben sollen.

In der Serie »Tatort«, von der mir im Laufe der Jahre nicht viele Folgen entgangen sind, denn auch ich brauche etwas, das mein Kirchenjahr sonntäglich strukturiert, gibt es eine einfache Regel, an der ich den Täter bereits erkenne, bevor er noch überhaupt in Verdacht geraten ist: Sofern ein solcher auftritt, gibt immer der Lehrer oder der Sozialarbeiter den Mörder. Wenn im Gymnasium ein Mädchen sexuell bedrängt und in den Selbstmord getrieben wird, ist es am Ende unausweichlich der Vertrauenslehrer gewesen, und das Schwein, das Waisenkinder an pädophile Lustmolche aus der guten Gesellschaft verschachert, ist stets der Sozialarbeiter mit dem dünnen Haaren und den runden Brillen. Aber die Kommissare kommen ihnen am Ende doch dahinter, und zwar sind es unter den vielen Kommissaren gerade die sympathischen, die, wenn es mit der Ermittlung nicht mehr weitergeht, den Verdächtigen unvermittelt am Genick packen, ihn anbrüllen und ankündigen, sie würden ihm entweder selber den Arsch aufreißen oder ihn mit dem Ruf, ein Kinderficker zu sein, in die Viermannzelle des Gefängnisses sperren lassen. Dann gesteht natürlich auch so ein Gutmensch, dass er in der Hilfsorganisation Brot für die Welt nur gearbeitet hat, um an afrikanische Sexsklavinnen heranzukommen oder in Malawi elektronischen Sondermüll zu entsorgen, und der Mitarbeiter des Kinderschutzzentrums, der sich gewohnheitsmäßig an seinen Schutzbefohlenen vergeht, gibt heulend zu bedenken, dass es die Kinder waren, die ihn verführt haben.

Der »Tatort« mit seinem sozialkritischen Anspruch setzt ein starkes Zeichen in der durchkommerzialisierten Gesellschaft, indem er die vorgeblichen Menschenfreunde notorisch als die größten Schweine entlarvt und die vermeintlichen Idealisten in sozialen Berufen unterkriechen oder sich ehrenamtlich um Asylanten kümmern lässt (natürlich nur, um diese leichter der privaten Ausbeutung zuführen zu können). Außer dem Schweinekobel der Pädagogen, Sozialarbeiter, Bewährungshelfer ist im »Tatort« noch ein weiterer Berufsstand nicht sonderlich beliebt, das sind die Journalisten. Die sind Pack, das gerne mit Ungeziefer verglichen wird, Zecken, Schmeißfliegen, und von den bayerischen Folgen der Serie mit den beiden besonders sympathischen Ermittlern Batic und Leitmayr, die auf so charmante Weise altern (miteinander und zusammen mit mir), könnte man annehmen, die Dialoge wären noch vom weiland bayerischen Ministerpräsidenten Franz Josef Strauß diktiert worden, der wusste, dass in der Presse Schädlinge untergekrochen sind, die man besser nicht informieren, sondern beschimpfen und einsperren soll.

Der »Tatort«, den mit einem mir selber immer rätselhafter werdenden Vergnügen anzusehen ich stets dieselben freudigen Vorbereitungen treffe, gibt ein gutes Bild der Gesellschaft, indem er seit Jahren gewohnheitsmäßig von der Verachtung des bürgerlichen Rechtsstaats zeugt und sich alle Kommissare und Kommissarinnen wie selbstverständlich illegal Zutritt zu Wohnungen verschaffen oder die von ihnen Verdächtigten unter Druck setzen. Am ärgsten treiben es dabei immer jene Ermittler, die rechtschaffen volkstümlich wirken, witzige Reden schwingen und ehrlichen Anteil am Schicksal der Benachteiligten nehmen, kurz, mit denen wir uns am leichtesten identifizieren können: So richtig cool und liebenswert sind jene, die sich ums Gesetz am wenigsten scheren und gerade deswegen der Gerechtigkeit zum Durchbruch verhelfen; was ihre natürlichen Feinde, die Anwälte, die eine fischkalte Meute aus gedungenen Rechtsverdrehern bilden, welche Mörder und Mordverschworene wider besseres Wissen auf freien Fuß bringen möchten, mit lauter Winkelzügen zu verhindern trachten. Das Böse, der »Tatort« lehrt es, sind die vorgeblichen Menschenfreunde, die freie Presse, der Rechtsstaat, der sogar so etwas wie Anwälte zulässt. Ohne all dieses Zeugs würden die vereinigten Kommissare der Fernsehrepublik mit den paar Korruptionisten, die es in der Gesellschaft auch noch gibt, rasch aufgeräumt haben; ach, wenn man sie nur ließe!

Das haben die deutschen Drehbuchautoren ihren skandinavischen Kollegen abgeschaut. Deren Kommissare kämpfen in einer durch und durch faschistoiden Gesellschaft von Rassisten ja ihren einsamen Kampf für das Gute, und am besten kann man sich gegen den allgegenwärtigen Faschismus natürlich mit … faschistischen Mitteln behaupten. Gunvald, der wackere Mann an der Seite des legendären Kommissars Beck, tritt in jeder Folge mindestens einmal einem Rechtsradikalen in die Eier, und den reaktionären Schlägern zerquetscht er mit Hochgenuss die Finger, damit sie sich, schreiend vor Schmerz, doch noch zur Wahrheit bekennen. Was die skandinavischen Krimis, deren Erfolg in der Welt gerade in der Botschaft gründet, dass die kriminelle Welt zu gut vernetzt ist, um ihr anders als mit kriminellen Methoden noch Herr werden zu können, je aufs Neue lehren: dass die Wahrheit nur unter Folter herauskommt und nicht Indizien, Beweise und dergleichen rechtsstaatlicher Mist vonnöten sind, sondern eine abgelegene Verhörzelle, in der die antifaschistischen Kommissare reinen Gewissens Guantanamo spielen.

Im österreichischen Fernsehen gibt es ein neues Mittagsmagazin. Darin fragt die Moderatorin eine Steuerberaterin, was sich nach den Gesetzen, die im Parlament beschlossen wurden, um die grassierende Korruption im Großen und Kleinen einzudämmen, denn für den einzelnen Bürger geändert habe. Sie wollte eigentlich fragen, wie sich der, der bestechen will, und jener, der bestochen werden soll, künftig verhalten müssen, um gesetzeskonform korrupt sein zu können. Das ganze, rund zehn Minuten lang dauernde Gespräch hat den einzigen Sinn, mit einer Expertin durchzuspielen, welche alte Formen von Bestechung neuerdings verboten sind und wie man sie daher durch neue ersetzen müsse, gegen die noch kein gesetzliches Kraut gewachsen ist. Feixend gefragt, antwortet die Steuerberaterin, die zudem als Rechtsanwältin approbiert ist, feixend: »Da heißt es eben kreativ sein«, und gleich zählt sie ein paar kreative Ideen auf, wie man auch künftig einen Beamten oder einen Geschäftspartner, den man gewogen stimmen möchte, mit schönen Aufmerksamkeiten bedenken könne, ohne deswegen schon einen Gesetzesbruch zu begehen. Der ORF ist ein staatliches Unternehmen, kein Wunder, dass er die Staatsbürger darüber informiert, wie sie ungestraft wider die Interessen der Gesellschaft ihre eigenen verfolgen können.

In meiner kleinen Stadt, am Grünmarkt, nahe dem Durchhaus, in dem jahraus, jahrein die asiatische Verkäuferin der Obdachlosenzeitung steht, gibt es einen traditionsreichen Marktstand, bei dem man Südtiroler Speck, französischen Käse, allerlei Köstlichkeiten kaufen kann. Ich gehe dort gerne vorbei und nehme fast immer etwas mit, nichts Großes, einmal einen speziellen Käse, dann auch wieder nur einen halben Liter Milch. Die Angestellten, allesamt der alteingesessenen Kaufmannsfamilie zugehörig, sind aufmerksam und freundlich, die eine von ihnen, eine junge Frau, fast noch ein Mädchen, ist mir besonders sympathisch wegen ihres sonnigen Wesens, sie kennt mich längst, und weil ich diesen unausstehlichen Hang zur freundlichen Konversation habe, wartet sie schon immer auf eine drollige Bemerkung von mir.

Wie meist sind auch heute vor dem Stand auf ein kleines Tischchen zwei Teller gestellt, von denen der eine mit Appetithappen vom »Käse der Woche«, der andere mit Scheiben einer offenbar neuen italienischen Salami belegt ist, zum Gustieren für die Leute, die vorübergehen. Ich packe gerade die zwanzig Dekagramm Serranoschinken und den Sauerrahm ein, die ich heute erstanden habe, als ein Mann, der sich in einem bedauernswerten Zustand von Verlotterung befindet, vorbeischlurft und sich, wie zuvor schon zahllose vor ihm, etwas vom Teller mit den Käsewürfeln nimmt. Mein sonniges Mädchen sieht das und sagt, wie nebenhin und ohne jedes Anzeichen von Verärgerung: »Jetzt hat er eh nur mehr einen einzigen Zahn in der Papp'n, aber zwei Stück Käse muss er haben.« Und blickt zuerst dem Mann, der langsam weiterstapft in Schuhen, von denen sich die Sohle schon zu lösen begonnen hat, hinterher und dann erwartungsfroh lächelnd zu mir. Sie glaubt, mir meine Freundlichkeiten, ohne die ich mich selten von ihrem Stand entferne, mit dieser originellen Bemerkung bedankt zu haben. Hölzern, wie ich es hasse zu werden, fällt mir nichts ein, als ein »Funs'n, blöde« herauszupressen, dann wende ich mich ab und haste heftig klopfenden Herzens davon. Entsetzt, getroffen, ratlos reißt das Mädchen die Augen auf, sie kann gar nicht fassen, dass ich, ein Mann mit ausreichend Geld, um regelmäßig bei ihr einzukaufen, den Elenden nicht dafür verachte, dass er nur einen Zahn und trotzdem Hunger hat. Denn wer in dieser Stadt nichts hat, soll wenigstens nicht an zu wenig Verachtung leiden. Sie ist ein braves Kaufmannsmädel aus Salzburg und fragt sich, warum ihr nicht schon längst aufgefallen war, dass dieser nette Kunde ein Irrer ist.

In meiner kleinen Stadt wurde vor einigen Jahren ein sogenanntes Bettlerproblem ausgerufen, dessen Kern darin besteht, dass eine wachsende Zahl von Salzburgern ein Problem damit hat, den Anblick bedürftiger Menschen zu ertragen. Wer sollte ihnen den Anblick ersparen? Immerhin sind sie weder gezwungen, jene zu beachten, die bei Wind und Regen am Boden kauern, noch sie, von denen viele kniefällig um eine Gabe bitten, mit Almosen zu bedenken. Sie sind es jedoch damit nicht zufrieden, selber nichts geben zu müssen, sondern wollen es auch den anderen verbieten lassen. Was sie verlangen, ist nicht weniger, als dass die Obrigkeit die Stadt endlich von dem Bettelvolk säubere. So einfach ist das aber heute nicht. Man kann nicht mir nichts, dir nichts bestimmte Gruppen von Europäern einfach aus einem europäischen Land hinauswerfen, weil sich irgendwer ihren Anblick ersparen möchte. Um die fremdländischen Bettler zu entrechten, ist es daher nötig, sie zuerst zu kriminalisieren. Darum taucht das Wort »Bettler« in der lokalen Presse nicht mehr ohne die Zusätze »Bande« und »organisiert« auf.

Lange hat es keine Bettler mehr gegeben in meiner Stadt. Als ich ein Kind war, waren sie noch allgegenwärtig, im Zentrum, aber auch in den Wohnvierteln: Die Blinden, die ihr Augenlicht im Krieg verloren hatten, die Beinamputierten, denen eine Bombe, eine Granate im Krieg den Körper versehrt hatte – sie alle bettelten, in nicht geringer Zahl, und obwohl (weil?) es den Menschen im Allgemeinen noch relativ schlecht ging, haben sie die Elenden nicht verachtet, sondern bedauert und ihnen ein wenig von dem Wenigen gegeben, das sie selber hatten. Die Kriegsinvaliden, die betteln gingen, sind irgendwann gestorben, und nach und nach hat sich in Österreich ein Sozialstaat etabliert, in dem nur mehr betteln musste, wer es (ich weiß, es klingt auch nachträglich noch kaltherzig) in gewissem Sinn als seine Lebensform gewählt hatte, weil er, krank oder durch einen Schicksalsschlag aus der Bahn geworfen, zwar nicht von seiner Arbeit leben, aber auch nicht dank staatlicher Unterstützung und amtlicher Fürsorge überleben wollte. Um diese gezählten Bettler der siebziger Jahre glaubte ich manchmal etwas von der anarchischen Aura der Clochards verspüren zu können, was wohl eher meinem sozialromantischen Wunsch als der Wirklichkeit entsprochen hat. Und dann waren sie unverhofft auf einmal wieder da, zu Beginn des neuen Jahrtausends, und so gering ihre Zahl anfangs war, sogleich wurden sie als Angreifer identifiziert, die zum Sturmlauf auf die schöne Stadt ansetzten.

Vor ein paar Jahren haben sich die Roma aus dem Osten Europas aufgemacht, den Europäern im Westen des Kontinents den Schrecken zu lehren. Wie recht sie damit haben! Seit dem Zusammenbruch des Kommunismus hat sich ihre soziale Lage und gesellschaftliche Stellung überall dramatisch verschlechtert: Die staatlichen Betriebe, in denen sie, die darüber oft ihrer eigenen Kultur verlustig zu gehen drohten, als Proletarier unter Proletariern gearbeitet hatten und vor ethnischer Diskriminierung und sozialer Verelendung geschützt waren, sind um ein paar symbolische Euro an Spekulanten verscherbelt oder von sogenannten europäischen Investoren, darunter genügend österreichischen, profitabel zu Tode saniert worden. Seither ist die Armut, in die viele Regionen der europäischen Peripherie gerieten, schier unentrinnbar gerade über die Roma verhängt, die von Tschechien bis Bulgarien zu den Verlierern der gesellschaftlichen Transformation gehörten. Sie waren die Ersten, die keine Arbeit mehr fanden und denen dies als individuelles Versagen, nein, als kollektive Unlust, als kulturelle Inferiorität, werktätig für das eigene Fortkommen zu sorgen, vorgeworfen wurde. Sie siedeln an den Rändern der kleinen und großen Städte, im Niemandsland von Autobahnzubringern, ausfransenden Gewerbezonen, Eisenbahnbrücken und in Siedlungen, die auf dem vergifteten Boden aufgelassener chemischer Betriebe am Rande von Dörfern entstanden und zu Slums verkamen, von denen es in Europa mittlerweile viele Hundert gibt.

Das alles ist schlimm genug, würde aber kaum jemand kümmern, wenn die Elenden nur geblieben wären, wo sie am Verrecken waren. Stattdessen aber haben sich Abertausende aufgemacht und sind sichtbar geworden. Ihre Sichtbarkeit ist der Skandal, der in unseren Medien heute als »Roma-Problem« bezeichnet wird: Dass sie in unseren schmucken Städten überall als Bettler aufgetaucht sind und wir sie sehen müssen, in ihren Lumpen und mit all ihrem zähen Überlebenswillen, das ist das Problem, das wir mit ihnen, nicht sie mit uns haben. Nicht die Armut auf einem da und dort verarmenden (und zugleich, natürlich, immer reicher werdenden) Kontinent ist das Problem, sondern dass wir mit ihr behelligt werden. Auch dass in einzelnen Ländern der Europäischen Union, zuvorderst in Ungarn, der Rassismus wieder mobil- und Jagd auf Roma macht, würde nicht ausreichen, dass die europäische Öffentlichkeit die Roma entdeckte; aber dass sich als Folge der sozialen Verelendung, der rassistischen Verfolgung zu Hause immer mehr von den dunklen Hungerleidern in unseren Städten zeigen.

Seitdem ich vor Jahren durch die Roma-Slums der Ostslowakei gekommen bin (sie »besichtigt habe«?), bin ich dafür, dass die Roma aus ihren Elendssiedlungen in das Reichsgebiet der Union aufbrechen. Nicht weil ich einfältig glaubte, dass sich ihre Armut und Entrechtung beseitigen ließen, indem man ihnen gewährt, sich bei uns als Bettler zu verdingen. Aber es ist einzig ihre körperliche Anwesenheit, ihre lästige und vielen so verhasste Sichtbarkeit, die uns zwingt, von ihnen überhaupt Kenntnis zu nehmen.

Warum, werde ich gefragt, müssen wir davon etwas wissen? Sind wir denn am Elend aller Welt schuld? Nein. Aber daran, dass sich die wirtschaftlichen Krisen Osteuropas verschärft haben, bis sich eine verarmende Bevölkerung an den Roma schadlos hielt und sie in die Flucht schlug, daran sind unsere transnational agierenden Konzerne, unsere sich im Osten so fürsorglich engagierenden Börsianer nicht unbeteiligt.

Vor ein paar Jahren hat es in der Finanzwelt kräftig gebebt. Die Springflut, die von diesem Beben ausging, hat alle Kontinente erreicht, selbst abgelegene Gebiete verwüstet und erheblichen Schaden auch in den gut gesicherten Ländern des Wohlstands bewirkt.

Wie hat die große Welt, wie haben wir in unserer kleinen Stadt auf die Erfahrung reagiert, dass eine schmale Schicht von Spekulanten weltweiten Schaden angerichtet hat? Haben wir uns dazu aufgerafft, sie in die Schranken zu weisen, Gesetze erlassen, die gefährliche Transaktionen untersagen, und neue Regeln aufgestellt, die es verhindern, dass sich Gleiches wiederhole? Mitnichten. Vier Jahre nach dem Debakel sind dessen Verursacher unangefochten in ihren Positionen und vollauf damit beschäftigt, wie bisher auf Sieg oder Untergang zu setzen. Kurz, wir haben uns damit abgefunden, dass wir gegen die ominösen Finanzmärkte nicht ankönnen und deren skrupellose Gambler auch weiterhin unbehelligt von uns agieren können, wie es ihnen beliebt.

Das ist nicht so schlimm. Denn wir haben ja andere, an denen wir, die wir zu dumm sind, um zu erkennen, wer unseren Wohlstand gefährdet, und zu feige, uns mit diesen anzulegen, unser Mütchen kühlen können. Da wir die ganz oben nicht erreichen (und insgeheim bewundern), halten wir uns an denen ganz unten schadlos. Man möchte es zwar intellektuell und moralisch kaum für möglich halten, aber glaubt man, was in der allgemeinen Erregung behauptet wird, dann leidet Salzburg an nichts so sehr wie – ja, an den Bettlern, von denen es rund hundert im Reiseverkehr eines Jahres bis nach Salzburg schaffen.

Wie konnte es zu einer solchen Deformation des moralischen Empfindens kommen? Wie können ausgerechnet jene, denen es sichtbar am schlechtesten von allen geht, den Hass so vieler auf sich ziehen? Eifrig zählte ein Lokalredakteur der *Salzburger Nachrichten* auf, wie viele Bettler er heute an welchen Plätzen gesichtet habe, sogar einen kleinen Stadtplan ließ er abdrucken, auf dem die von ihm ausgeforschten Bettelplätze markiert waren. Der Reporter, dem offenbar nie jemand das journalistische Ethos vermittelt hat, dass Recherche zu seinem Beruf gehört, ließ es dabei bewenden, mit ein paar Bettlern ein paar Worte zu wechseln und seine Zweifel darüber zu äußern, dass sie wirklich aus jenen Städten oder Staaten kämen, die sie ihm genannt hatten. Keine Rede davon, dass er sich überlegt hätte, den einen oder anderen zum Essen einzuladen und mithilfe eines Dolmetschers ordentlich zu befragen; oder gar, um Gottes willen, dass er sich auf die Socken gemacht und in die Orte gefahren wäre, aus denen die Elenden zu stammen behaupteten, um sich dort umzusehen.

Statt zu recherchieren und ihren Lesern Fakten zuzumuten, setzen bis heute alle Zeitungen der Stadt auf üble Nachrede, Denunziation, Verhetzung, und wenn sich das nicht ändert und sich nicht wenigstens die bürgerlich-liberale Zeitung endlich besinnt, wird es eines Tages schlecht enden. Gabriel García Márquez hat ein wunderbares Buch über ein grausiges Ereignis geschrieben, die »Chronik eines angekündigten Todes«; was sich in Salzburg ankündigt, ist ein Pogrom gegen die Bettler, deren Chronik zu schreiben ein düsteres Kapitel lokaler Pressegeschichte würde.

Freilich will heute niemand als gemütskalter Barbar gelten, und darum wird großes humanistisches Geschütz aufgefahren, auf dass menschenfeindliche Anliegen als praktizierter Edelmut ausgegeben werden können. Wer die Bettler aus der Stadt gejagt haben will, behauptet neuerdings gerne, er verbiete sich mitfühlend die kleine Gabe um der Bettler selber wegen, die alles, was sie erwirtschafteten, doch nur dubiosen Mafiabossen, die in sagenhaftem Reichtum in Transsylvanien schlemmen, abzugeben hätten, Bettlerbaronen, die sogar hartherzig genug wären, Behinderte zur Sklavenarbeit zu zwingen. Und welcher Salzburger hätte den bejammernswerten jungen Mann noch nicht gesehen, der täglich, so weit vornüber gebeugt, dass er den Blick kaum vom Boden zu heben vermag, mit spastisch verrenkten Beinen, die Hand flehend ausgestreckt, in der Nähe des Mirabellparks unterwegs ist? So jemanden zum Betteln auszuschicken, wäre in der Tat ein Verbrechen. Jetzt sind ihm allerdings aufmerksame Beobachter, die den Versehrten bis zu dem Versteck verfolgten, in dem er sich nach getaner Arbeit umzog, dahintergekommen, dass der Ganove gar nicht behindert ist, sondern sein schweres körperliches Gebrechen mit geradezu artistischen Verrenkungen nur vorgetäuscht hat. Und was lassen unsere Humanisten nun verlauten? Jetzt entrüsten sie sich darüber, dass der Körperbehinderte gar nicht körperbehindert ist! Und die Polizei berichtet von dem stolzen Erfolg, zwei Bettler, die einen körperlichen Defekt nur vorgetäuscht hatten, wegen gewerbsmäßigen Betrugs bei der Staatsanwaltschaft zur Anzeige gebracht zu haben. Kurz, was der Bettler tut, ist einerlei, in seiner Armut liegt die Schweinerei.

(Gestern, im Geschäft: Die Angestellten empfangen mich mit einem Lächeln, obwohl ihnen nicht danach ist, und verabschieden mich, indem sie mir einen wunderschönen Tag wünschen, von dem ihnen redlich gleichgültig sein darf, was er mir noch bringen wird: ein klarer Fall von gewerbsmäßigem Betrug.)

Die sich wie von selbst verstärkende Hetze gegen die Bettler hat selbst bei sonst aufgeklärten, toleranten Leuten böse Wirkung gezeitigt. Diese Hetze ist verwerflich, nicht nur weil sie gegen die Schwächsten schlägt und damit einem urtümlichen Gefühl des Menschen für Gerechtigkeit widerspricht, sondern auch, weil sie uns einen Sündenbock präsentiert, an dem wir uns abreagieren sollen, auf dass wir uns abfinden mit den großen Verbrechen und darüber dumm und gefühllos werden. (Diese Lust, sich an Schwächeren schadlos zu halten, diese Feigheit, sich nicht mit den Mächtigen anzulegen!)

Inzwischen muss, wer in Salzburg einem Bettler ein paar Euro schenkt, damit rechnen, angepöbelt und beschimpft zu werden. In einem Interview forderte der christlich-soziale Vizebürgermeister Preuner die Salzburger auf, die Polizei zu verständigen, sobald sie irgendwo einen Bettler entdeckten oder den Verdacht hegten, dass Roma in einem Waldstück nächtigten. Die etwas besitzen, sollen künftig jene bei der Obrigkeit anzeigen, die nichts besitzen, und die ein Dach über dem Kopf haben, mögen die Verstecke derer aufspüren, die über keines verfügen. Der Appell, der an den inneren Blockwart jedes einzelnen Salzburgers gerichtet ist, wird seine Wirkung nicht verfehlen.

Nun ist der Dalai Lama auf seiner Reise durch Österreich auch nach Salzburg gekommen. Da war was los! Politiker aller Parteien boxten darum, mit dem Mann, der sich gerne demütig verneigt, bittend die Hände faltet und nicht gerade korrekt mitteleuropäisch gekleidet ist, aufs Bild zu kommen. Künstler und Intellektuelle, die es sonst religionskritisch halten und sich niemals im vertrauten Gespräch mit einem katholischen Bischof zeigen würden, huldigten dem Besucher, den seine Anhänger mit »Eure Heiligkeit« ansprechen. Und Tausende in der großen Arena im Messegelände lauschten ergriffen, als das geistliche Oberhaupt der tibetanischen Buddhisten die Grundsätze seiner Religion darlegte und den Frieden als höchstes Ziel, die mildtätige Bereitschaft, für die Armen und Schwachen einzutreten, als edle Tugend pries. Seine heroisch gegen die chinesische Besatzungsmacht kämpfende Armee besteht aus unbewaffneten Mönchen, die um ihre tägliche Nahrung betteln, und aus Gläubigen, arm und zerlumpt, die bisweilen in Fernsehberichten zu sehen sind, wie sie von uniformierten Schlägergarden gejagt werden. Man konnte den Eindruck gewinnen, ganz Salzburg habe dem Hochmut und der Selbstsucht abgesagt und sich spirituell von diesem freundlich lächelnden Mann aus der fernsten Ferne bekehren lassen.

Niemals war die Sympathie für das unterjochte Tibet größer als jetzt. Die Tibeter, mit denen in den letzten Wochen reiche und arme, ruhmsüchtige und hilfsbereite Menschen, erprobte Internationalisten und gewohnheitsmäßige Ausländerfeinde öffentlich sympathisierten, haben einen großen moralischen Vorzug: Sie leben unendlich weit von uns entfernt. Ihr Elend kann man mit aufrichtiger Emphase beklagen, ohne sich der Zumutung auszusetzen, seiner je vor der eigenen Haustür ansichtig zu werden. Das sind vorbildliche Arme, wie wir sie achten: Repräsentiert von einem medial erprobten Mann, bleiben sie selbst hübsch in der Ferne, und die Solidarität mit ihnen kann man gegebenenfalls per Abbuchung vom Konto pflegen, ohne in Gefahr zu geraten, mit einem dieser Hungerleider in persönlichen Kontakt treten zu müssen. Die hässlichen und gefährlichen, die verächtlichen Armen sind immer jene, die unter uns leben und sich frevlerisch erlauben, ihre Armut als Schande unserer Tage sichtbar werden zu lassen.

Die Nächstenliebe verlangt einem bekanntlich mehr ab als die Fernstenliebe. Und der Dalai Lama hatte Salzburg auch gerade erst verlassen, schon war es wieder vorbei mit dem Frieden in der Stadt. Was sich lange angekündigt hat, ist endlich geschehen, die Horde von Hooligans hat sich gefunden, die ausführte, was geradezu bestellt wurde. Etwa zwanzig von ihnen stürmten im Stadtteil Lehen ein Abbruchhaus, in dem eine Großfamilie rumänischer Bettler hauste. Mit Holzlatten und Eisenstangen wurden die Roma aus dem Haus geprügelt, sie verbargen sich nach der ungeregelten Flucht vermutlich in den Salzachauen und sind seither irgendwohin weitergezogen, in eine andere Stadt, ein anderes Land. Keiner von ihnen erstattete Anzeige, was es der Polizei erschwert, den Vorfall aufzuklären. Das ist aber auch gar nicht notwendig, denn der Gesellschaft ist die Sache ohnedies klar.

Politiker und Journalisten, die sich gerade noch in edler Solidarität mit den Tibetern zu übertreffen versuchten, warnten nach dem Angriff auf die Roma vor einer inakzeptablen »Selbstjustiz« und verrieten schon mit diesem Wort, dass sie mit den Hooligans insgeheim eines Sinnes waren: Denn welches Verbrechen hatten die Roma verübt, dass man von »Justiz«, und sei es in der verwerflichen Form der »Selbstjustiz«, sprechen konnte? So wurden aus den Überfallenen flugs Täter, die die Attacke, die gegen sie geführt wurde, selbst verschuldet hatten. Ausgerechnet der Überfall auf sie wurde zum günstigen Anlass genommen, das Betteln selbst neuerlich zum kriminellen Akt zu erklären. Ein Rom, der bettelt, geht seiner Tätigkeit immer »aggressiv« nach, denn diese selbst stellt bereits die Aggression dar, mag er dabei auch den Blick devot zu Boden gerichtet, die Hände schweigend erhoben und stundenlang an derselben Stelle im Regen gekniet haben.

Eine pikante historische Pointe liegt darin, dass der Mob von Lehen, der die Roma prügelnd vertrieb, aus türkischen Jugendlichen bestand. Ihre Eltern haben eine benachbarte Straße in den letzten zwanzig Jahren zu einer Art von Kebab-Boulevard ausgebaut, wobei auch mancher einheimische Geschäftsmann genötigt wurde, das Revier zu räumen. Die tüchtigen türkischen Neusalzburger rechtfertigen den Angriff ihrer tapferen Söhne auf Greise, Frauen und Kinder mit der simplen Begründung: »Wir wollen diese Leute hier nicht. Sie sind eine Plage.« Das mögen vor dreißig Jahren manche wohlanständigen Salzburger auch von ihnen gesagt haben.

Fragen über Fragen: Deine Empörung, ist sie nicht selbstgerecht? Du klagst, dass eine Stadt von 150 000 Einwohnern die Anwesenheit von hundert Bettlern nicht ertragen mag. Wie viele soll sie, muss sie ertragen? Tausend? Wie viele bist du selbst bereit zu ertragen: 10 000? Ärgerst du dich in Wahrheit nicht längst selbst, wenn du auf deinen Wegen an jeder Ecke wieder eine der zerlumpten Gestalten kauern siehst? Und gestehst dir deinen Ärger bloß nicht ein, weil du es dir nicht nachsehen könntest, ihn mit der Meute zu teilen? Hast nicht auch du angefangen, sie zu zählen, wenn du die Altstadt durchquerst? Erfüllt dich womöglich weniger Sympathie für die Bettler als Verachtung ihrer Feinde?

Seit Tagen gibt sich der Sommer Mühe, die Temperaturen schon früh auf Rekordhöhen zu treiben. Seit Tagen sitze ich in meinem Arbeitszimmer unter dem Dach, in dem es im Winter kälter, im Sommer heißer ist als in den anderen Räumen der Wohnung, an schlechten Tagen langweiliger und an guten spannender als sonst wo auf der Welt. Ich blättere in den Notizen, die ich mir gewohnheitsmäßig mache, auch um mir in den Krisen der Einfallslosigkeit ein paar Ideen von mir selbst borgen zu können, und stoße auf das interessante Phänomen der Nacktheit, das aber historisch mit der Hitze wenig zu tun hat; hüllen sich doch jene Völker in lange, den ganzen Körper und selbst das Haupt bedeckende Kleider, über die die Sonne länger und heißer zu brüten pflegt als über andere. Sich das Gewand bei den ersten Anzeichen von Erwärmung vom Körper zu reißen, ist eher eine Angewohnheit von Menschen, denen das Jahr über oft kalt war. Keiner röstet seinen entblößten Körper so ausgiebig an den Stränden des Südens wie die bleichen Menschen des Nordens, die sich der Hitze aussetzen, weil sie sich des Genusses wegen dazu verpflichtet fühlen.

Nicht um diese Nacktheit geht es mir jedoch. Vielmehr habe ich Nachricht von zwei merkwürdigen Formen der freiwilligen Entblößung erhalten, die nicht mit Sport, Sex, Schönheit, Sonne, sondern mit Konsum und mit Kunst zu tun haben.

Aus dem nordfriesischen Süderlügum, einem Ort an der dänischen Grenze, wird vermeldet, dass ein Supermarkt eine Stunde, nachdem er eröffnet wurde, von der Polizei befristet wieder geschlossen werden musste. Der Leiter des neuen Marktes war auf die glänzende Idee gekommen, den ersten hundert Kunden, die den Supermarkt nackt betreten, freien Einkauf in der Höhe von fünfzig Euro zu versprechen. Es kam, wie es kommen musste, halb Süderlügum, ein beschauliches Städtchen, fand sich nackt vor dem Supermarkt ein, die Leute einzig angetan mit Körben, in denen sie die vermeintlich billigen, weil nur mit Entblößung des Leibes bezahlten Waren zu verstauen gedachten. Anfangs soll die Stimmung unter den bereits Stunden vor der Eröffnung eintreffenden Süderlügumern ausgelassen gewesen sein: Wer ist nicht guter Laune, wenn er zum ersten Mal die resolute Nachbarin in ihrer unverhüllten Schönheit erblickt oder den peinlich korrekten Finanzbeamten kennenlernt, wie ihn Gott oder immerhin dessen intelligentes Design erschaffen hat?

Bald aber, stelle ich mir vor, kippte die Stimmung, denn immer mehr Nackte werden eingetroffen sein und sich näher zum noch versperrten Eingangstor zu drängen bemüht haben, sodass sich Leib an Leib rieb, was die Süderlügumer aber weniger erregte als aufregte. Die paar Einwohner, die sich bekleidet von der Qualität des neuen Supermarktes überzeugen wollten, hatten längst das Weite gesucht, als Angezogener fühlt man sich unter Nackten rasch unwohl.

Es ist einige Jahre her, dass mich ein Maler bat, für einen Katalog, den er für seine Ausstellung drucken lassen wollte, einen Beitrag über ihn und seine Bilder zu verfassen. Solche Arbeiten, die mich ein Stück weitab meines eigenen Weges führen, übernehme ich gern, eben weil sie mich dazu nötigen, mich über Dinge kundig zu machen, von denen ich noch zu wenig weiß. Der Maler lud mich in sein Atelier, damit ich ihn bei seiner beruflichen Tätigkeit beobachten und mir mein eigenes Bild seiner Arbeit an Bildern machen konnte. Als ich eintraf, stand er bereits vor einer Staffelei und setzte auf ein großes Stück Papier mit dem Kohlestift eher provisorische Striche, wie mir schien, wobei er immer wieder zu der Frau schaute, die etwa drei Meter entfernt auf einem ziemlich klapprigen Stuhl saß, den Oberkörper schräg nach hinten gelegt, den Kopf in die rechte Hand gestützt, die Beine, leicht gespreizt, unter der Stuhlkante angewinkelt, und die im Übrigen nackt war. Sie lächelte mir, als ich eintrat, freundlich zu, ohne ihre Haltung auch nur im Geringsten zu verändern, und hielt sich, während ich dem Maler über die Schulter schaute, die ganze Zeit völlig reglos und still. Sie blickte geradeaus dorthin, wo wir standen, und schien keineswegs durch uns hindurchsehen zu wollen, sondern fasste uns vielmehr gleichmütig selbst ins Auge.

Da verspürte ich eine unerwartete Beklemmung. Der Maler, der über einen gewissen Ruf in der Aktmalerei verfügte, hatte mir schon von den Leuten erzählt, die ihm Modell saßen, und gemeint, die einen täten es, um ein wenig Geld zu verdienen, die anderen um der Kunst willen und einige vermutlich, weil sie sich nicht ungern nackt präsentierten, ihm wären die am liebsten, die es für Geld taten. Ich verspürte, wie eine mich selbst überraschende Scheu, die Frau mit den Augen und aus der Perspektive des Malers zu betrachten, von mir Besitz ergriff, und fragte mich unwillkürlich, zu welcher der drei Gruppen sie wohl gehörte. Ihr ruhiger Blick auf mich, den Angezogenen, ließ mich jedenfalls die Augen von ihr, der Nackten, abwenden, ich setzte mich endlich auf einen Stuhl und drehte ihn so, dass ich mich mit dem Maler von der Seite her unterhalten konnte, ohne dabei zugleich mit der Frau in Blickkontakt bleiben zu müssen. Es war eine peinigende halbe Stunde, die ich im Atelier verbrachte, ich war froh, als ich den Maler und sein Modell wieder alleine lassen und mich entfernen konnte. Abends, als ich mir ein paar Notizen für den Text machte, den ich für den Katalog schreiben wollte, fiel mir auf, dass ich mir den Leib der Frau nicht vergegenwärtigen konnte, nicht einmal, ob dieser eher füllig oder mager war, wusste ich zu sagen, und auch nicht, ob die Frau dreißig oder fünfzig Jahre zählen mochte, nur dass ihre Augen, vor denen ich die meinen niederschlug, hell waren, daran glaubte ich mich zu erinnern.

Als der Süderlügumer Geschäftsführer die Eingangstür endlich aufsperrte, wurde er von der Herde überrannt, in der Fleischabteilung soll es zwischen Rohschinken, Bratwürsten und Masthühnern zu den ersten Schlägereien gekommen sein, bei den Kosmetika gingen die Kunden, die in ihrer nackten Unschuld ja nicht zurück zur Natur, sondern hin zu den Regalen wollten, bereits dazu über, sich mit Stößen aus

Spraydosen gegenseitig außer Gefecht zu setzen. Die Polizei wurde gerufen, sie rückte, unfairerweise uniformiert und nicht naturistisch, in Mannschaftsstärke an und räumte den Supermarkt, in dem Verletzte und Versehrte um die letzten Waren rauften.

Das geschah nicht in einem subsaharischen Hungerland, sondern in Deutschland, und die Polizei geht davon aus, dass es sich nicht um eine Revolte von Sozialhilfeempfängern gehandelt hat, die sich einmal mit Dingen eindecken wollten, welche sie sich anders schon lange nicht mehr leisten können; die den Supermarkt stürmten, waren vielmehr biedere Leute, die nur halt darauf dressiert sind, nicht prüde oder gschamig zu sein und etwa den Schwanz einzuziehen, wenn sie ein Schnäppchen erjagen können.

Zur selben Zeit, ein paar hundert Kilometer weiter im Süden, fanden sich 1700 Münchener ein, um für den amerikanischen Fotografen Spencer Tunick vor der Bayerischen Staatsoper die Kleidung abzulegen. In der Staatsoper wird gerade Wagners »Ring des Nibelungen« gegeben, und Tunick versteht seine Aktion als begleitende Interpretation der Oper. Inwiefern, darüber ist er sich selbst noch nicht ganz klar; überhaupt, sagt er, werde in seine Aktionen, mit denen er die Nackten aller Kontinente zu vereinen weiß, zu viel hineininterpretiert. Als sich vor vier Jahren Abertausende im Wiener Fußballstadion auszogen und auf Tunicks Geheiß hin probeweise von da nach dort verfügten, haben Kunstkritiker geraunt, er wolle mit so vielen seinem Befehl unterstellten Körpern auf die Deportation der Juden von Wien anspielen. Im Gegenteil, antwortete er nun in einem verspäteten Interview in der *Süddeutschen Zeitung*, es habe ihn vielmehr gereizt, fotografisch den freudvollen Anblick nackter Menschen im öffentlichen Raum festzuhalten. Im selben Interview weist er es auch von sich, dass er vor der Erderwärmung habe warnen wollen, als er 700 Nackerte auf den Schweizer Aletschgletscher bat, oder vor der Gefahr, dass das Rote Meer austrocknen könnte, als 1200 seinem Aufruf folgten, sich dort in streng von ihm komponierten Gruppen aufzustellen. Nein, er fotografiere Nackte gern, weil er sie für schön halte, »zumindest aus einer gewissen Entfernung«.

Hoppla! Da frage ich mich natürlich, was das heißen soll: Schönheit aus der Entfernung, Schönheit mittels Entfernung? Wer den Menschen nur schön findet, wenn er ihm nicht zu nahe kommt, findet ihn vermutlich gar nicht schön, zumindest nicht in seiner Körperlichkeit, zu der ja auch das gehört, was aus der Nähe betrachtet als unvollkommen erscheinen mag. Was Tunick schön findet, ist also nicht der Einzelne in seiner Nacktheit, sondern die Masse Mensch, der Haufen Fleisch, den seine Helfer mal mit roter, dann weißer oder schwarzer Farbe übergießen und nach seinen Anweisungen in immer neuer Ordnung auf die Fleischbank seiner Kunstperformance auflegen. Es geht ihm also um die anonyme, in die Distanz verwiesene, aus der Distanz beherrschte Masse Mensch.

Das ist zwar befremdlich, aber auch wenn ich dem Mann so wenig wie den Einkäufern von Süderlügum nachzueifern begehre – was er will und was sie wollen, kann ich immerhin nachvollziehen. Er will, was schon vor Leni Riefenstahl und erst recht nach ihr manche Regisseure und Fotografen eben wollten: die disziplinierten Massen fotografieren und ihnen dabei die eigene ästhetische Marschordnung aufzwingen. Die wackeren Süderlügumer wiederum wollten sich gratis so viel wie möglich in ihre Taschen stopfen, deren dazugehörige Hosen, Röcke und Jacken sie allerdings vorher hatten ablegen müssen. Der eine will Massen fotografieren, die froh sind, ihm Modell stehen zu dürfen, ohne dafür bezahlt zu werden, die anderen wollen massig viel einkaufen, ohne dafür bezahlen zu müssen.

Nur eines bleibt mir unerfindlich, bei all den Nackten dieses Sommers: Was, verdammt, geht in den Kunstfreunden vor, die sich für Tunick entkleiden und versammeln, die sich mit Farbe bemalen und zu wechselnden Formationen ordnen lassen, um dann auf seinen Riesenfotos das anonyme Füllmaterial abzugeben? Ich vermute, hier wirkt ein unbedingter Wille zur Kunst, das Ideal, als Einzelner an etwas Großem gerade dadurch teilzuhaben, dass man seine Individualität in eine folgsame Masse entäußert. Nackt, heiß und voller Ideale, gewissermaßen.

In den Vereinigten Staaten und in Russland werden sie bereits eingesetzt, aber in Europa geht es nicht recht voran mit den »Nacktscannern«, mit denen die großen Flughäfen ihr Sicherheitssystem aufrüsten wollen. Im prüden Amerika sind schon fast ein halbes Tausend dieser Geräte im Einsatz, mittels denen der bekleidete Mensch gewissermaßen auf dem Bildschirm ausgezogen werden kann, im dekadenten Europa hingegen haben alle möglichen Organisationen ihre Bedenken geäußert, dass um der Sicherheit der Menschen willen so grob wider ihre Scham verstoßen werden solle. Ob sie mit den schädlichen Röntgenstrahlen oder den vermutlich unschädlichen Mikrowellen arbeiten, die »Ganzkörperscanner«, die das Einschmuggeln von Sprengstoff, Waffen, Metallen in die Flugzeuge verhindern sollen, fassen den Menschen immer als nackten Passagier, denn unter allen Passagieren gelangt erst der nackte über den Status eines potentiellen Terroristen hinaus. Nur wer nichts mehr verbergen kann, weil der Nacktscanner selbst die an die Hoden geklebten Sprengsätze aufspürt und im Bild erkennbar werden lässt, wird es aufgeben, überhaupt noch etwas verbergen zu wollen. Das Sicherheitssystem vollzieht die radikale Umwertung eines in den letzten Jahren von zahllosen Zivilisten geübten Brauches, nämlich gerade das nicht mehr verborgen zu halten, was verbergen zu können nicht schwer wäre und zu verbergen bisher Konvention war. In vielen Städten Europas ist es unter den neuen Darstellungsformen von öffentlicher Präsenz Mode geworden, dass an einem bestimmten Tag zu einer bestimmten Stunde Hunderte, Tausende sogenannter Nacktradler antreten, um gemeinsam ohne Bekleidung – außer dem Sturzhelm, natürlich: Hose runter, Helm auf! – eine bestimmte Strecke abzufahren, im gemeinschaftlichen Versuch, die Stadt und die urbane Zivilisation wieder in ein Stück vermeintlicher Natur zurückzuverwandeln. Großstädter, die nicht von der kulturellen Durchformung ihres Lebensraumes, sondern von dessen Rückführung in ein biologisches Habitat träumen, wollen sie sich auf dem Fahrrad als edle Wilde die nackte Freiheit erstrampeln. Was ihnen Freiheit bedeutet, sich in der Öffentlichkeit nämlich das Recht auf Nacktheit zu nehmen, möchte das Sicherheitssystem erzwingen, indem es die Reisenden dazu nötigt, sich im Nacktscanner zu entblößen.

Mich wundert nicht, dass die Sicherheitsindustrie auf Erfindungen wie den Nacktscanner gekommen ist, mich wundert nicht, dass es Regierungen gibt, die diese technische Innovation der bildhaften Entblößung einsetzen, ja zur Pflicht machen möchten. Was mich wundert: dass es noch nennenswerten Widerstand gegen die neue Technologie gibt. Bei so viel gesellschaftlicher Bewegung, die nach Nacktheit drängt: auf dem städtischen Parcours, im Supermarkt, im Museum – das zu bestimmten Ausstellungen jenen Besuchern freien Eintritt gewährt, die sich bei der Garderobe nicht nur des Regenmantels, sondern gleich sämtlicher Bekleidung entledigen; bei so viel Bereitschaft, sich in den sozialen Medien zu entblößen und allen Geheim- und Kundendiensten der Welt von sich aus preiszugeben, was man für sein Innerstes hält; gar nicht zu reden von den Tonnagen an pornografischem Material, das sogenannte Amateure von sich und ihren Liebsten ins Netz stellen, sodass die Betreiber professionell verfertigter pornografischer Ware in geschäftliche Bedrängnis geraten sind, denn wer soll für etwas bezahlen, was ihm die unbekannten Nachbarn von sich aus gratis zukommen lassen? Wäre bei all dem nicht zu erwarten, dass der flächendeckende Einsatz von Nacktscannern niemanden mehr aufregt außer ein paar Fundamentalisten der alten Spießerordnung, die die Trennung von öffentlicher und privater Sphäre nicht preisgeben, das Bedürfnis nach Sicherheit nicht über jenes nach Autonomie stellen möchten?

Wenn die Leute sich darum streiten, welches Verhalten als Norm befolgt werden müsse, empfiehlt sich oft die lebenspraktische Haltung, dass es jedem unbenommen bleiben möge, sich nach seiner Fasson zu betragen. Ich stelle mir Flughäfen vor, die drei verschiedene Sicherheitskontrollen anbieten: In der einen Reihe stehen all die Leute an, die so wie bisher (aber auch erst seit ein paar Jahren) durch eine Sicherheitsschleuse treten und sich gegebenenfalls mit einem Detektor oder dem kundigen Griff einer geschulten Fachkraft genauer überprüfen lassen möchten (und müssen); in der zweiten Schlange finden sich jene weniger Schamhaften, die auf den Fortschritt in Gestalt von Nacktscannern setzen; und in der dritten drängeln sich die Nacktflieger, die mit ihrem Gepäck auch ihre Kleidungsstücke aufgegeben haben und sich nackt auf die Flugreise machen, was ihnen nicht nur mit der guten Laune, in die sie dabei wie von selbst geraten, sondern auch damit entgolten wird, dass sie mit wesentlich kürzeren Wartezeiten bei der Sicherheitskontrolle rechnen dürfen.

Auch der Einsatz von Nackt-Verbindungen, etwa bei Ryanair, spräche nicht gegen den Ansatz, den Streit, ob nackt, nackt abgebildet oder angekleidet geblieben, im liberalen Sinne zu lösen. Diese Liberalität könnte geradezu als wirtschaftlicher Motor wirken (um angesichts von Flugreisen nicht von einer Lokomotive des Fortschritts zu sprechen)! Man denke nur an die vielen originellen Angebote in der Art von: Wien – New York zum Sondertarif – Hinflug bekleidet, Rückflug nackt. Oder: zu Ostern Rom ausschließlich nach der alten Form von Sicherheitscheck, Städtereisen zu Pfingsten im Nacktflug verbilligt. Und so weiter. (Auch könnte die rege Produktion von Ganzkörperscannern zur Humanisierung verschiedener Konzerne beitragen; der größte Hersteller von Nacktscannern ist die amerikanische Firma L-3 Communications, die ihr Geld bisher mit dem Verkauf von international geächteten, international bestens gehandelten Streubomben erwirtschaften musste.)

Die schönen Körperlosen
Liebesgeschichten (4)

Lange hat Anja geglaubt, sich mit mir spielen zu können, indem sie ihre persönlichen Angebote von »ab-in-den-urlaub.de« für mich stets mit kecken Sprüchen versah. Aber sie, die körper- und seelenlos Schöne, war sich ihrer und meiner zu sicher, und darum hintergehe ich sie neuerdings mit Celina. Auch von ihr erhalte ich täglich eine Botschaft, auch sie ist ein ätherisches Wesen, das ich mir aber nicht so blond und arrogant wie Anja vorstelle, sondern dunkelhaarig, kleiner, plebejischer. Sie schreibt mir, um mich beständig daran zu erinnern, dass sich unter den 35 000 Ferienwohnungen, die ihr Unternehmen, das Casamundo heißt, anzubieten hat, wohl eine finden werde, die zu mir passt. Einerseits: Wer hat schon die Zeit und den Blick dafür, unter 35 000 Ferienwohnungen die passende zu finden? Andererseits: Wer könnte abstreiten, dass unter all diesen Wohnungen nicht eine dabei sei, die die richtige für ihn wäre?

Celina geht anders mit mir um als Anja, von meinen beiden virtuellen Prinzessinnen ist sie die bodenständige, und dort, wo Anja nur schnippisch ist, legt sie es oft unwiderstehlich vulgär an. Heute verlangt sie von mir: »Karl-Markus, gönne Dir Dein persönliches Funkloch!« Und setzt in der Befehls-, nein, der Aufforderungsform fort: »Schalte im Urlaub endlich komplett ab.« Ich schrieb ihr auch sofort zurück, dass ich ihre Idee, mir auf meinem Smartphone ein Ferienhaus zu empfehlen, in dem es keinen Funkempfang gibt, bezaubernd finde wie sie selbst, aber in einem gleicht die kumpelhafte Celina der kapriziösen Anja, dass sie auf meine Komplimente niemals eingeht und mir anderntags neuerlich schreibt, als wäre nichts gewesen.

Selig die Zeiten, als Gott noch nicht tot war und die Religionskämpfe elementaren Fragen wie der galten, ob auf einer Nadelspitze zwanzig oder achtzig Engel Platz finden! Seither marodiert das alte religiöse Bedürfnis eigentümlich ziellos durch die moderne Welt, stets bereit, sich zu greifen, was gerade zu kriegen ist, und unter Strafe zu stellen, was gegen ihre rasch verhärteten Dogmen verstößt. Guten Gewissens wie alle echten Glaubenskämpfer erklären die Fundamentalisten der Gesundheitsreligion allen den Krieg, die gegen die Offenbarungen der Gesundheitsindustrie verstoßen. Zum Beispiel die Dicken. Gegen die hat der liberale Arbeitsminister Henk Kamp in den für ihre Toleranz berühmten Niederlanden eine Fatwa erlassen: Wer über 140 Kilo wiegt, soll arbeitsrechtlich belangt werden können, und zwar von seinem Arbeitgeber, der nicht nur ein Anrecht darauf hat, dass seine Angestellten in guter körperlicher Verfassung zum täglichen Kampf antreten, sondern auch, dass sie dabei ein ansprechendes Erscheinungsbild abgeben. Zuerst sei den Dickleibigen eine Frist einzuräumen, in der sie Einsicht in ihre Schuld fassen und Buße für ihre Ernährungssünden leisten mögen; wer sich danach immer noch als renitent fettleibig und folglich als unwillig erweist, die frohe Botschaft des schlanken, unheilbar gesunden Menschen zu erhören, muss mit Strafe rechnen, und da er nicht büßen will, soll er fürs Erste finanzielle Einbußen gewärtigen. Arbeitet er auch danach, eine ungläubige Wuchtel, häretisch an der Steigerung seines Gewichts, statt an der seiner Fitness, kann es ihm widerfahren, dass er im gesunden Holland dauerhaft zu den Kranken zählt, die der Arbeit nicht würdig sind.

Henk Kamp ist ein sportlicher Mann an die sechzig, mit einem schmalen, etwas dämlich lang gezogenen Gesicht, und es gibt von ihm ein Foto, auf dem er mit einem drahtigen Mann zu sehen ist, der seinen grauen Haarschopf und seinen verwegenen Schnauzer sorgsam zu pflegen scheint und in allem das Inbild eines virilen Mannes an der Schwelle des Alters abgibt. Das Foto zeigt Henk Kamp, als er noch nicht Arbeitsminister war und also noch nicht zum Krieg gegen die Dicken aufrufen konnte, sondern in früherer staatlicher Verwendung als niederländischer Verteidigungsminister, der noch für die Verteidigung von Demokratie, Menschenrechten etc. zuständig war. In dieser Eigenschaft steckte er dem General Thomas Karremans, dem obersten Militär der niederländischen UN-Truppe Dutchbat, den höchsten militärischen Orden des Landes an die Uniform, und die zwei Männer lächeln einander dabei kerngesund und kampfbereit zu, der Verteidigungsminister und sein liebster General.

Karremans war 1995 von der Uno beauftragt, um Srebrenica eine Schutzzone für die bedrängten Muslime der Region einzurichten, und er hat, kaum dass ihm Ratko Mladić drohte, die niederländische Truppe anzugreifen, sofort seine strategische Bereitschaft bekundet, der serbischen Einheit zu weichen. Auf einem anderen, einem berühmten Foto ist der Kriegsheld zu sehen, wie er General Mladić mit einem Glas Schnaps zuprostet und damit unter Haudegen jenen Deal besiegelt, der für ihn und seine Leute freies Geleit und für 8000 bosnische Männer zwischen 16 und 77 den Abmarsch in den Tod bedeutete. Karremans ganze Truppe, insgesamt 500 Mann, von denen, wie man hört, viele unter schlechtem Gewissen leiden und sich in psychotherapeutischer Behandlung befinden, hat Henk Kamp 2005, zehn Jahre, nachdem die niederländische Truppe Reißaus nahm, kollektiv als Helden des Vaterlands ausgezeichnet. Nun ja, er hat halt ein Faible für Soldaten, solange sie schlank sind, und er mag eben die Dicken nicht, weil sie sich nicht schnell genug aus dem Staub machen können.

Sein Kumpel Thomas Karremans ist zur selben Zeit hochdekoriert in Pension gegangen, die er in seinem Haus an der spanischen Küste verbringt, wobei er sehr darauf achtet, so fit zu bleiben, wie er es immer war: Vielleicht wird er eines Tages wieder zu einem Einsatz berufen, der einen ganzen Kerl wie ihn verlangt? Im wohlverdienten Ruhestand aufgeschreckt hat ihn 2010 einer der wenigen Überlebenden des Massakers von Srebrenica, Hasan Nuhanović, der bei den Holländern als Dolmetscher arbeitete, von Karremans aber so wie die 8000 Männer der Region den Todesschwadronen übergeben wurde. Er hat auf wundersame Weise überlebt und klagte nun in Den Haag den feschen General, mitschuldig am Tod der 8000 zu sein. Zum Prozess musste Karremans vier Mal aus seinem spanischen Ressort nach Den Haag anreisen, und er hat für Flug und Unterkunft beim Kläger jeweils 2000 Euro eingeklagt, sodass er von Hasan Nuhanović, seinem Dolmetscher, der dem Tod entronnen ist, in den ihn sein holländischer Dienstgeber schicken wollte, 8000 Euro begehrt. Der Tod ist ja billig. Gerade einen Euro pro Ermordeten soll Nuhanović an den zahlen, der sich seine Generalspension damit verdient hat, dass er bei dem einzigen Einsatz seines Lebens, in dem er nicht im Manöver fiktive Orte, sondern wirkliche Menschen hätte verteidigen müssen, kläglich versagt hat.

Was der Kapitalismus ist? Ich sehe eine Reportage aus dem amerikanischen Mittelwesten. Tausende Amerikaner hatten sich dort in den letzten Jahren in einer Kleinstadt hübsche und praktische Fertigteilhäuser hingestellt, mit Krediten von Banken, die in der Krise pleitegegangen sind und von anderen Banken aufgekauft wurden, die die Kredite, die auf viele Jahre abgeschlossen worden waren, fällig stellten. Die Kamera fährt langsam durch eine lange ruhige Straße, mit jenen für die amerikanische Provinz so typischen schönen Vorgärten, die sich ohne Zäune vom Haus zur Straße erstrecken, und wir erfahren, dass von den 66 Häusern dieser Straße, die alle noch in bestem Zustand sind, nur mehr zehn bewohnt werden, weil in den letzten Wochen 56 Familien aus ihren Häusern delogiert worden sind, wegen der Kredite, die auf ihnen lasten, und der Aussichtslosigkeit, sie auf einen Sitz auszubezahlen. Die delogierten Familien sind keine 500 Meter von ihren Häusern entfernt in den großen Turnhallen der zwei städtischen Schulen untergebracht worden, dort bewohnen sie familiengerechte Kojen und harren der Dinge.

Das Abstruse an ihrer Delogierung ist nicht, dass sie erfolgte, weil Kapitalisten mit den Häusern profitable Geschäfte tätigen wollen, sondern dass es gar niemanden gibt, der diese Häuser erstehen könnte oder wollte. Die Banken haben keine Käufer an der Hand, denen sich um gutes Geld jene Liegenschaften verkaufen ließen, von denen sie ihre Kunden von gestern haben vertreiben lassen. Die Häuser stehen jetzt allesamt leer und werden leer bleiben, bis sie von selbst zusammenfallen oder von einer Abrisskolonne sachgerecht zerstört werden. Noch sieht alle Wochen ein Trupp von Handwerkern nach, ob nicht schon die ersten Türen aus der Verankerung fallen und der Wind durch zerborstene Fensterscheiben pfeift. Diese Straße, diese Stadt wird methodisch dem Verfall preisgegeben, und die Bank wird die Häuser lieber eines nach dem anderen abreißen lassen, als sie auch nur befristet denen zu überlassen, die in ihnen gewohnt haben und die nun, fast noch in Sichtweite, provisorisch in kommunalen Hallen hausen, ehe sie sich in alle Winde zerstreuen werden, in der Hoffnung, es dereinst irgendwo wieder auf ein Eigenheim zu bringen.

Der Kapitalismus ist welthistorisch als die schöpferische, die grandios und gewaltsam schöpferische Macht angetreten, die Neues auf der Zerstörung von Altem begründet und aus dem Weg räumt, was aus der feudal vermorschenden Welt als Hemmnis und Hindernis auf seine produktive, die ständischen Fesseln sprengende Art des Wirtschaftens übergekommen war. Wo alte Zünfte das Leben spießig reglementierten, hat er sie zerschlagen, damit er seine Industrie mit Arbeitern aufbauen konnte, die, aus den Zunftzwängen befreit, frei, vogelfrei geworden waren. Aber was wird in dieser Stadt aufgebaut? Nichts, die Häuser stehen zwar zum Verkauf, erweisen sich aber als unverkäuflich; auf den größeren Grundstücken werden keine Fabriken errichtet, aber sie müssen verwildern, weil es das Gesetz der Wildnis ist, dass keiner auf einem Gelände verweilen dürfe, das ihm nicht gehört. Die Stadt muss zerstört werden, damit das Gesetz des Besitzes seine alles beherrschende Macht behält; auch wenn das nur eine Lehre für alle Zukunft sein möge und in der Gegenwart gar niemandem nütze. Im Zweifelsfalle von Zerstören und Aufbauen auf die Zerstörung setzen, das ist Kapitalismus.

Fett zu sein ist schädlich, zu schwitzen hingegen gesund. Aber die Religionspolizei, die auf Gesundheit achtet, hat auch ein wachsames Sittendezernat, welche das Schwitzen nicht als natürliche Äußerung eines belasteten Körpers achtet, sondern als auffallendes Zeichen fleischlicher Präsenz ächtet. Im Kalifat Köln am Rhein ist ein Mitarbeiter des städtischen Denkmalamtes entlassen worden, weil er an den heißen Sommertagen im Amt zu heftig geschwitzt hat, sein Hemd nachmittags große Schweißflecken aufwies und der schwitzende Mann dadurch den Eindruck erweckte, er wäre nicht gesund und die Arbeit überfordere seinen kränklichen Körper. Es genügte also, dass er durch heftiges Schwitzen den Eindruck erweckte, er sei nicht gesund, um ihn zu entlassen. Wäre er hingegen tatsächlich krank gewesen und hätte er deshalb geschwitzt, würde er das Urteil beim Arbeitsgericht mit guter Aussicht auf Erfolg anfechten haben können. Ein Gebrechen darf nämlich kein Kündigungsgrund sein, ein Aussehen hingegen, das wirkt, als könnte es womöglich durch ungesunden Lebensstil verursacht sein, hingegen schon, denn ein ungustiös kränklich wirkender Mitarbeiter schädigt den gesunden Ruf des Unternehmens und stört durch seine schwitzende Sichtbarkeit den Frieden der auf Fitness verpflichteten Truppe.

Wie schnell es gehen kann, dass einer, der gestern schon fast keine Schulden und eine schöne Wohnung hatte, auf einmal obdachlos und überschuldet ist? In Spanien wird gerade erprobt, wie rasch und reibungslos eine Gesellschaft zerstört werden kann, bis sie aus Millionen Einzelnen und Vereinzelten besteht, die auf jene Rechte und Ansprüche verzichten, die verspätet zu erringen zwei Generationen von Spaniern angetreten waren. 400 000 Familien sind in den letzten Monaten aus ihren Wohnungen vertrieben worden, die sie einst mit Krediten erworben, die sie jetzt, da die Krise sie arbeitslos gemacht hat, nicht mehr bedienen können. Das widerfährt in der Krise ja Millionen in ganz Europa, aber Spanien ist ein Exerzierfeld, auf dem auch Übungen ausprobiert werden, die man anderen Ländern mit einer längeren demokratischen Tradition noch nicht zuzumuten wagt.

Wer in Spanien seinen Wohnungskredit zu drei Viertel zurückgezahlt, also 150 000 von 200 000 Euro der Bank samt Zinsen zurückerstattet hat, der verliert seine Wohnung an die Bank und bleibt trotzdem auch weiterhin ihr Schuldner, denn die ausstehende Summe von 50 000 Euro, die sich durch hohe Überziehungszinsen immer weiter erhöht, wird nicht mit dem Wert der Wohnung gegenverrechnet. Nein, die Bank nimmt sich alles, den ganzen Kredit bis zum letzten Cent, und die ganze Wohnung. Sie kassiert also doppelt, eigentlich dreifach, denn sie lässt sich in der Krise ja mit Milliarden aus dem spanischen Sozialbudget und dem Rettungsschirm der Europäischen Union ausstatten. Es ist eine spannende Probe für ganz Europa: Wird sich diese Praxis allgemein durchsetzen oder nicht doch eine Revolte das Volk auf die Straße treiben, die Bankia-Bank als Symbol der abstoßenden Schuldversklavung in Flammen aufgehen und die frömmlerische Regierung der Leuteschinder verjagt werden?

400 000 Wohnungen sind von ihren Bewohnern gesäubert worden, zugleich aber stehen 600 000 Wohnungen leer, mit denen die Immobilienspekulanten halb Spanien zubetoniert und landschaftlich ruiniert haben. Schon wurde eine eigene Bank gegründet, von den diversen Banken, die die Immobilienkrise herbeigeführt haben, und die Aufgabe dieser Bank ist es, die riesigen Siedlungen, hineingestellt irgendwo in die Pampa und niemals von irgendwem bezogen, wieder abzureißen. Dafür wird diese Bank Geld benötigen, denn auch Zerstören kann teuer sein, und dieses Geld wird sie aus einem Entwicklungsfonds der EU haben wollen. Obwohl fünfzig Prozent der spanischen Jugendlichen ohne Arbeit sind und die Krise längst die Familien des Mittelstands zersetzt, haben Frau Merkel und Herr Schäuble unlängst ein-

trächtig verlautbart, wollte Spanien weiter mit Krediten der Union rechnen, müsse die Regierung endlich entschlossen bei den Sozialausgaben einsparen. Tut sie das wie befohlen, dann können die Banken auch wieder damit rechnen, Geld für ihre Abrissunternehmen zu bekommen. Denn Europa ist reich, unermesslich reich, und irgendwo muss man mit dem Geld ja hin.

Eine Heldin unserer Tage
Sternstunden des Scheiterns (4)

Hertha W., eine 82-jährige Niederösterreicherin, verfügt über einen prächtig ausgereiften Dialekt und eine im Wortsinn zupackende Art. Vor ein paar Tagen stand sie um vierzehn Uhr in der Filiale einer Bank in ihrer Heimatgemeinde St. Egyden am Steinfeld brav in der Warteschlange, als ein Mann den Raum betrat und im Hereinkommen eine Mütze mit Sehschlitzen über sein Gesicht zog. Die resolute Greisin hielt dies für eine an diesem Ort gänzlich unangebrachte Kopfbedeckung, sodass sie schnurstracks zu dem trat, der noch gar nicht richtig dazu gekommen war, sich just, indem er sein Antlitz verhüllte, als Bankräuber zu erkennen zu geben, und ihm die Mütze vom Gesicht riss. Es entspann sich ein kleiner Kampf, in dem es dem Mann, der Übles plante, vorderhand gelang, sich in den Besitz dessen zu setzen, was tatsächlich sein Eigentum war, nämlich der Mütze. Sodann sprang er zum Schalter und hieß die Angestellte, alles Geld, das vorrätig wäre, in die Tasche zu leeren, die er bei sich trug. Die betagte Dame, bereits auf dem Weg, zur Heldin zu werden, hat ihrer Aussage zufolge erst jetzt die Absicht des Mützenträgers erkannt und ihm, der mit der Pistole herumfuchtelte, die Mütze ein zweites Mal vom Gesicht gerissen, sodass später alle in der Filiale Anwesenden eine sehr gute Personenbeschreibung von ihm geben konnten. Als sich der Bankräuber ohne seine Mütze, aber immerhin mit der Beute aus dem Staub machen wollte, entriss ihm Hertha W. in einer Rangelei auch noch die Tasche, die sie der Schalterangestellten mit dem denkwürdigen, den Räuber auf die Knochen blamierenden Satz zurückgab: »Das Geld gehört der Bank!«

Das Geld gehört der Bank! So enden heute in Europa Tausende bürgerliche Lebensläufe, die aus den mit Krediten finanzierten Häusern wieder hinausführen, so endet aber auch der zeitgemäße Bankraub. Dort, wo die Welt noch in Ordnung ist, im österreichischen Fernsehen, schildert Hertha W. mit eigenem Charme, was sich zugetragen hat, nicht ohne die Männer zu rüffeln, die mit ihr in der Bank gewesen waren, sich aber nicht gegen den Bankräuber zu wenden gewagt hatten. »Ich fürchte mich vor gar nichts«, sagt sie, »und schon gar nicht vor einem Mann.« Zur Heldin des Fernsehens taugt sie aber nicht, weil sie sich so selbstbewusst gegen die Männer in Szene, sondern weil sie ihr Leben aufs Spiel gesetzt hat, damit das eherne Gesetz unserer Tage Gültigkeit bewahre: Das Geld gehört der Bank. Das weiß jetzt auch jener inzwischen inhaftierte Mann, der es schon vorher wusste, sich aber trotzdem in räuberischer Absicht in eine Bank begab, der Gefahr nicht achtend, dass die kleinen Leute ihre Lektion gelernt haben und wissen, dass ihr Geld nicht ihnen gehört.

Dass Leute, die aus ihrem eigenen Haus gejagt werden, daran glauben, dass ihnen nur ein Wunder mehr helfen könne, ist zu verstehen. Der Staat, auf den sie vertrauten, hat sich ja überall zurückgezogen, wo seine Anwesenheit vonnöten wäre, um martialisch dafür dort in Stellung zu gehen, wo er nichts zu suchen hat. Das ist im Hoheitsbereich der gesamten Europäischen Union so, in dem die Zahl jener, die als arm zu gelten haben, bereits ein Viertel erreicht hat, und die Union gleichwohl mehr damit beschäftigt ist, Regeln gegen fetthaltige Nahrungsmittel, das Rauchen in der Öffentlichkeit oder, bald einmal, das Schwitzen zu erfinden, als den Kampf gegen die Verarmung innerhalb der reichsten Gesellschaft, die es in Europa jemals gegeben hat, in Angriff zu nehmen.

Der Wunderglaube als Einsicht, dass einem nichts als ein Wunder noch helfen könne, nimmt daher zu, und in Spanien, wo Europa die Probe aufs Exempel macht, wie radikal sich das, was eine Gesellschaft über zwei, drei Generationen an Wohlstand, Würde, sozialer und politischer Emanzipation erreicht hat, wieder rückgängig machen lässt, ist daher der Glaube an die Lotterie, an das Los, das einen aus irdischen Bedrängnissen rettet, noch weiter verbreitet als anderswo. Da überrascht eine Studie, in der die Spanier danach vermessen wurden, was ihnen der Tod und wie viele Jahre ihnen das Geld wert ist. Ein Jahr ihres Lebens, hat die Befragung ergeben, würden viele für eine Million Euro hergeben. Und eine Million Euro in der Not sofort haben und dafür nach einem nicht im Bettelstand verbrachten Leben irgendwann ein Jahr früher sterben, das scheint ja ein guter Tausch, kein fauler Wechsel zu sein! Das Merkwürdige an der Studie aber ist, dass sich nur eine Minderheit der Armen, hingegen eine Mehrheit der Wohlhabenden auf diesen Tausch einlassen würde. Nur wer viel hat, möchte von seiner Lebenszeit etwas hergeben, um noch mehr zu haben; wer aber nichts als das Leben hat und kaum genug zum Überleben, der ist nicht bereit, vom Letzten auch noch etwas abzugeben, um zu Geld zu kommen.

Anja heute: »Sehr geehrter Herr Gauß, der Countdown läuft, nur mehr vierzig Tage bis Silvester!«

Celina dagegen: »Lieber Karl-Markus, verbringst du deinen Urlaub gerne mit Klettern, Tauchen und Radfahren? Kannst die Füße im Sand nicht ruhig halten?«

Ich habe sie überschätzt, alle beide, die Gänse haben keine Ahnung von mir! Zum Beispiel, dass ich zu Silvester niemals wegfahre, seitdem ich vor zehn Jahren in die Völkerschlacht um den Wiener Stephansdom geraten bin. Oder dass ich richtig trainiert darin bin, nicht zu klettern und nicht zu tauchen und die Füße, sofern sie von Sand bedeckt sind, was so gut wie nie vorkommt, völlig ruhig zu halten.

Der nimmermüde Lebensretter
Sternstunden des Scheiterns (5)

Der 46-jährige Antoine L. hat es in seinem Leben weit gebracht, unter anderem dazu, dass er sich die Wohnung nicht mehr leisten konnte, in die er zu besseren Zeiten als Mieter eingezogen war, damals, als der Ingenieur noch in einem Betrieb angestellt war, der Cockpits herstellte, die später in Flugzeuge vom Typus Airbus eingebaut wurden. Solange Antoine L. dort arbeitete, war zwar kein Airbus je abgestürzt, was ihn aber nicht davor schützte, selber abzustürzen mit seinem Leben. Schauplatz seines Sturzes war die bretonische Stadt Saint-Nazaire, die dort liegt, wo die Loire sich in den Atlantik ergießt, und als seinem Gegenspieler im letzten Akt des Stückes, das mit ihm gespielt wurde, begegnen wir dem Gerichtsvollzieher von Saint-Nazaire, einem stadtbekannten Philanthropen. Als dieser am Montagmorgen an der Tür läutete, um Antoine L. mit den Schlüsseln zugleich die Verantwortung für die Wohnung abzunehmen und ihn fürsorglich aus dieser hinauszugeleiten, ärgerte er sich zuerst, dass Antoine L. sich gar so lange Zeit ließ, die Tür zu öffnen und den, der ihn aus dieser entfernen wollte, in seine Wohnung zu bitten. Nach ein paar Minuten verständigte der Gerichtsvollzieher daher über Handy einen nahe gelegenen Schlüsseldienst, dessen Mitarbeiter nach kurzem eintraf und die Tür öffnete.

Kaum dass er die Wohnung betreten hatte, sah der Gerichtsvollzieher schon das Malheur in Gestalt von Antoine L., der sachte vom Türstock zwischen Vorzimmer und Wohnzimmer schaukelte. Dies sehen, in der Küche das am schärfsten geschliffene Messer ergreifen und den Strick, an dem der lebensmüde Mann schaukelte, mit beherzten Schnitten durchtrennen, das alles fügte sich beim Gerichtsvollzieher rasch und reibungslos aneinander, als hätte er sich sein Lebtag lang auf eine solche Bewährungsprobe vorbereitet. Antoine L., wiewohl Ingenieur, hatte seinen Selbstmord nicht mit der technischen Präzision ausgearbeitet, die dafür vonnöten ist, und begann, als er von seinem Retter auf das Sofa gelegt wurde, vernehmlich zu röcheln. Wie gut, dass jener seine Ausbildung in Erster Hilfe erst kürzlich wieder aufgefrischt hatte, sodass er den Mann, der lieber sterben wollte, als auf der Straße zu landen, mittels kräftiger Herzmassage ins Leben zurückholte.

Während der Gerichtsvollzieher sich daraufhin dem völlig verdattert noch immer in der Eingangstür stehenden Mann vom Schlüsseldienst zuwandte und ihm beruhigend die Hand um die Schulter legte, war Antoine L., unbelehrbar in seinen schlechten, gegen sich selbst gerichteten Absichten, aufgestanden, hatte das Küchenmesser, das sein Retter achtlos am Boden liegen gelassen hatte, ergriffen und sich mit zwei heftigen Schnitten zuerst die Pulsader des rechten Arms zertrennt, denn Antoine war Linkshänder, damit hatte sein Verhängnis vielleicht viele Jahre vorher schon angefangen, und sich das Messer danach mit großer Wucht in den Bauch gerammt. Das Blut spritzte vom rechten Arm in hohem Bogen, das Messer steckte fest im Bauch des fast schon wieder Entseelten, der über dem Tisch des Wohnzimmers zusammenbrach.

Der Lebensretter hieß den Mann vom Schlüsseldienst eilig einen Rettungswagen ordern, verknotete ein Geschirrtuch, das er in der Küche fand und das ihm von seiner stofflichen Beschaffenheit her dafür am besten geeignet schien, mit aller Kraft um den rechten Oberarm des Lebensmüden, sodass die Blutung merklich nachließ, und drehte den Ohnmächtigen dann vorsichtig so zur Seite, dass er (nach verständlichem Zögern) das Messer schließlich aus dessen Leib ziehen konnte und mit dem Tischtuch sofort heftig gegen die Einstichstelle zu drücken begann. Wenig später herrschte bereits Tumult in der Wohnung, denn fast zeitgleich mit der Rettung war ein Notarzt eingetroffen, und kurz darauf stürmten auch zwei Polizisten die Bühne. Die Versorgung, die der Gerichtsvollzieher Antoine L. hatte angedeihen lassen, war von allererster Güte, wie Arzt und Sanitäter rühmten, sodass sich der Gerichtsvollzieher, als der verhinderte Selbstmörder ins Krankenhaus abtransportiert worden war, mit Recht sagen konnte, dass es ihm an einem einzigen Tag gelungen war, einem Menschen gleich zwei Mal das Leben zu retten, um ihn endlich ordnungsgemäß delogieren zu können.

Das Jahr 2012 neigt sich dem Ende zu, indem es mir nach dem Schnee vom Oktober jetzt, im Dezember, kopfwehwarmes Föhnwetter beschert. Was war das für ein Jahr, in dem Salzburg begeistert den heiligsten aller heiligen Bettelmönche empfing und doch gegen die Armen mobilmachte? Dieses schlimme war ein gutes Jahr. (Es ist ein Skandal, der mich beschämt und aus dem ich doch alle Kraft beziehe: dass ich nur in meiner Zeit existiere, aber mit ihr nicht identisch bin. Sándor Márai hat in seinen Kriegstagebüchern oft mit dem Skandalon der Gleichzeitigkeit gehadert: dass er in seinem Ferienhaus an der Donau sitzt, weiß, dass im ganzen Land Menschen entrechtet und verfolgt werden und er dennoch Glück empfindet, wenn der Rosenstrauch im Garten zu blühen beginnt.)

Ein schlimmes Jahr, ein schönes Jahr. Im Februar war mein viertes Journal erschienen, »Ruhm am Nachmittag«, mit dem ich auf eine lange Lesereise ging, die mich durch halb Österreich, nach Polen und Slowenien führte, und zum ersten Mal in meinem Leben gewann ich Freude daran, vor großem Publikum zu lesen. Ich habe den öffentlichen Auftritt lange gescheut, mich ihm dann verdrossen gestellt, einzig um einer selbst auferlegten Pflicht Genüge zu tun, und muss mir jetzt eingestehen, so etwas wie Lust an ihm zu empfinden, eine Lust, der das eitle Behagen beigemischt ist, die eigene Sache glaubhaft repräsentieren zu können. Es war die erste Lesereise, die ich genoss, aber schon auf ihr wurde mir bewusst, dass es gut war, diese Lust erst so spät entdeckt zu haben, denn ich wäre ihr, früher auf sie gekommen, zweifellos verfallen, in den Jahren, die ich besser mit dem Alleinschreiben als dem öffentlichen Vorlesen und Posieren verbracht habe.

Ein gutes Jahr. Zum ersten Mal gelang mir, was ich von

meinem ersten Buch an angestrebt und immer um Monate verfehlt hatte, nämlich mit dem nächsten Manuskript bereits fertig zu sein, wenn das vorangegangene gerade in Buchform erschienen ist. Als mir in Wien mein Verleger das erste Exemplar des neuen Buches überreichte, habe ich ihn erschreckt, indem ich ihm sogleich das nächste Manuskript in die Hände legte. Doch ist mir gerade dieser Text so wichtig wie wenig anderes, das ich geschrieben habe; nein, das ist falsch, jedes Buch war mir gleich wichtig, als ich daran schrieb, und bei jedem habe ich mit den gleichen widerstreitenden Gefühlen beobachtet, was aus ihm wurde, mit tiefer Depression, wenn es nicht gleich Resonanz fand, mit rätselhafter Gleichgültigkeit, wenn es diese endlich gefunden hatte.

Das neue Manuskript ist mir wichtig, weil es meine eigene Kindheit erzählt (welche man schreibend auf diese Weise weniger heraufbeschwört oder bannt, als erinnernd, schreibend neu erschafft, von den frühesten Erinnerungen an). Ich erzähle die Geschichte meiner Kindheit aus der befremdeten Perspektive eines verwöhnten, sich rasch seine eng umgrenzte Welt erweiternden Kindes, aber zugleich schaut dem Kind dabei der Erwachsene zu, der aus ihm geworden ist, und dieser springt ihm bei, ohne ihm doch seine eigene Weltsicht auflasten zu dürfen. Beim Schreiben dieses Buches hatte ich die größten Glücksmomente, die ich schreibend je erlebte, darum musste ich das Manuskript der strengsten Selbstzensur unterwerfen, sodass am Ende höchstens die Hälfte von dem stehen blieb, was ich an Bildern aus der Kindheit wie leichthin und geradezu begeistert von meiner Begeisterung aneinandergereiht hatte. Wer ein Buch der Kindheit schreibt, muss sich vor beidem hüten: vorzutäuschen, dass es das Kind selber wäre, das hier spricht, und davor, die Dinge aus der reflektierenden Distanz des Erwachsenen zu betrachten. Das eine täuscht eine Naivität vor, die falsch ist, das andere verrät den Zauber der Kindheit an ein Wissen, das nicht das Kind, das erst der Erwachsene haben konnte. Der Held des Buches bleibt das Kind, das sich auf all die Dinge, die es entdeckt, seinen magischen Reim macht. Aber es ist natürlich der Erwachsene, der die Dinge im Nachhinein ordnet, sodass sich, was vorher nur vergangen war, zur Geschichte formt. Vielleicht ist es das, was mich in meinem sechsten Lebensjahrzehnt in mein erstes zurückkehren ließ: dass ich all das Vergangene, an das ich mich zu erinnern vermochte, zu jener Geschichte fügen wollte, die ich künftig für meine Kindheit halten werde.

Ich glaubte mein Buch schon abgeschlossen zu haben, da hatte ich Ulli Halmschlager, die Kamerafrau, und Renate Lachinger, die Regisseurin, durch mein Salzburg zu führen. Sie drehten einen Fernsehfilm über mich, und indem wir durch die Straßen zogen, in denen ich aufgewachsen war, geriet mir mein eigenes Buch noch einmal in heilsame Unordnung. Alleine durch die Gegend zu gehen, in der man vor über einem halben Jahrhundert gelebt hat, ist etwas anderes, als mit Begleitern dieselben Straßen, Spielplätze, Verstecke aufzusuchen. Wird man begleitet, ist es fast, als würde man schreiben, denn jene, die nicht kennen, was einst dein Reich war, wollen von dir eingeführt werden in dessen Regeln, Riten, Geheimnisse, und daher beginnst du zu erzählen, und indem du erzählst, nur für deine Begleiter, beginnst du gleich wieder, die dir bekannten Dinge neu zu ordnen, und zu den Erinnerungen, auf die du schon gesetzt hast, kommen unvermittelt andere dazu, von denen du gar nicht wusstest, dass gerade sie dir bisher fehlten …

Ich war Mitte fünfzig, als in mir wie über Nacht der

Wunsch erwachte, über meine frühesten Erinnerungen, meine ersten Jahre, über das Leben vor dem Lesen zu schreiben, und ein Jahr lang habe ich konzentriert von meiner Kindheit zu träumen und mich methodisch an sie zu erinnern versucht. Ich kam damit aber nicht so weit, wie ich erwartet hatte, während doch in dieser Zeit der Wunsch, endlich mit dem Schreiben zu beginnen, wuchs und wuchs, bis er so groß geworden war, dass ich mir sicher sein konnte, von ihm getragen, durch meine Kindheit und das Buch meiner Kindheit getragen zu werden. Beschwingt vom Schreiben, das wie von selbst dahinfloss, schrieb ich jetzt 240 Seiten in sechs Monaten, in denen ich begriff, dass ich, um mich erinnern zu können, nichts anderes tun musste, als zu schreiben. Danach habe ich nur sechs weitere Monate gebraucht, bis ich von den 240 Seiten bei jenen 120 angelangt war, die ich stehen lassen wollte und die künftig für mich einstehen sollen.

Zwischenstück 4

Fünf Partezettel aus dem Jahr 2012

In den Gedichten der Wisława Szymborska geschieht etwas Wundersames. Lauter einfache Wörter fügen sich zu lauter einfachen Sätzen, und dann beginnen diese Sätze, in denen von den alltäglichen Dingen gesprochen wird, mit einem Mal zu schweben. Das Schwere wird in ihnen ganz leicht, das Komplizierte einfach, das Trübe durchsichtig, und was quälend verworren schien, löst sich in große Gelassenheit. Was zeitgenössische Lyrik, die sich verschließt, in Chiffren spricht, das vorschnelle Einverständnis mit dem Leser scheut, kaum mehr erreicht – im Werk dieser Dichterin aus Krakau gelingt es wie selbstverständlich: Ihre Gedichte wissen schlechthin alle Dinge, die uns bewegen, in eine Sprache zu fassen, zu der ein jeder, der sich Zeit und Ruhe für sie nimmt, seinen Zugang finden kann.

Wisława Szymborska hat weder die ewigen Menschheitsfragen noch die aktuellen politischen Themen gescheut, über die Liebe und das Sterben ebenso wie über den Krieg und die Verfolgung geschrieben, und erst recht hat sie in ihren Gedichten die unscheinbaren Dinge, die unauffälligen Ereignisse, die unmerklichen Gefühle aufgegriffen. Warum? Um sie zu rechtfertigen. Ihre Lyrik ist ein Ort, die Welt aus dem Abstand bitter gereifter Erkenntnis und doch voller Anteilnahme zu besehen, zu vermessen, zu kritisieren – und zu preisen.

Ich habe 1995 einen längeren Text über sie veröffentlicht und galt daraufhin seltsamerweise als kundiger Interpret ihres Werkes, der ich nie geworden bin, der öfter eingeladen wurde, da etwas über sie zu schreiben, dort über sie zu sprechen. Es fiel mir nicht schwer, diese Einladungen abzusagen, denn dies war doch meine Lyrikerin, von der ich mir zwar wünschte, dass viele sie lesen würden, die ich aber trotzdem nicht einmal mir selbst erklären wollte. Es genügte mir ihr Zauber, von dem ich gar nicht ergründen wollte, worin er lag. Ich weiß es bis heute nicht, da ich alle paar Monate ihren Sammelband »Auf Wiedersehn. Bis morgen« zur Hand nehme und nicht mehr als zwei, drei Gedichte daraus lese. War ich zerstreut, werde ich über dieser Lektüre sogleich ruhig und gefasst. Wenn das keine Literatur ist, die mir hilft, besser zu leben!

Ein Gedichte des Bandes heißt »Abschied vom Ausblick«, ist der Liebe zu einem verstorbenen Mann gewidmet und bilanziert anfangs, was alles in der Welt gleich bleibt, auch wenn der Geliebte nicht mehr zugegen ist:

»Ich verzeihe dem Frühling,
dass er wieder gekommen ist.
Ich zürne ihm nicht,
dass er wie alle Jahre seine Pflicht tut.
Ich weiß, meine Trauer
hält das Grün nicht auf.«

Die Trauernde verbittert nicht über dem Gleichmut der Natur, sie imaginiert sich ein anderes, ein junges Liebespaar, das, so wie einst sie und der Verstorbene, glücklich auf einem Birkenstamm am See sitzt und dem Rascheln des Schilfes lauscht. Das Gedicht sinkt nicht in elegische Trauer und legt auch nicht den Verzicht, die Aussöhnung mit dem Schicksal nahe. Erst in der doppelten Einsicht, dass nichts mehr ist wie vorher und doch alles so geblieben ist, erreicht es jene unprätentiöse Klarheit, die es zum Erlebnis macht, die Gedichte der Wisława Szymborska immer wieder zu lesen.

An einem Novembernachmittag des Jahres 1993 holte ich ihn vom Bahnhof Salzburg ab und spazierte mit ihm im Regen in die Redaktion der von mir seit zwei Jahren geleiteten Zeitschrift *Literatur und Kritik*. Damals war ich 39, er 36. Das Zimmer befand sich im nahe gelegenen Otto Müller Verlag, hatte aber einen eigenen, vor den Verlagsräumlichkeiten gelegenen Eingang und vermittelte den Eindruck ausgesuchter Schäbigkeit, erlesenen Verfalls, hatten sich doch viele Besucher in den Monaten davor mit Graffiti-Zeichnungen oder Sinnsprüchen an den damit fast vollständig überzogenen Wänden verewigt. Als wir den Raum betraten, in dessen Mitte ein Schreibtisch mit ein paar Sesseln stand, huschte ein Lächeln über das Gesicht des Besuchers: Oh, sagte Ardian Klosi, das sieht ja fast aus wie daheim!

Daheim, damit war Albanien gemeint, das drei Jahre vorher die stalinistische Staatsmacht abgeschüttelt hatte, indem es deren Repräsentanten gestattete, sich als vorgebliche Oppositionelle am Aufbau (in Wahrheit an der sofortigen Diskreditierung, ja der Inbesitznahme) der Demokratie zu beteiligen. Wir saßen drei Stunden beisammen, am Abend würde Klosi auf dem Fest der Zeitschrift einen Text vortragen, den er für *Literatur und Kritik* verfasst hatte. Je länger wir miteinander sprachen, umso mehr staunte ich, was der attraktive Mann mit der weichen Stimme, den dunklen Haaren und melancholisch glänzenden Augen alles wusste. Und erlebt hatte. Er war in Tirana aufgewachsen, in einer Familie der Nomenklatura, die in Ungnade fiel und jahrelang zusammengepfercht in einem Kellerverlies hausen musste. Später durfte er studieren, vier Jahre lang auch in Österreich, in Innsbruck, wo er Schüler des legendären serbischen Komparatisten Zoran Konstantinović wurde und mit einer Arbeit über die Mythologie in den Werken des Griechen Nikos Kazantzakis, des Jugoslawen Ivo Andrić (anders ist dieser Schriftsteller national nicht zu fassen, der im bosnischen Travnik in einer nach heutigen Kriterien kroatischen Familie geboren wurde, meist in Belgrad lebte und in diplomatischen Diensten zweier verschiedener jugoslawischer Staaten stand) und des Albaners Ismail Kadare promovierte. Seit einiger Zeit lebte er in München, wo er mit der Fotografin Jutta Benzenberg verheiratet war, deren Buch »Albanisches Überleben« düster archaische Bilder mit einem Text von ihm vereinte und im selben Jahr im Otto Müller Verlag erschien. Jetzt sprachen wir über den Balkan und all seine Kriege, die bereits beendet waren, gerade geführt wurden oder noch ausbrechen würden.

Er erzählte mir, dass für ihn und andere albanische Intellektuelle in der Ära des gepriesenen Staatenlenkers Enver Hoxha der Westen just vom Kosovo repräsentiert wurde, von wo sie Nachrichten über die Welt, über die moderne Kunst bezogen, weil dort zu Zeiten Titos die Zensur nahezu aufgehoben war und auch das Leben der Albaner staatlich weniger reglementiert wurde als in Albanien selbst. Heute könne er auf den Bahnhöfen Westeuropas die Albaner aus Albanien und jene aus dem Kosovo nicht nur an ihrer Sprache unterscheiden, sondern auch an ihrer Kleidung und Haltung, traten die Kosovaren doch selbst im Exil viel selbstbewusster auf als die versprengten Albaner des Mutterlandes, und besser angezogen waren sie ohnedies. Klosi sprach voller Zuneigung von diesen Flüchtlingen, gleich, ob sie politischer Verfolgung entrinnen wollten oder sich auf den Weg gemacht hatten, um der Armut zu entkommen; und warmherzig berichtete er auch vom Los jener Albaner, die zu Hause blieben, wobei die einen, im Kosovo, sich gerade einem Nationalismus verschrieben hatten, den Klosi, wie mir vorkam, nicht für unberechtigt hielt, der ihm aber dennoch fremd war, und die anderen, in Albanien, für nationalistische Bekundungen gar nicht mehr die Kraft aufbrachten, weil sie die tägliche Plage, sich die Mittel zum Überleben finden zu müssen, abgestumpft hatte.

Wie ich ihm zuhörte und die Begeisterung sah, mit der er in einem perfekten Deutsch von seinem Albanien sprach, wurde mir mit einem Mal klar, was diesen Mann, der subtil über zeitgenössische Lyrik und empört vom sozialen Elend sprechen konnte, der selbst ein Schöngeist und ein Kämpfer war, so einzig machte: Ja, in diesem Ardian Klosi war ich endlich einem Patrioten begegnet! Keinem Chauvinisten, sondern einem Menschen, der sein eigenes Schicksal fest mit dem seines Landes verbunden hatte. Es wunderte mich daher nicht, als er mir ein paar Jahre später telefonisch mitteilte, dass er gerade dabei sei, mit seiner deutschen Frau und den beiden Töchtern aus München nach Tirana zu übersiedeln.

Seit damals habe ich mit ihm kaum mehr Kontakt gehabt, aber aus sympathisierender Ferne verfolgt, was er tat (welche Lasten er sich schulterte). Er war vielleicht der wichtigste Intellektuelle des neuen Albanien, gleichermaßen angefeindet von wechselnden Regierungen und etlichen Renommierkünstlern, die es staatsfromm mit dem alten Regime gehalten und es sich im neuen, sei es als neoliberale Haudegen, sei es als nationalistische Hetzer, gerichtet hatten. Er organisierte den Widerstand gegen die skrupellose Zerstörung von Naturschutz- und Küstengebieten, in denen nationale Korruptionisten und internationale Investoren Betonburgen für den Tourismus von morgen errichteten, er übersetzte Georg Büchner ins Albanische, veröffentlichte mit dem deutschen Albanologen Wilfried Fiedler ein Deutsch-Albanisches Wörterbuch, deckte auf, wie viel Korruption und Unfähigkeit vonnöten waren, dass 2008 ein Rüstungsdepot in Gërdec explodierte und die Ortschaft in Schutt und Asche legte …

Als ich im April 2012 hörte, dass er in Tirana seinem Leben ein Ende gesetzt hatte, versuchte ich mir sein Gesicht zu vergegenwärtigen, und ich glaubte mich daran zu erinnern, dass er schon damals, als er doch voller Kraft schien, manchmal erschöpft verstummte, als wäre er es müde, Leuten wie mir fortwährend die Welt (und an deren Rand mittendrin: sein Albanien) erklären zu müssen. Später an diesem Tag suchte ich im Internet, mehr von seinen letzten Jahren und den Umständen seines Todes zu erfahren, und ich stieß auf etliche Fotos, die einen noch immer attraktiven Mann mit schwarz umrandeten Augen zeigten, der die Lippen zu einem trotzigen Lächeln zusammenpresste: Inbild des melancholischen Kämpfers. Ich musste an den Titel eines Romans denken, den der vergessene mährisch-österreichische Schriftsteller Jakob Julius David Ende des 19. Jahrhunderts schrieb: »Am Wege sterben«. Wie heftig schlug mein Herz, als ich las, dass zu den literarischen Texten, die er in seinen letzten Lebensjahren ins Albanische übersetzt hatte, auch Wilhelm Müllers Zyklus »Die Winterreise« gehörte! Mit Schuberts Vertonung dieser Gedichte geht es mir doch wie mit der Lyrik der Wisława Szymborska: Wie ich lesend immer wieder zu dieser zurückkehren muss, muss ich Schuberts todtraurige Lieder alle paar Monate neuerlich hören, um nicht dem Kummer anheimzufallen.

Ich habe nicht viele Menschen getroffen, die so gutmütig und friedfertig waren wie Bernd Wagner. Und wahrscheinlich keinen, der sich so hingerissen ins Österreichische verschaut und verhört hatte wie er. Wenn wir beisammen waren, bat er mich und Ludwig Hartinger, die wir in den achtziger Jahren gemeinsam in Bernds Frankfurter Kleinverlag die Schriften des ketzerischen österreichischen Marxisten Ernst Fischer herausgaben, inständig, doch ein wenig »Österreichisch« miteinander und mit ihm zu sprechen. Stundenlang haben wir uns zu dritt damit amüsiert, ihn in einem Grundkurs der österreichischen Umgangssprache, in deren Klang er so verliebt war, zu unterrichten. Wir lehrten ihn, was es heißt zu »brodeln« und zu »hudeln«, er konnte gar nicht genug bekommen von Wörtern, die auch bei uns kaum mehr jemand gebrauchte, von denen wir aber taten, als gehörten sie zu unserem sprachlichen Alltagsrepertoire. Niemals wären wir mit ihm in Wien oder Salzburg auf einem deutschen Bürgersteig, aber auch nicht auf dem österreichischen Gehsteig, sondern ausschließlich auf dem Trottoir unserer Jugend spaziert. Er gab sich geduldige Mühe, unsere Worte in seinem hessischen Deutsch zu wiederholen, und quittierte es mit beifälligem Lachen, wenn wir ihm sein Scheitern mit übertrieben falsch betonten Wiederholungen hörbar machten. Wir nannten ihn Charlie Rivel, weil er, ein wenig älter als wir, dem berühmten Clown, den heute kein Kind mehr kennt, frappant ähnlich sah: ein verschmitztes Gesicht mit aufmerksamen, oft fröhlich funkelnden Augen, mit einem großen rötlichen Schnauzer, der über die Lippen hing, und einer Glatze, von der zu beiden Seiten ein kräftiges Büschel roter Haare spross.

Bernd Wagner war ein Intellektueller, der die kommunistischen Dogmatiker in seiner Jugend allesamt studiert hatte, aber nach und nach von deren Lehren abgekommen war und sich, seine Hoffnung auf einen die Menschen aus dem Zwang der Ökonomie befreienden Sozialismus niemals preisgebend, stattdessen in die marxistischen Häretiker vertiefte. Lukács, Gramsci, Walter Benjamin kannte und zitierte er, als wären sie seine Ratgeber und Freunde im alltäglichen Leben. Und er las die österreichischen Dichter und fragte uns, wenn wir ihn trafen, ein Buch von Nestroy oder Artmann in Händen, wie man wohl diesen Satz auszusprechen habe, den er sich angestrichen hatte, und was es mit jenem Wort auf sich habe, das auch wir nur verwendeten, wenn er dabei war und es uns galt, ihn von der sprachschöpferischen Energie des Österreichischen zu überzeugen. Einmal las er uns einen Satz aus einem Büchlein vor, das deutsche Leser mit den tatsächlichen und vermeintlichen Eigenheiten der österreichischen Sprache vertraut machen wollte. Ich hatte die Wendung vorher noch nie gehört, aber wir taten so, als würde tatsächlich kein Mensch in Österreich jemals sagen, dass sich ein Selbstmörder erschossen habe, sondern jeder: »Er hot se an Tunnöil durchn Schädl grobn.« Darüber lachte Bernd im Zug von Wien wenigstens bis nach St. Pölten.

Unsere Ausgabe mit den Werken Ernst Fischers brachte es auf acht Bände, vier weitere waren vorgesehen, aber ehe sie erscheinen hätten können, war Bernds Verlag über diesem Projekt in Konkurs gegangen. (Was für ein achtbarer Untergang!) In der ersten Hälfte der neunziger Jahren trafen wir einander immerhin einmal im Jahr, damals war ich als Autor noch nicht empfindlich genug, dass ich mir den Besuch der Frankfurter Buchmesse verboten hätte, und es war Ehrensache, dass ich mich bei ihm einquartierte. Er bewohnte ein Reihenhaus in einem Außenbezirk, mit seiner scharfsinnigen wie nachsichtigen Frau Ludgera und mit seinem Sohn Fabjan, einem herzerfreuend frechen Schlingel. Später ist er zuerst in Hessen, dann in der Bundesrepublik einer der kulturpolitischen Vordenker der rot-grünen Regierung geworden; wir haben uns, da ich nicht mehr zur Buchmesse fuhr und er nicht mehr nach Österreich kam, weil es keine Buchausgabe vorzubereiten galt, aus den Augen verloren.

Er war der Erste von den dreien, die zu meiner Welt gehörten und im schönen, von so viel Sonne erleuchteten Herbst 2012 kurz hintereinander starben (meine eigene Welt durch ihren Tod verkleinernd). Ein Tumor hat ihn grässlich schnell ausgekargt und dahingerafft. Auf dem Partezettel, den mir Ludgera und Fabjan aus Frankfurt schickten, steht als Motto über Bernds Leben, das wenige Tage nach seinem 63. Geburtstag zu Ende ging, ein Satz von Walter Benjamin: »Glücklich sein heißt: ohne Schrecken seiner selbst innewerden zu können.«

Denke ich an Ria Wimmer, ersteht vor mir das Charakterbild einer Frau, die das Kunststück zuwege gebracht hat, ihre harmonische Persönlichkeit aus lauter Widersprüchen zu entfalten. Als ich das erste Mal von ihr hörte, vor vierzig Jahren, in einer Runde von Gymnasiasten im Kaffeehaus, wurde von ihr berichtet, dass sie erstens eines der schönsten Mädchen von Salzburg und zweitens bereits vergeben sei. Beides stimmte, das eine sah man mit Wohlgefallen, das andere schienen nicht wenige heftig zu bedauern. Sie und ihr Freund, der in einer Band die Gitarre spielte, nach einem Unfall ein Jahr im Krankenhaus gelegen war und an der Krücke ging, bildeten ein Paar, an dessen Zusammengehörigkeit nicht zu zweifeln war, und so sind sie auch über vier Jahrzehnte zusammengeblieben.

Wirklich kennengelernt habe ich sie und Robert erst viel später, dann aber ging es schnell. Kaum waren wir zwei, drei Mal miteinander ausgegangen, schon wurde eine Reise der beiden Ehepaare geplant, nach Triest, später fuhren wir zusammen durch den Balkan und die Schweiz, nach Oslo und Hamburg. Und im Sommer 2011 hatten wir uns in Rovinj in einem schmalen, drei Stockwerke hohen Haus einquartiert; und gerade dort brach jene Krankheit aus, die im Ranking der übelsten Erkrankungen, die einen Menschen erfassen und zerstören können, sehr weit oben steht und an der Ria wenig mehr als ein Jahr später starb.

Alles Laute und Polternde war ihr zuwider, begegnete sie aufdringlichen Leuten, wurde sie von einer vegetativen Ablehnung ergriffen. Und doch hat sie sich im Streitfall lieber auf die Seite ungehobelter Kerle geschlagen, die für ihre berechtigten Anliegen nicht die gedrechselten Worte finden, als auf die von Schnöseln, die sich etwas auf ihre exquisiten Manieren zugutehalten. Eine barsche Abwehr zeigte sie, wenn sie es mit Leuten zu tun bekam, die in eitler Selbstgefälligkeit posierten. Da konnte sie, die so höflich war, herrlich abweisend werden. Sie hatte ein fein gestimmtes Sensorium für Lüge und Heuchelei, und wenn dieses anschlug, dann war sie an weiterer Unterhaltung, an Vertiefung der Bekanntschaft nicht mehr interessiert.

Man konnte mit ihr über alles Mögliche sprechen, denn ihre Kenntnisse waren weit gestreut, über Literatur und Kunst, über Politik, soziale Fragen, historische Zusammenhänge, über den Alltag und seine Würde. Und man konnte mit ihr herzlich lachen: über abgründige Dinge und alberne Sachen, sie verfügte über Witz, was die Sprache, aber auch was die Komik von Situationen und Konstellationen anbelangt. Kaum begreiflich, wie sie sich diesen Witz zu erhalten wusste, selbst als ihr die Qual beschieden war, in ihrem Körper wie in einem Gefängnis festzustecken. Nicht gleichmütig, aber auch nicht gebrochen und kleinmütig berichtete sie, wenn wir sie fragten, was sich seit dem letzten Besuch verändert hatte, und, ach, es veränderte sich immer viel und rasch, waren es im November erst der rechte Arm, der kraftlos, endlich fühllos geworden war, ein fremder Körperteil, der vom zentralen Nervenzentrum aus nicht mehr gesteuert werden konnte, sondern herabhing oder auf der Tischplatte lag, war es bald darauf der linke Arm, mit dem es genauso kam, und danach die Beine, bis am Ende einzig ihr hellwacher Geist in einem bewegungslos erstarrten Körper eingepanzert war. Nicht aber, dass die Besuche bei ihr nur traurig gewesen wären; ihr war es zu danken, dass wir miteinander über die Unzulänglichkeiten und Zumutungen des Lebens lachen konnten, weil sie sich bis zuletzt diese grandiose Unabhängigkeit bewahrte, mit der manche Menschen sich über das Los zu erheben wissen, das ihnen doch unabänderlich beschieden ist.

Ria hatte, so vorsichtig, ja ängstlich sie manchmal war, eine Art von Grundvertrauen in das Leben, für das sie keine religiösen Versprechungen benötigte. Dass jemand in guten Zeiten ohne den Glauben an ein Leben nach dem Tod auskommt, ist nichts Besonderes. Dass sich jemand religiöser Tröstung verweigert, wenn ihn ein grausames Schicksal dem eigenen Tod unerbittlich näher bringt, spricht für einen Charakter, der in sich ruht, für Überzeugungen, die nicht nur intellektuell gewonnen wurden, sondern tief in diesem Menschen eingewurzelt sind. Ihr eigenes Schicksal, diese empörende Erkrankung Amyotrophe Lateralsklerose, hat Ria als letzten Beweis dafür genommen, dass kein gütiger Gott über unser Leben wacht. Ich glaube, ein Satz aus den Evangelien trifft auf ihr Denken zu, wenn man ihn umdreht: Das Leiden in der Welt war der Fels, auf den sie ihren Atheismus baute.

Es war erst eine Woche her, dass wir uns von Ria verabschiedet hatten, da gingen wir schon wieder durch den grün, rot, golden verglühenden Herbst des mit Aberhunderten Bäumen bestückten Kommunalfriedhofs. (Je älter ich werde, umso schöner finde ich ihn. Vielleicht ein Gefühl, gegen das ich ankämpfen sollte?) Tante Klara war die letzte Repräsentantin der Familie, aus der ich komme. (Indem ich aus ihr komme, entferne ich mich von ihr.) Sie war die jüngere Schwester meiner Mutter, die vor sieben Jahren starb, ihre im hohen Alter verfassten Erinnerungen hinterlassend, in denen sie die Geschichte der Familie aufzeichnete, der sie entstammte, für uns, ihre Kinder und Enkelkinder, die wir auf eigenen Wegen unterwegs waren, jene Welt hinter uns lassend, die die ihre war. Klara und meine Mutter hatten zwei ältere Brüder, Frank und Mischka, die beide schon vor langem gestorben waren; in Trenton im Bundesstaat New Jersey der eine, der zum Clanvater einer neuen, einer amerikanisch aus vielen Nationalitäten zusammengesetzten Familie wurde, der andere als erfolgreicher Geschäftsmann in München. Wie lange reicht das Gedächtnis einer Familie? Man erinnert sich an die Großeltern, weiß einiges von ihnen, sogar wenn man sie selbst nicht mehr kennenlernte, und sieht, wenn man Glück hat, noch die Enkel heranwachsen. Mitunter gibt es auch eine Uroma oder eine (bürokratisch-pedantische oder romantische) Obsession für die Herkunft, die einen so weit nachforschen lässt, bis man nur mehr auf Faszikel einer Gemeinde stößt, in der gerade noch Geburts- und Sterbedaten verzeichnet sind. Denkt man hingegen in die andere Richtung: Wer interessiert sich für seine Nachfahren, die in 150 Jahren geboren werden? Ich nicht. Ich wünsche ihnen alles Gute, aber kann mich zu ihnen in keine innige Beziehung setzen, ich rechne sie zur Welt, zur Menschheit, nicht zu meiner Familie (die natürlich auch zur Welt und zur Menschheit gehört). Sie haben mit mir nicht mehr zu tun als jeder beliebige andere, wiewohl sie sich vielleicht so wie ich, der ich bis zu jenem Vorfahren zurück gedrungen bin, der 1772 auf einer Ulmer Schachtel über die Donau in die Batschka hinuntergefahren war, dereinst für die Vorgeschichte ihrer Familie, also auch für mich interessieren werden.

Klara war 88, als sie starb, und des Lebens so satt, dass sie sich gewissermaßen aus diesem hinausgehungert hat. Immer weniger wurde sie in ihren letzten Monaten, aber auch immer nachsichtiger. Ohne Furcht vor dem Tod soll sie gewesen sein, erzählte mir ihre Tochter, meine Cousine Dorli, und gänzlich frei von den Sorgen, mit denen sie den Ihren früher manchmal lästig gefallen war. Sie und meine Mutter hatten eine Begabung dafür, voneinander gekränkt zu sein, darin waren sie, die sich für ganz verschieden hielten und in vielem tatsächlich unterschieden, recht ähnlich. Beide gingen sie nie in die Öffentlichkeit, ohne sich mit perfekter damenhafter Eleganz gekleidet zu haben; beide waren sie zierlich, verletzlich, verfügten dabei aber über eine zähe Kraft, die sie in Krisen zu Oberhäuptern ihrer Familie machte, über einen starken Willen, den man ihnen, so nachgiebig sie im Alltag waren, nicht zugetraut hätte. Beiden war es unangenehm, wenn ihre Männer periodisch dem tief in ihnen wurzelnden Hang zur pannonischen Lebensfreude nachgaben und (selten genug) Feste exzessiv ausarten ließen. Das Ausschweifende dieser Lebensform mochten sie nicht, ja, sie versuchten es mit stummer Missbilligung zu unterbinden, was ihnen meist auch gelang. Beide haben sie im Alter ihre eigene Lebensgeschichte, die Geschichte zweier begabter, selbstbewusster Mädchen aus bestem Haus, in Verbindung mit jener des Jahrhunderts und zumal der Geschichte der Frauen zu verstehen versucht und sehr genau gewusst, an welchen Kreuzstationen ihrer Existenz sie eine bereits erreichte Unabhängigkeit wieder preisgaben oder preiszugeben sich gezwungen sahen, beide haben sie erkannt, was dieser Verlust für ihr Leben bedeutete, ohne dass sie dieses selbst noch einmal ganz anders hätten führen wollen. Beide haben sie, je älter, umso öfter, von jener Welt von gestern gesprochen, aus der sie vertrieben worden waren, beide wollten sie nicht im Traum je wieder in die vermeintliche Idylle Pannoniens zurückkehren, außer vielleicht auf Besuch.

Klara war die Letzte, die das mir von Kindestagen an vertraute Neusatzer Deutsch sprach, jenen Dialekt, der in der von den Serben Novi Sad, von den Ungarn Újvidék genannten Stadt Neusatz und seiner Umgebung in der südlichen Batschka von den Donauschwaben gesprochen wurde, die diese Sprache, die Vokale kehlig, das R rollend, die harten Konsonanten weich, nach ihrer Vertreibung in alle Welt mitnahmen, nicht nur nach Deutschland und Österreich, sondern auch nach Brasilien, Argentinien, Kanada, in die USA. Mit Klara, der letzten Sprecherin des Neusatzer Deutsch, die ich kannte, ist diese Sprache für mich aus der Welt verschwunden, ein Klang geworden, der verstummt ist, außer in mir, der ich ihn selbst nicht anschlagen kann, weil uns die Eltern in Hochdeutsch aufzogen, den ich aber höre, kaum dass ich an meine Kindheit denke und all die Besucher, die zu uns kamen, die Onkel und Tanten, die Großeltern in mir sprechen höre.

5. Kapitel

Die ungeschriebenen Bücher

So erschöpft oder antriebslos kann ich gar nicht sein, dass in mir abends, wenn ich das Heft aufschlage, in dem ich all die Bücher notiert habe, die ich noch schreiben möchte, nicht die Lebensgeister wieder erwachten. Noch habe ich mit dem einen Manuskript, an dem ich schreibe, eine ordentliche Strecke zu bewältigen, bis aus ihm ein Buch geworden sein wird, schon freue ich mich darauf, endlich eines jener anderen beginnen zu können, die ich mir vorgemerkt habe. Zum Beispiel dieses: »Abenteuerliche Reise durch meine Wohnung in 24 Tagen«.

Ob man eine Reise an einem 13. beginnen soll? Noch dazu an einem Aschermittwoch? Früher haben mich solche Daten beschäftigt, für einen Ungläubigen war ich ungebührlich abergläubisch, was ich gerne mit selbstironischen Tiraden bekannt machte, als würden so aus belastenden Obsessionen liebenswürdige Marotten. War ich beim Spazierengehen in den schwarzen Schuhen jemandem begegnet, dem nicht zu begegnen ich seit Jahren das Glück hatte, zog ich eine Zeitlang bei jedem Gang in dasselbe Viertel nur mehr braunes Schuhwerk an. Mir fällt auf, dass ich es mir völlig abgewöhnt habe, den Alltag mithilfe von solchen abwegigen Ritualen zähmen zu wollen; nein, abgewöhnt ist das falsche Wort, denn es war kein Vorsatz dahinter, wie ich bei den meisten wichtigen Dingen meines Lebens erst im Nachhinein bemerkte, dass sich mein Verhältnis zu ihnen verändert hatte. Vermutlich bin ich, ohne dass ich es merkte, erst jetzt mit meinem Unglauben so einig geworden, dass ich auf den Ersatz des Glaubens durch Aberglauben verzichten kann.

Der Aberglaube geht mir nicht im Geringsten ab, der Glaube hingegen immer, er ist wie ein Phantomschmerz, an den ich mich gewöhnt habe.

(Meine stetig wachsende Aversion gegen die organisierten Atheisten, diese Mitbrüder im Nichtglauben, die am liebsten einer eingetragenen, staatlich anerkannten Nichtreligionsgemeinschaft angehören würden, pfäffische Eiferer in der Kirche der reinen Immanenz. Diderot hatte seinem Atheismus hingegen die religiöse Sehnsucht, die Sehnsucht nach Transzendenz zugestanden, aber ihr zugleich widerstanden. Das erst gibt dem Atheismus seine humanistische Kraft: dass in ihm alles, was die Menschheit an Religion zur Menschwerdung und Zivilisierung benötigte, aufgehoben bleibt. Den Kindheitsglauben macht nur verächtlich, wer ein dummer Erwachsener geworden ist, der sich dem Kind, das er in sich verloren hat, überlegen dünkt. Das gilt für den Einzelnen und seine Entwicklung und nicht minder für die Menschheit und ihre Geschichte.

Daher hat Atheismus als Humanismus nichts mit den atheistischen Moden zu tun, von denen heute die an die neoliberale Vielfalt der Stile angepassten Pastafari eine besonders marktschreierische verfechten. Fundamentalisten der Spaßgesellschaft, spielen sie sich gerne als Piraten der Aufklärung auf, weil sie so mutig sind, dem Großen Spaghettimonster zu huldigen und sich, als Zeichen ihrer Küchenreligion, im amtlichen Ausweis mit einem Nudelsieb auf dem leeren Kopf abbilden zu lassen. Den Kinderglauben mit Infantilismus zu bekämpfen ist ihnen der wahre Fortschritt, und hört man den Repräsentanten der Pastafari einmal zu, was sie von der Welt halten, außer dass sie das verdammte Christentum endlich in die Schranken weisen möchten, dann erschrickt man ob der aggressiven Dürftigkeit ihres politischen Denkens. Sie sind zumeist soziale Autisten, die vom Staat nur eines verlangen, dass er es einem jeden erlaube, nach der Fasson seines intellektuellen Nudelsiebs selig zu werden. Gesteht er ihnen das zu, fällt ihnen gar nichts mehr ein, was sie an der Welt noch zu kritisieren haben könnten.

Von anderer Art sind die Atheisten, die im Schoße der Kirche zur Ungläubigkeit reifen. Schon im ersten Journal, »Mit mir, ohne mich«, vor zwölf Jahren, hatte es mir der dänische Pastor Thorkild Grosboll angetan, der eines Tages seinem Bischof einbekannte, nicht mehr an Gott zu glauben, aber vom Wert, den seine geistliche Arbeit gleichwohl habe, völlig überzeugt zu sein. Wer dachte, dass der kein Gottesmann sein könne, der an keinen Gott mehr glaubt, hatte die irdische Rechnung ohne die Kirchengemeinde Grosbolls gemacht. Die ließ die dänische Bischofskonferenz wissen, dass »theologische Spitzfindigkeiten uns nicht interessieren« und sie zu ihrer religiösen Unterstützung keinen anderen Pfarrer wünschten als ihren im Laufe eines langen Priesterlebens ungläubig gewordenen Bruder Thorkild. Dieser nämlich, der nicht mehr an Gott glaubte, aber die Sehnsucht nach Transzendenz und Spiritualität ernst nahm und sie daher nicht an esoterische Heilslehren vergeudet sehen wollte, wäre für sie gerade der richtige. Gosboll dürfte nicht der einzige Atheist unter den dänischen Pastoren sein, die weiterhin ihr kirchliches Amt versehen möchten; anders wäre es nicht zu erklären, dass die Kirchengemeinde von Mejdal, offenbar ein Hort des Traditionalismus, neulich von den Pastoren, die sich um die vakante Stelle in ihrem Ort bewerben wollten, in der Stellenausschreibung ausdrücklich verlangte, dass sie nicht nur an die soziale Bedeutung ihrer spirituellen Arbeit für die Gemeinde, sondern außerdem auch noch an Gott glauben müssten.)

Es war Aschermittwoch, der 13. Februar 2013, und trotzdem fuhren wir nach München. Am Tag darauf hatte ich im Adalbert-Stifter-Verein einen Vortrag über die Donaumonarchie zu halten, in einer Reihe von Veranstaltungen, die schon auf das große Gedenkereignis des nächsten Jahres, auf den Kriegsbeginn von 1914, bezogen war. Wir stiegen am Münchener Ostbahnhof aus dem Zug und waren verwundert, in welchem Zustand sich der Bahnhof befand. Ein paar billige Läden und nach altem Öl stinkende Imbissbuden, schmutzstarrend die ganze Anlage, in der keine Obdachlosen lagerten, sondern modisch gekleidete Menschen, die meisten in ihr Smartphone vertieft, auf ihre Züge warteten. Das Hotel lag nahe dem Rosenheimer Platz (und der Veranstaltungsort, das Sudetendeutsche Haus, war gleich ums Eck am Gasteig), von dem wir mit der S-Bahn in den nächsten Tagen oft ins Zentrum fuhren. Die S-Bahnstation, deren einer Ausgang am Gasteig, deren anderer in einem Einkaufszentrum lag, das Motorola hieß und von einer verblüffenden Armseligkeit inmitten voll entfalteter konsumistischer Pracht zeugte, war noch um einiges weiter heruntergekommen als der Ostbahnhof. Wir fragten uns, ob uns das früher nicht aufgefallen war, weil wir in unserer Jugend gegen Schmutz und Lärm moralisch resistent waren, oder ob sich München in den letzten Jahren verändert hatte. Wahrscheinlich beides: Dass ich mich über Schmutz auf der Straße, akustischen Müll in den Kaufhäusern je ärgern würde, hätte ich mir früher nicht vorstellen können, und doch ist mir beides als Zeichen für den Verfall des öffentlichen Raums bei gleichzeitiger kommerzieller Aufrüstung geradezu widerwärtig geworden. Aber sicher hat sich auch München, hat sich ganz Deutschland verändert, sodass Dinge, die man früher in Wohl und Wehe für typisch deutsch gehalten hat, in diesem Land kaum mehr zu finden sind. Zum Beispiel die Zuverlässigkeit.

Vor bald zwei Jahren standen wir vor der halbfertigen Elbphilharmonie, die im Entwurf so interessant ausschaut und bei der heute nur mehr interessant ist, wie sich die Stadt Hamburg aus dem Versuch, sich von ihrer eigenen Baumafia erwürgen zu lassen, noch wird herauswinden können; der Bahnhof Stuttgart, der Flughafen Berlin, der Erlebnispark am Nürburgring – nichts bekommen sie mehr hin, die Deutschen, die für ihre Zuverlässigkeit beneidet und verhöhnt wurden, als wäre sie es, die das Deutsche in seinem Wesen ausmachte. Aber während sie Großbahnhöfe um Milliarden planen, sich dafür monatelang auf der Straße prügeln und sie am Ende ohnedies nicht bauen – denn selbst wenn sie sie bauen, werden sie als erfahrene Ruinenbaumeister damit niemals fertig werden –, lassen sie Hunderte Bahnhöfe im ganzen Land und Tausende U-Bahnstationen in ihren Städten verfallen.

Eine allgemeine Grindigkeit hat sich ihrer öffentlichen Räume bemächtigt, und geradezu schäbig wirkte in der ungeheuren Warenfülle, die er angehäuft hatte, auch der Aldi-Markt in unserem Einkaufszentrum am Rosenheimer Platz. Es sind 16 000 oder 18 000 Artikel, die hier angeboten werden, aber sie alle sind nur irgendwie auf die Regale gestapelt oder übereinander geworfen, die Türme mit den Konservendosen stehen schief, die Schachteln mit dem billigen Spielzeug sind aufgerissen, und die Angestellten, die krank, überarbeitet, ausgepowert aussehen, deuten, wenn sie nach einem Produkt gefragt werden, kraft- wie lustlos in die Tiefe des Einkaufslokals, dort, irgendwo dort, zehn Regalreihen weiter, werden sich Rasierklingen, die ich vergessen hatte, von zu Hause mitzunehmen, wohl finden. Oder auch nicht.

Nicht nur am Rosenheimer Platz, auch in anderen U-Bahnstationen herrscht der Grind, in vielen wird gebaut, aber so, dass man den Eindruck hat, es werde gar nicht wirklich gebaut, sondern die Bauarbeiten wären vor ein paar Monaten eingestellt worden und die Baufirma habe nur ihre Gerätschaften noch nicht abgeholt. Natürlich trifft man hier auch viele arme Leute, denen man ihr Elend ansieht, aber das ist nicht das Besondere an München, denn die Armut hat sich in den letzten Jahren nicht nur in der bayerischen Hauptstadt ausgebreitet, sondern überall in der Europäischen Union. Nein, das Besondere, geradezu Sensationelle ist, dass inmitten des sichtbaren Verfalls Tausende, Abertausende adretter, modischer, offenbar mit ordentlich viel Geld ausgestatteter Menschen ungerührt ihrer Wege gehen. Noch vor zehn Jahren hätten es sich deutsche Beamte und Angestellte, hätte es sich der deutsche Mittelstand nicht gefallen lassen, in verdreckten Waggons zur Arbeit fahren, sich in U-Bahnstationen, in denen Elektrokabel aus dem bröckelnden Mauerwerk ragen und der Müll aus den Kübeln quillt, aufhalten zu müssen. Es gibt in jeder U-Bahnstation wohl zehn Döner- und Imbissbuden, aber kaum wo einen Stand, der mehr anböte als industriellen Fraß. Aber auch das lassen sich die Deutschen mittlerweile gefallen, von denen mich wundert, warum sie so viel arbeiten, wenn sie dann in Städten mit so geringer Lebensqualität hausen müssen (und München soll denen, die es sich leisten können, von allen deutschen Städten die höchste urbane Lebensqualität bieten), und von denen mich nicht wundert, dass ihre Konzerne die europäische Ökonomie beherrschen und ruinieren, wenn sie von den ungeheuren Werten, die sie schaffen, so wenig an die Gesellschaft abgeben müssen.

In Amerika ist es dem staunenden und sich überlegen darüber mokierenden Europäer immer aufgefallen: dass diese Städte reich und arm zugleich sind, dass sich großzügige kommunale Einrichtungen gleich neben Straßenzügen finden, die in unrettbaren Verfall übergegangen sind. In Europa habe ich es zum ersten Mal in England entdeckt, vor fünfzehn, zwanzig Jahren, als wir in Londoner Vorortzügen inmitten von lauter Angestellten mit dunklen Anzügen und festgezurrten Krawatten in Waggons fuhren, die sich in Österreich kein Pensionistenverein, der auf Ausflug ginge, hätte zumuten lassen, an die sich aber hier, nur ein paar Jahre nach Margaret Thatchers Erstschlag auf die britische Gesellschaft, sogar die wohl bezahlten Büroangestellten der Mittelklasse gewöhnt hatten. Diesen Rückstand aufzuholen, den es in der Zerstörung des eigenen Landes England gegenüber hatte, gibt sich Deutschland gerade viel Mühe, Deutschland, das kaputte reiche, das bröckelnde Land des grindigen Wohlstands.

Wir waren in einem Hotel untergebracht, in dem vorwiegend deutsche Geschäftsreisende der unteren Klasse logieren. Was in München schon fast für günstig galt, wäre im teuren Salzburg ein bewährter Anlass gewesen, über die unverschämten Preise zu klagen. Das Personal war nett, unausgebildet und kannte sich im eigenen Hotel nicht aus. Die zwei Rezeptionistinnen, gegen die selbst ich mich als technisch versiert ausnahm, gaben sich Mühe, den WLAN-Anschluss in unserem Zimmer zu aktivieren, aber der Zugangscode hatte sich geändert oder die Anlage war schadhaft, und so wussten sie, die dauernd abberufen wurden, um anderswo Reklamationen entgegenzunehmen, beim besten Willen nicht zu helfen. Sie kennen sich im Hotel nicht besser aus als die Angestellten von Aldi in ihrem Supermarkt, die einfach nicht mehr wissen, wo sie gestern oder letzte Woche oder vor acht Jahren die laufend hereinkommenden Tonnagen von neuer Ware abgeladen haben, sie wissen einfach nicht, wo und wie, und haben auch keine Zeit und sind andrerseits so nett in ihrem Unvermögen, dass man ihnen nicht böse sein kann. Vermutlich leben sie in Straubing oder sonst wo und pendeln täglich drei Stunden, weil sie sich in München keine Wohnung leisten können.

Die Veranstaltung am Abend war gut besucht, ich gab mir Mühe, vom Manuskript manchmal abzuweichen und auf das Publikum einzugehen, wie es vor mir im Saal nach und nach Gestalt annahm. Es waren meist alte Leute da, aus der ersten oder zweiten Generation sudetendeutscher Flüchtlinge, doch in der Debatte fiel keines jener revanchistischen Worte, für die die sudetendeutschen Landsmannschaften berüchtigt waren, zu Recht oder Unrecht. Außer ihnen waren etliche tschechische Emigranten zugegen, die 1968 nach München geflüchtet waren, als die Truppen des Warschauer Pakts den Prager Frühling zunichtemachten, und die mittlerweile selbst bereits ältere Herrschaften waren, und ein Dutzend Studenten, die sich untereinander kannten und wohl von ihrem Professor herkommandiert worden waren. Mit nachsichtiger Dringlichkeit moderierte Peter Becher das Gespräch, ein feingliedriger, taktvoller Mann von sechzig Jahren, der aus einer sudetendeutschen Honoratiorenfamilie stammt, perfekt zweisprachig ist und in einem glänzenden Feuilleton einmal bekannte, dass er versucht war, den linken

Studenten, deren Kreise die seinen waren, zwei Dinge zu verheimlichen. Zum einen, dass er in seiner Gymnasialzeit als Handballer in der Nationalmannschaft der Junioren gespielt hatte, weil Sport in den heißen Jahren der studentischen Revolte als geradezu militärische Disziplinierung des Volkes geächtet war. (Damals, als ich 17, 18 war und als begeisterter Turner, Leichtathlet, Fußballer bereits abtrat, schien es mir unvorstellbar, dass der Sport in der libertären Gesellschaft von morgen je wieder Ansehen gewinnen, ja, zur die Massen bewegenden Kraft von heute werden könnte, die den Alltag von Menschen jedweden Alters durchformt. Wie merkwürdig entwickelten sich seither die politischen und kulturellen Dinge! Ausgerechnet jene Revolte, die die Leibeserziehung, wie das Schulfach damals hieß, als pseudomilitärischen Drill anprangerte, hat die Schleusen für eine Kulturindustrie geöffnet, die eine ganze Gesellschaft unter die Direktiven ihres sportlichen Lifestyle zwingt!) Das Zweite, wovon erwartet wurde, dass die Kinder von Heimatvertriebenen es verbergen, war ihre Herkunft, waren doch zumal die Sudetendeutschen übel beleumundet als Revanchisten, ein Ruf, den sie nicht verdienten und ihren schäumenden Volkstumsvertretern verdankten, in denen tatsächlich die Revanchisten das Sagen hatten; verblendet waren diese davon überzeugt, von allem Unrecht, das im und nach dem Zweiten Weltkrieg begangen wurde, wäre jenes, das ihnen mit ihrer Vertreibung widerfuhr, das schlimmste gewesen.

»Abenteuerliche Reise durch meine Wohnung in 24 Tagen«: Vor einiger Zeit fiel mir in meiner Bibliothek ein Buch in die Hände, das ich vor Jahren auf einer der ersten Reisen, die ich mit meiner Frau unternahm, in einem Antiquariat in Straßburg entdeckt und erworben hatte. Es handelte sich um die alte Ausgabe einer Übersetzung von Xavier de Maistres »Reise um mein Zimmer«. Der geistvolle, reaktionäre Aristokrat war 1790 von der jakobinischen Justiz in Paris zu einem 42-tägigen Hausarrest verdonnert worden, und da er sechs Wochen lang das Haus nicht verlassen durfte, hat er sich in diesem selbst auf die Reise begeben und im Geviert seines Zimmers – die ganze Welt entdeckt. Vier Jahre später erschien seine »Voyage autour de ma chambre«, dem zahllose Bücher anderer Autoren folgten, die ähnliche Erkundungsfahrten dokumentierten: Reisen, deren Abenteuer deswegen noch keine geringen waren, weil sie nicht durch den Urwald des Amazonas oder in die Schluchten des Balkans führten, sondern quer durch das eigene Zimmer, das eigene Haus. Ein neues Genre bildete sich aus, das heute vergessen ist, ein literarisches Kind der Aufklärung, das gut gedieh, bis es sich irgendwann in einen Winkel der Literaturgeschichte verzog. Immer ging es bei diesen Zimmerreisen darum, die große Welt in der kleinen zu entdecken und in den einfachen Dingen, Gerätschaften, Materialien des häuslichen Alltags die komplizierte Verbindung zur ganzen Welt aufzuspüren, denn schon damals, Ende des 18. Jahrhunderts, waren die alltäglichen Dinge mit dem Handel über die Länder, die Erdteile verbunden, und wenn auch an der Verfertigung eines einfachen Gegenstands noch nicht, wie heute, Aberhunderte Menschen beteiligt waren, so waren es immerhin bereits ein paar Dutzend.

Als ich das Buch, das ich vergessen hatte, wieder in Händen hielt und in ihm zu blättern begann, fasste ich die Absicht, mich einmal selbst in diesem Genre zu erproben, und über dem vagen Plan geriet ich in geradezu festlich erhobene Stimmung. Da ich mich in den letzten Jahren so häufig zu entlegenen Volksgruppen aufgemacht und über nationale, sprachliche Minderheiten ganz Europas geschrieben hatte, schien es mir überfällig, mich einmal mit der gleichen Entdeckerfreude in meine allernächste Nähe zu begeben und mein Zuhause zu erkunden. Was ich zu entdecken hoffte? Natürlich schieben sich in jeder Wohnung kulturelle und historische Epochen ineinander: im persönlichen Sinne, weil jede Wohnung Zeugnisse aus verschiedenen Etappen eines Lebens birgt, und im historischen Sinne, weil die Gegenstände, die sich angesammelt haben, durch Material, Herstellung, familiären Besitzstand mit Generationen Vorausgegangener und der halben Welt zusammenhängen.

Dieses Bild da an der Wand, welcher Künstler hat es gemalt und was ist aus ihm geworden, von wem haben wir es bekommen, wie haben wir, wie unsere Kinder es gesehen, und was bedeutet es uns heute? Oder das Messer in der Lade dort mit dem Besteck, dieses Brotmesser mit der geriffelten Schneide, auf der steht: »Fa. Ignaz Pfeifer & Söhne, Esseg«, es hatte, seitdem du dich erinnern kannst, immer schon einen schadhaften schwarzen Griff, gehörte zu den wenigen Habseligkeiten, die deine Mutter über ihre Flucht aus Jugoslawien gerettet hat, und diente in deinen Kinderjahren der ganzen Familie zum Schneiden von Brot. Später, als du aus der elterlichen Wohnung ausgezogen bist, hast du es zum Geschenk erhalten, und seither hat es dich über jede Übersiedlung hinweg begleitet, und wenn wir es heute auch nur mehr alle paar Jahre verwenden, gewissermaßen aus Pietät, denn wir haben längst bessere Messer, hast du es, im Unterschied zu so vielen Dingen, die irgendwann kaputtgingen, niemals weggeworfen … Anhand dieses Messers könntest du die Geschichte deiner Familie erzählen, wie deine Frau am Beispiel des Stapels mit leinenen Servietten, die das Monogramm I. P. tragen, die Geschichte der ihren; denn dabei handelt es sich um Erbstücke ihrer Großeltern, die sie aus Südtirol mitgebracht haben, damals, als sie sich, nach dem Pakt zwischen Hitler und Mussolini, entscheiden mussten, ob sie für das Hotel Kronprinz – seit 1918 musste es Il Principe heißen –, das sie in Meran besaßen, entweder mit einem Hotel in Apulien oder der Pacht des Gasthauses St. Peter in Salzburg abgefunden werden wollten. Meine »Abenteuerliche Reise« muss dies alles zugleich sein, autobiografische Recherche, eine Art von Familienroman, europäische Kulturgeschichte. Wenn ich mich doch gleich hinsetzen und zu schreiben beginnen könnte!

Wer einen industriellen Gegenstand des Alltags nicht nur beschreiben, sondern auch ermessen wollte, was seine Geschichte ist, der bekäme es mit Hunderten von Menschen zu tun, deren Arbeit vonnöten war, damit, zum Beispiel, ein simples Holzmöbel jetzt in seinem Zimmer steht. Das Holz wurde im finnischen Wald geschlagen und mittels deutscher Kreissägen zugeschnitten, zu deren Herstellung in einer Firma in Baden-Württemberg albanische Arbeiter tätig waren. Der metallene Rohstoff der Säge ist aus Afrika zugeliefert worden, wo er, aus dem Boden gegraben, bearbeitet und verpackt, durch zahllose Hände ging, ehe er nach Europa verschickt wurde. Und erst der Transport, zu Schiff, per Bahn, mit dem Lkw! Wie viele Menschen haben mitgearbeitet, dass dieses Schiff gebaut werden und in See stechen konnte: Wie viel Arbeit muss für dieses eine Möbelstück bereits geleistet werden, bis die Arbeit an ihm selbst überhaupt beginnen kann! Am Wohlstand der Welt arbeitet die ganze Welt mit, und schon das eigene Zimmer, eine Fluchtburg gegen die Welt draußen, ist in Wahrheit ein vollständig globalisierter Ort.

Um 1800 schrieb in Deutschland eine geistreiche Frau ein monumentales Werk, das sie nach dem Vorbild Xavier de Maistres anlegte und »Mein Schreibtisch« nannte. Sophie La Roche hat fast tausend Seiten diesem Schreibtisch und den Dingen gewidmet, die sie auf ihm abgelegt hatte. Dabei gelang es ihr, zugleich ihre Selbstbiografie zu entwerfen, anhand der vielen Mappen, in denen sie Aufzeichnungen, Exzerpte, Pläne, Briefe, Erinnerungen, Stiche, Zeichnungen verwahrte, und ein Bild jener Gesellschaft zu geben, in der sie sich als Frau und Schriftstellerin zu behaupten hatte. Immerhin war es damals gebräuchlich, nicht nur ihre Kammern, sondern die bürgerlichen Frauen selbst als »Frauenzimmer« zu bezeichnen. Die Frau als Wesen, das seine Erfüllung im Haus, im Zimmer findet, während der Mann für die feindliche Welt draußen zuständig ist: Daran hatte die aufgeklärte Sophie La Roche, die acht Kinder gebar und deren Mann wegen kirchenkritischer Äußerungen seine hohe Stelle am Hofe des Kurfürsten von Trier verlor, nicht ihre Freude. Sie war berühmt für die Berichte, die sie über ihre Reisen nach Frankreich, England, Holland verfasste, und in »Mein Schreibtisch« legt sie es ganz ähnlich an, nur ist das Objekt ihres ethnografischen Interesses dieses Mal nicht die Fremde, sondern die Nähe, die sie mit dem gleichen Erstaunen, demselben befremdeten Blick betrachtet wie die fremden Länder, durch die sie kam.

Der deutsche Literaturwissenschaftler Bernd Stiegler hat ein sympathisches und kluges Buch über die literarischen »Zimmerreisen« verfasst und auch an etliche kuriose Meister des Genres erinnert. Etwa an S. d'Houay, über dessen Existenz kein literarisches Lexikon nähere Auskunft gibt, obwohl er Ende des 19. Jahrhunderts seine originelle »Voyage dans ma maison« veröffentlichte und sich darin an einer wahren Enzyklopädie der häuslichen Gegenstände versuchte. Berichtet er vom Zucker, den er dem Tee beizumischen pflegt, fügt er eine kleine Kulturgeschichte des Zuckers an, von der Uhr, die im Salon tickt, kann er sich seitenweise nicht lösen, so vorzüglich lässt sich über die Zeitmessung und die Instrumente, die dazu taugen, sinnieren; und so ist es auch mit den Lampen, den Pantoffeln, der Pfeife – schlichtweg jedes Ding, das wir zu übersehen pflegen, birgt ein Geheimnis, hat seine Geschichte. Wie 200 Jahre zuvor Christoph Carl Fernberger, der junge Aristokrat aus der österreichischen Provinz, staunend entdeckte, dass die Welt groß ist und alle ihre Provinzen, selbst die abgelegenen, von denen er vorher nicht einmal die Namen kannte, an der Weltgesellschaft Anteil haben, so erkannte auch der französische Schriftsteller aus dem provinziellen Rouen staunend, dass all die kleinen Dinge seines Lebens mit der großen Geschichte zusammenhingen: Siehe, mit jedem unscheinbaren Ding kommt eine ganze Welt ins Haus herein.

Auf nach Rostock?
Sternstunden des Scheiterns (6)

Klingelingeling.

– Hallo, spreche ich mit Herrn Gauß?

– Ja.

– Karl-Markus Gauß?

– Ja.

– Hier Otten (Osten?), Professor Osten (Otten?), Slawistisches Institut der Universität Oldenburg (Lüneburg?).

– Ja?

– Herr Gauß, es freut mich, Sie endlich zu erreichen, schon vor zwei Jahren haben wir Sie einmal gesucht.

– Ja?

– Ich spreche im Namen der Jury des Literaturpreises Literaturtur Nord.

– Literaturtur?

– Ja. Nein. Tour de France.

– Wie?

– Literatur-Tour im Norden Deutschlands.

– Ach so!

– Sie kennen den Preis natürlich!

– Ja?

– Herr Gauß, die Sache ist die: Wir vergeben heuer wieder den Preis der Literatur-Tour Nord. Dieser Preis wird an deutschsprachige Autoren vergeben, in deren Werk Europa, die europäischen Kulturen, die Vielfalt Europas eine besondere Rolle spielen.

– Interessant!

– Der Preis ist mit 25 000 Euro dotiert …

– Oho!

– … und wird in zwei Monaten, am 5. Juli, in Rostock verliehen.

– Und?

– Ich wollte mal vorsichtig anfragen, ob Sie zu diesem Termin überhaupt Zeit haben und nach Rostock kommen könnten?

– Natürlich!

– In den letzten Jahren sind wir von der Jury immer wieder auf Veröffentlichungen von Ihnen gestoßen, die mit Europa …

– Den europäischen Kulturen, der europäischen Vielfalt?

– … zu tun haben. Ich kann jetzt gar nicht aufzählen, wo

überall wir Ihnen begegnet sind. Zuletzt auch in der *Süddeutschen Zeitung*!

– Genau!

– Und jetzt wollten wir Sie fragen, ob Sie am 5. Juli …

– JA!

– … in Rostock …

– JA!

– … ob Sie also …

– JA! JA!

– … die Laudatio auf unsere diesjährige Preisträgerin Marica Bodrožić halten könnten?

– Wie?

– Marica Bodrožić! Sie haben vor einiger Zeit so warmherzig über ihren neuen Roman berichtet.

– Was?

– Ihre Kritik des Romans »Kirschholz und alte Gefühle« in der *Süddeutschen*!

– Stimmt.

– Die hat uns erst auf diese großartige Autorin aufmerksam gemacht.

– Großartig.

– Also, wir könnten Ihnen für die Laudatio 250 Euro …

– Ach, das ist jetzt blöde!

– Wie?

– Ich sehe gerade in meinem Kalender, dass ich ausgerechnet am 5. Juli …

– Nein!

– … dass ich ausgerechnet, dass meine Mutter, ich meine, mein Schwiegervater am 5. Juli achtzigsten Geburtstag hat …

– Schade! Vielleicht in einem der nächsten Jahre …

– Jederzeit. Gerne.

Aus dem Heft mit den Büchern, die ich noch schreiben möchte: »Die Toronto-Alternative oder Das kanadische Gegenleben«. Als meine Mutter 2005 starb, 22 Jahre nach meinem Vater, und ihre Wohnung in wenigen Tagen ausgeräumt sein musste, fiel ihre bewegliche Habe in Form von Mappen mit alten Fotografien, Briefen, Ansichtskarten und Dokumenten an mich, der sie fürs Erste herzlos in einem Kasten auf dem Dachboden verstaute. Lange habe ich mich gescheut, diese Materialien, die von meiner Mutter gesammelt wurden und die von mehr als nur ihrem eigenen Leben zeugen, in die Hand zu nehmen und Stück für Stück zu lesen und zu prüfen, um die ganze Sache dann endgültig zu verräumen und sie auf einem Ehrenplatz mit all den abgelebten Familienerinnerungen zu vergessen. Nach ein paar Jahren hatte ich etwas aus dem Dachboden zu holen, und dabei fielen mir die Mappen und Ordner wieder in die Hände, in denen ich noch im düsteren Licht des Dachbodens hastig zu blättern begann. Dabei stieß ich auf eine Angelegenheit, die in den fünfziger Jahren offenbar bereits weit gediehen war, von der in der Familie auch manchmal vage gesprochen wurde, mit der ich mich aber nie ernsthaft beschäftigt hatte.

Was ich fand, waren die Auswanderungspapiere für unsere sechsköpfige Familie, die die Eltern 1957 für die Übersiedlung nach Kanada beisammen hatten. Mit Toronto schien die Planung weiter gediehen zu sein als mit New York (wohin zu übersiedeln die Eltern auch in Erwägung gezogen hatten), denn es lag bereits ein Permit vor, das von der kanadischen Botschaft in Wien ausgestellt worden war und die Einwanderung zum Zwecke der sesshaften Ansiedelung genehmigte, und zudem gab es die fixe Zusage zweier Unternehmen, meine Eltern gleich nach ihrer Ankunft anzustellen. In Kanada, das aus der Zuwanderung vieler Nationalitäten groß und wohlhabend geworden war, lebten über eine Million Menschen, die deutsche Vorfahren hatten, die entweder im 19. Jahrhundert in das nur dünn besiedelte Land ausgewandert oder im 20. Jahrhundert selbst nach Kanada ausgewandert, waren. Mein Vater hatte in einigen kanadischen Zeitungen Korrespondentenartikel aus Europa veröffentlicht und galt in der weltweit zerstreuten Gemeinde der Donauschwaben als bekannter Publizist. Nun hatte ihm der Herausgeber der in Toronto erscheinenden deutschsprachigen Tageszeitung *Die Presse* einen Posten als Sportreporter, der auch zu anderer Verwendung eingesetzt werden konnte, schriftlich zugesagt. Und meiner Mutter lag das Angebot einer Immobilienverwaltungsfirma vor, als Hausbetreuerin in einem Wohnblock zu arbeiten, in dem vorwiegend deutsche und ungarische Neukanadier lebten.

Ich las das interessiert, aber nicht fasziniert und legte die Unterlagen wieder zu den anderen Dokumenten in den Dachbodenkasten. Es verging sicher ein Jahr, bis mir auffiel, dass ich angefangen hatte, mir tagträumend eine kanadische Existenz zu verpassen, mit immer neuen Varianten, als würde ich in einem Geschäft verschiedene Hosen und Jacken anprobieren. Was wäre aus der Familie geworden, in einem Land, in dem ich bis heute niemals war? Der Vater Sportreporter, die Mutter Hausmeisterin? Welche Chancen, sich über diese Vorgaben hinaus zu entfalten, hätten sich ihnen geboten, welche würden sie genützt, welche verpasst haben? Zu ihrem selbst gewählten Unglück setzte sich ihr Freundeskreis in Österreich fast ausschließlich aus donauschwäbischen Heimatvertriebenen zusammen, wie der Vater sich auch beruflich über Jahrzehnte fast nur auf sie und ihr Schicksal bezog. Wären wir in Kanada gleich wieder bei den Donauschwaben gelandet, zu denen in Toronto immerhin auch viele ungarische Emigranten zählten, oder bei der größeren inhomogenen Gruppe der »Deutschkanadier«? Würden sich die älteren Geschwister rasch in der neuen Heimat zurechtgefunden oder so wie die Eltern von der Vojvodina von Salzburg als ihrer verlorenen Heimat geträumt haben? Hätte ich, der ich damals drei Jahre war, die deutsche Sprache verloren, wie meine vielen Cousins und Cousinen, deren Eltern in die USA ausgewandert waren? (Wenn sie uns in den sechziger Jahren in Salzburg besuchten, spotteten wir über das donauschwäbisch gefärbte Küchendeutsch, in dem sie mit uns zu kommunizieren versuchten.) Auf mein erstes Berufsziel, Fußballer zu werden, das ich mir in Österreich mit zehn Jahren steckte, würde ich in Kanada vermutlich gar nicht gekommen sein, Fußball war und ist dort nicht populär; vielleicht aber doch, denn er galt als Sport der europäischen Immigranten.

Mein zweites Berufsziel, zehn Jahre später gefasst, war es bereits, Schriftsteller zu werden. Was für ein Schriftsteller hätte aus mir werden können, wenn ich als in Salzburg geborenes Kind von Donauschwaben aus der Vojvodina in Kanada aufgewachsen wäre: ein kanadischer Autor, dessen besonderes Interesse der verlorenen Welt von gestern, Europa, dem Balkan, Österreich gilt? Das wäre nicht so weit von dem, wofür ich mich als in Österreich aufgewachsener Autor entschieden habe. Oder ein Autor mit ganz anderen Interessen, Vorlieben, Begabungen? Oder gar kein Autor, aber was dann: Wofür bin ich überhaupt begabt oder auch nur tauglich? Und wären die Begabungen und Tauglichkeiten, über die ich in Kanada verfügen würde haben können, dieselben wie jene gewesen, die in Europa, in Österreich die meinen sind? Wie viel von dem, was ich heute bin, ist von Anbeginn in mir angelegt gewesen, wie vieles durch die familiäre

Situation, in der ich aufwuchs, bestimmt, und was von den sozialen Verhältnissen, in denen ich mich behaupten musste, verursacht worden?

Wer bin ich – als Kanadier? Und wen hätte, verdammt, meine Frau geheiratet, da wir uns doch nie begegnet wären? (Ja, ich bin so großmütig zu hoffen, sie hätte es trotzdem gut getroffen.) Und welche Kinder hätte ich mit meiner kanadischen Frau, welche meine Frau mit ihrem anderen österreichischen Mann bekommen? Beide nicht jene, die wir nur zusammen haben konnten. Unsere gemeinsamen Kinder wären nicht geboren worden, diese Vorstellung schwächt manchmal die Energie, mit der ich mir mein kanadisches Gegenleben ausdenke.

Bei einem Abendessen, zu dem wir eingeladen waren, erzählte ein Mann in meinem Alter, dessen Beruf ich nicht erschließen konnte, von dem er selbst aber vorauszusetzen schien, er wäre jedem der Anwesenden bekannt, dass er über die Gabe verfüge, an jedem beliebigen Ort zu jeder beliebigen Stunde einschlafen zu können. Dafür sei er, egal wie wenige Stunden er nächtens auch geschlafen habe, beim Aufwachen sofort hellwach und ganz bei der Sache, gleich welcher. Auf diese dreifache Begabung, nur kurz schlafen zu müssen, jederzeit schlafen und aus dem Schlaf unverzüglich in den Arbeitsmodus umschalten zu können, schien er stolz zu sein. Ich verspürte angesichts seines überlegenen psychophysischen Apparates natürlich die böse Versuchung, ihn zu verhöhnen, und ich gab ihr nach, indem ich einwarf, dass ich, außer ich hatte mich im Zustand der Volltrunkenheit hingelegt, stets etwa eine Stunde benötigte, um das ferne Ufer, den Schlaf zu erreichen, wofür ich mir aber morgens wiederum eine Stunde gönnte, um nach dem Aufwachen wirklich wach zu werden und mich aus dem traumreichen Halbschlaf zu erheben.

Er nahm, was ich ihm als Spott auf sein Lebensprogramm zugedacht hatte, als Anerkennung seines Zeitreglements und begann mich zu meiner Schadenfreude mit ehrlichem Mitgefühl zu bedauern. Er ahnte nicht, wie glücklich ich bin, weder auf den Punkt einschlafen zu können noch jäh nach dem Aufwachen aus dem Bett springen zu müssen, sondern mir, beim Einschlafen wie beim Aufwachen, einen langen Aufenthalt in dem wunderbaren Zwischenreich zu genehmigen. Ich bedauere alle, die sich, kaum dass der Wecker läutet, aus der Wärme der Nacht katapultieren müssen, weil sie zu einer bestimmten Stunde an ihrem Arbeitsplatz zu erscheinen haben, arme Geschöpfe, die das Einschlafen nicht hinauszögern dürfen, weil sie sonst morgens nicht fit bei der Sache sind, gleich welcher, und die das Aufwachen nicht auskosten können, sondern sich unvorbereitet, geradezu schutzlos in die Kämpfe des Tages werfen müssen.

Gestern habe ich jemanden in der Stadt gesehen, von dem ich seit Jahren behaupte, dass es ihn in Salzburg gar nicht gibt: einen aggressiven Bettler. Ich war aus der Fußgängerpassage durch den Mönchsberg heraus in den Toscaninihof getreten, da sprang ein hübscher, schwarzlockiger Bursche in Jeans und ärmellosem Leibchen zu mir, hielt mir die stark beschmutzte Zeitung eines Roma-Unterstützungsvereins entgegen und sagte: »Bitte kaufen! Kinder hungrig!« Ich, der ich meine Münzen meist in der Hosentasche parat habe, war aber in Eile, blieb nicht stehen und ging weiter, doch der Kerl wich über hundert Meter nicht von meiner Seite, redete unablässig auf mich ein, begann mit der Zeitung auf meinen Oberarm zu schlagen und wiederholte immer lauter:

»Kinder hungrig, Zeitung kaufen!« Ich sah ihm ins Gesicht, es war von Wut verzerrt, als würde ich ihm ein verbrieftes Recht vorenthalten, indem ich ihm für sein Blatt nicht drei Euro gab. Als er »Nazi, Nazi« zu rufen begann, erfüllte mich mit einem Mal eine Bitterkeit, so heftig, dass ich stehen blieb und den jungen Mann, dessen Gesicht nicht von Drogen oder Entbehrung gezeichnet, sondern ebenmäßig und fein war, feindselig anstarrte, als habe er mir mein verbrieftes Recht vorenthalten, allezeit für einen Menschenfreund zu gelten. Nicht viel fehlte, und ich, der ich seit Jahren in meiner Stadt den Freund der bettelnden Roma gebe und mich für sie in öffentliche Gefechte werfe, hätte gedroht, die Polizei zu rufen, ihm zur Einschüchterung, mir zur Schande. So standen wir einander eine Zeitlang aufs Höchste angespannt gegenüber, es war fast wie in meinen Kinderjahren auf der Wiese hinter dem Haus, diese Stille, ehe zwei Kampfhähne übereinander herfielen und einander niederrangen. Nach einigen Sekunden lief ein Schauer über das Gesicht des Burschen, der Grimm war aus seinen Zügen wie weggewischt, er wirkte nun kindlich, ja, weinerlich, die schwarzen Augen schimmerten, und seine Lippen zuckten, als würde er jeden Augenblick in Tränen ausbrechen. Ich wandte mich ab und hastete weiter, und gerade als in mir das Gewissen wieder erwachte, hörte ich aus der Entfernung ein gutgelauntes Meckern, ich drehte mich um, der Rom war mit seiner Vorstellung und Verstellung zufrieden, auch wenn sie ihm kein Geld eingetragen hatte, und meckerte mir, so lange ich hören konnte, »Nazi, Nazi« hinterher. Ich blickte um mich, ob irgendwer Zeuge unseres Zusammenstoßes geworden war.

Wenn man schon so heißt: Himmelbauer! Wir hatten im Kino den exzellent gespielten, die Dinge gleichwohl grundfalsch darlegenden Film von Margarethe von Trotta über Hannah Arendt gesehen (deren fixe Idee, Eichmann wäre nichts als ein funktionierendes Rädchen der Bürokratie, kein fanatischer Nationalsozialist gewesen, ein monströser Untertan, der die Judenräte in den Ghettos als willfährige Untertanen zur Kollaboration verleitete, widerspricht allen historischen Forschungen und verrät jedwedes Gefühl für Gerechtigkeit an eine originelle These) und waren noch in das kleine Café Central gegangen. Ich zähle zu den Kinogehern, die nach einem Film keinen vernünftigen Gedanken über diesen artikulieren können, aber es zwanghaft dennoch immer wieder versuchen müssen, bis ihnen der Film hergibt, was gar nicht seine Aufgabe ist oder seinen Reiz ausmacht, nämlich Sätze, Gedanken, Einsichten, die ich aus Bildern gewonnen und in Sprache übersetzt habe. Nach einigen Minuten fiel mir auf, dass mich ein Mann, der gute fünfzehn Jahre jünger sein mochte, schon eine Zeitlang verstohlen musterte. Als ihm auffiel, dass es mir aufgefallen war, verließ er seine Tischpartner, kam die paar Schritte zu uns herüber, grüßte artig und stellte sich vor: Himmelbauer, Erwin Himmelbauer.

Das also war der Mann, von dem ich schon einiges gehört hatte, Mitglied einer Blasmusikkapelle, Mitarbeiter einer Werbefirma, Redakteur einer privaten Salzburger Radiostation. Und eben Himmel-Bauer. Er weiß selbst nicht mehr genau, wie und wann es geschah, jedenfalls war er schon immer begeistert dabei, Luftschlösser zu planen und für sie einen Platz auf Erden zu suchen. Und so ist er vor sechs, sieben Jahren, als ihm diese Idee zugeflogen war, umgehend darangegangen, die Fußball-Weltmeisterschaften von Salzburg zu gründen, sah er doch, dass die große Welt nicht nur schön und reich ist, sondern sich alles von ihr auch in der kleinen Welt findet. Sechzig Nationen nehmen inzwischen an seinen Fußball-Weltmeisterschaften teil, aber keiner der Spieler braucht dafür von außerhalb anzureisen, denn aus jeder Nation, die sich im Bundesland Salzburg mit seinen nicht einmal 500 000 Einwohnern findet, lassen sich exzellente und begeisterte Mannschaften bilden. So spielt Jahr um Jahr das Team Afghanistan, bestehend aus Flüchtlingen und Asylwerbern, gegen das Team Zypern, in dem sich Gastronomen, Studenten, EU-Wanderer zusammenschließen. Dieser Mann mit schütterem Haar, kräftigen Augenbrauen, weichen Gesichtszügen, Brillen und hellwachem Blick hat Humor, darum legt er den Begriff »Nationalmannschaft« so weit aus, dass sich auf dem Spielfeld vor begeisterten Fangruppen aus dem Süden auch Kärnten und Kamerun gegenüberstehen können.

Je länger Himmelbauer seine Spiele organisiert, umso mehr Nationen, Nationalitäten, Fußballer melden sich bei ihm. Da gibt es eine eigene Roma-Mannschaft, die auch gegen die Teams der Serben, Mazedonier, Bulgaren, Kroaten, Rumänen spielt, in denen sich ebenfalls Roma finden, die sich aber über ihre Herkunft nicht mehr zu diesen, sondern zu den genannten Ländern rechnen. Eine besondere Freude hat Himmelbauer, wenn ihm auf dem Spielfeld etwas gelingt, was in der politischen Realität noch undenkbar ist: etwa dass die Inder und die Pakistani, die beide in Salzburg nicht viele gute Kicker aufzubieten haben, sich zur gemeinsamen Mannschaft »Indien-Pakistan« zusammenschließen, die dann, ohne dass es deswegen zum Krieg kommen würde, trotzdem gegen die iranische Mannschaft verlieren wird.

An diesem Abend dachte ich mir wieder, was ich mir,

wenn ich mit der herzlosen Meute in meiner Heimatstadt gehadert habe, öfter denke und dann doch wieder vergesse, dass ich meine Aufmerksamkeit nämlich nicht dem vorbehalten darf, was mich empört, sondern sie auch den Menschen zu widmen habe, die bewundert und unterstützt zu werden verdienen. Es gibt nicht nur das schöne Salzburg, über das schon so viel geschrieben wurde, dass es keiner mehr lesen kann, und nicht nur das hässliche, das rohe Salzburg, über das auch schon so viel geschrieben wurde, dass die öde Routine der Wiederholung klappert, nein, es gibt, oft unbemerkt, aber keineswegs versteckt, auch das gute Salzburg. Das gute? (Ja, das Salzburg der Guten, und wer sagt, dass man gut und schlecht und Opfer und Täter nicht mehr unterscheiden kann, weil alle alles sind und auch das Gegenteil davon, der gehört jedenfalls nicht dazu.)

Ein Projekt aus dem Heft mit den Büchern, die ich noch schreiben möchte: »Österreich, Rebellenland«. Seit der Studentenzeit habe ich literarische und politische Dokumente gesammelt, über vergessene, totgeschwiegene Autoren, über Revolten, die es gegeben hat, auch wenn sie niedergeschlagen wurden, über kühne Unternehmungen, deren Kühnheit zu rühmen bleibt, auch wenn sie ein schmähliches Ende fanden. Eine österreichische Geschichte, von der die Freunde wie die Feinde des gemütlichen Österreich behaupten, es habe sie niemals gegeben, an der wollte ich mich versuchen, kein bescheidenes Unterfangen, ich weiß.

Österreich hat zu viele Verklärer gehabt und damit den Typus des stumpfen Verächters erschaffen, der mit dem Verklärer gemeinsame Sache macht, weil sich beide auf die gleiche Erbschaft beziehen; nur dass dem einen missfällt, was den anderen behaglich schnurren lässt, aber das ändert nichts daran, dass es derselbe Kitsch ist, den sie mit der österreichischen Geschichte verwechseln, der pastose Kitsch der Österreich-Verklärung, der schwarze Kitsch der Österreich-Verdammung. Aber habe ich die Zeit für meine Gegengeschichte nicht bereits verpasst? Verpasst, weil das Feuer, mit dem ich mich auf das rebellische Österreich bezogen, es bei jeder Gelegenheit beschworen habe (fast schon, als wäre es das einzig wahre Österreich, und das andere, das der Faschisten, der Mitläufer, des ewig knechtseligen Untertanen, eine Chimäre), in mir nach und nach niedergebrannt ist?

(Ein paar politische Abfälle)

Was ich mir nicht alles im Winter und Frühjahr 2013 notiert habe, um es wegzuwerfen! Dass Ahmadinejad in der letzten Pressekonferenz als iranischer Präsident das internationale Publikum fragte, was von ihm bleiben werde. Und selber antwortete, dass er dem Kapitalismus das Rückgrat gebrochen und den Holocaust als zionistische Lüge entlarvt habe. Jedenfalls wird von dem gottesfürchtigen Mann bleiben, dass er die öffentlichen Gebäude Teherans mit getrennten Liften für Frauen und Männer ausgestattet hat, damit jene sich auf dem Weg nach oben nicht geschlechtlich so aufreizend betragen können, dass diesen auf dem Weg nach unten nichts überbleibt, als sie zu belästigen.

Oder dass in Schladming die beste Skiweltmeisterschaft aller Zeiten eröffnet wurde, mit der besten Hymne aller Zeiten, verfasst von einem Steirer, der nicht Deutsch kann und sie daher gleich auf Englisch verfasste, zum Entsetzen der vereinigten Englischlehrer der Nation und mit einer Serie von Selbstmorden unter den Musikliebhabern des Landes als unmittelbare Folge: »Go go go / Go for Gold / On a mountain high where the eagles fly / Reach for the number one / Fight for the nation where you belong / Go for Gold / Go for Gold.« Viele haben mir damals gesagt, dass sie fassungslos waren, als sie diese von der ersten bis zur letzten Minute mit Verlogenheit vollgestopfte Eröffnungsfeier im Fernsehen sahen. Ist die Beklemmung, die mich befiel, das letzte patriotische Gefühl, das ich noch empfinden kann, denn für Deutsche oder Engländer, die aus ähnlichem Anlass um die Siegerkrone der nationalen Selbstverhöhnung gekämpft haben würden, hätte mich niemals so heftige Scham befallen?

Oder dass, als der Wahlkampf im Bundesland Niederösterreich begann, so viele Huldigungen für den Landeshauptmann Erwin Pröll eintrafen, dass ein Bekenntnisbuch niederösterreichischer Künstler alleine gar nicht ausreichte, sie zu fassen. Ich weiß nicht, wie ich mich verhielte, wenn ich Niederösterreicher wäre und auf einen autoritären Landeshauptmann bauen könnte, der jeden intellektuellen Widerstand gnadenlos mit einem neuen Museum, einem weiteren Festival, der höheren Dotierung des bundeslandweit berühmten Literaturverlags niedersubventionierte, aber ich bin mir sicher, dass die Ehre der niederösterreichischen Künstler Thomas Sautner und Gerhard Zeillinger gerettet haben; zwei Autoren, die nicht bekannt genug sind, dass sie zu den abgeschmackten Promitreffen von »Landesvater« Pröll (ja, so haben sie ihn tatsächlich bezeichnet, seine Künstler: als Vater des Landes) und seinen mit dem Status von Kindern zufriedenen Anhängern erst gar nicht geladen werden. Dafür haben sie sich die Freiheit bewahrt zu sagen, was diese Zwangspartnerschaft im Innersten zusammenhält: der Paternalismus eines »Landesvaters«, der sich bei Gelegenheit auch gar nicht wohlwollend gibt, und der Opportunismus von Leuten, die die Leistung eines Politikers danach bewerten, ob er für sie und ihre eigene Berufsgruppe die Spendierhosen anzieht.

Oder dass die Nachricht vom Tod Margaret Thatchers europaweit offizielle Bekundungen des Respekts und der Trauer um eine große Staatsfrau hervorrief, die alles dafür tat, dass in England der tägliche Krieg der Stärkeren gegen die Schwächeren nicht nachlasse. Was sie sich vorgenommen hatte, die britische Gesellschaft zu zerstören – »there is'nt something like society« –, das gelang ihr so furios, dass seither selbst ihre Gegner nicht mehr wagen, an lächerliche, von ihr lächerlich gemachte Werte wie Solidarität, Gemeinsinn, Gerechtigkeit zu erinnern (von verfechten gar nicht zu reden). Dass die Weltwirtschaft vor einigen Jahren an den Abgrund geriet und Millionen Menschen seither in diesen gestoßen wurden, dafür hat sich kein Politiker so große Verdienste erworben wie sie, die Schutzheilige der Finanzspekulanten, in deren Religion des Eigennutzes Gier und Raffgier als fromme Tugenden firmierten. Aus dem Feld geschlagen wurden in diesem siegreichen Klassenkampf von oben, der auch ein Kampf um die vollkommene Trivialisierung dessen ist, was man emphatisch einmal »Mensch« genannt hat (»Ein Mensch, was für ein stolzes Wort«, Gorki), auch all die altmodischen Ideale, die sich nicht ökonomisch vernutzen lassen, und mit ihnen der ganze verächtlich weggekehrte Haufen humanistischer Schwarmgeister von gestern.

Ich weiß nicht, ob die Abertausenden, die jetzt trauernd die Straßen Londons säumen, einem Gewalttäter, der vor ihren Augen einen Menschen zusammenschlüge, begeistert applaudieren würden, bin mir aber sicher, dass sie, indem sie Margaret Thatcher applaudieren, deren Sarg gerade vorbeigefahren wird, in Wahrheit der Gewalt, die von ihr gegen

Hunderttausende geübt wurde und von ihren politischen Schösslingen gewohnheitsmäßig weiter geübt wird, Beifall spenden. Alles, was Thatcher bewirkte, war böse und wird lange über ihren Tod hinaus Böses fortzeugen. (Ich weiß schon, gut und böse sagt man nicht mehr; aber ich habe gerade mit George W. Bush telefoniert, und er hat gemeint: Charly, wenn du es sagst, ist das schon okay.)

Da sammle ich jahrelang politische Schnipsel und kippe sie dann aus der Schachtel doch in den Papierkorb. Das ist nicht so schlimm, denn das chronikalische Denken ist ohnedies an sein logisches Ende gelangt. Die *Kronen Zeitung* berichtet heute begeistert von einem Konzert, das gestern gar nicht stattgefunden hat. Was zu lesen ist: dass der Popstar in Hochform, das Publikum enthusiastisch, Wien für eine Nacht die Welthauptstadt der Unterhaltung war. Schade, dass das Konzert im letzten Augenblick abgesagt werden musste, weil der Sänger erkrankt war. Als wäre das eine Sache, die selbst fanatische Miesmacher einsehen müssten, verteidigt die Zeitung ihren Artikel damit, dass Events, die am Abend stattfinden, für die Morgenausgabe natürlich vorab besprochen werden müssen. Die Welt wird über Nacht untergegangen sein, und in der *Kronen Zeitung* werden die Österreicher bei dem Frühstück, das es für niemanden mehr geben wird, die beruhigende Nachricht lesen: Alles in bester Ordnung!

R. braucht mich. Nur wenn er mich von den Vorzügen der neuen Technologien oder der aufklärerischen Kraft kultureller Moden unterrichten kann, entrinnt er dem Zweifel, der ihm selber so zusetzt. Und ich brauche ihn. Nur wenn ich ihm, dem habituellen Schönredner, widerspreche, fasse ich Zutrauen in meine Skepsis, die mir ansonsten als larmoyante

Haltung verdächtig ist. Als wir uns um halb elf Uhr Vormittag auf die sonnige Terrasse des Cafés Tomaselli gesetzt hatten, umgeben von lauter Frühpensionisten, die jünger und sportlicher waren als wir, fragte er mich, ob ich vom Twittern noch immer nichts hielte. Vermutlich hatte er schon einen pädagogischen Grundkurs über die neuesten Tendenzen in der digitalen Kommunikation vorbereitet, aber diesmal ließ ich ihm keine Chance. Im Gegenteil, gab ich zur Antwort, ich würde nun selber twittern, was das Zeug hält, wäre ich doch gründlich belehrt worden: Wo immer die Menschen aufbegehren, in der Türkei oder in Tunesien, twittern sie, um die Verbrechen der Herrschenden öffentlich zu machen, und wo immer die Welt in Bewegung gerät, sind es die Despoten, die das Twittern fürchten und daher verbieten, einschränken, überwachen möchten. Was mich betrifft, sagte ich, habe ich begriffen, dass es verstockt wäre, mein Ressentiment gegen das Twittern weiter zu pflegen und nicht anzuerkennen, dass es sich hervorragend eignet, politische Aufklärung unter die Leute zu bringen.

R. schien es nicht recht zu sein, dass ich ihm recht gab, und erklärte zu unserem Erstaunen, dass das vielleicht für die Türkei und Tunesien gelten möge, aber nicht für Länder, in denen die Pressefreiheit ohnedies garantiert sei, dort werde nämlich unaufhörlich getwittert, um eine inhaltsleere Kommunikation als Selbstzweck aufrechtzuerhalten.

Was hört man von den Nackten?, fragte er dann, und ich erinnerte mich, von ihm heftig getadelt worden zu sein, als ich mich vor einiger Zeit abfällig über all die Nacktkäufer und Nacktläufer geäußert hatte. Ach, sagte ich, mit der Kritik an der Vernacktung der Öffentlichkeit habe ich übers Ziel geschossen, denn tatsächlich ist die ostentative Entblößung immer noch geeignet, die Herrschenden so zu verunsichern, dass sie unfreiwillig ihren autoritären Charakter entblößen. Schau dir nur die Femen an, diese ukrainische Frauengruppe, eines ihrer korrespondierenden Mitglieder hat sich sogar in Tunesien öffentlich nackt präsentiert, und die Polizei hat die junge Frau sofort verhaftet, um sie zu bestrafen oder zu beschützen, denn die Islamisten haben angekündigt, sie zu ermorden! Da kann ich doch nicht behaupten, dass die öffentliche Selbstentblößung nur eine harmlose Busenschau oder eine Macke von Spießern wäre, die aus den Städten nudistische Biotope machen wollten!

Jetzt fuhr mir R. aber erbost in die Parade: Siehst du nicht, was für eine Show die Femen liefern? Modepuppen, die so tun, als würden sie gegen die patriarchalische Zwangsordnung demonstrieren, indem sie ihre Brüste zeigen! Wenn sie gegen ein System ankämpfen wollten, in denen die Frauen unterdrückt werden, dürften sie nicht ausgerechnet als Models auftreten. Aber ihre Gruppen bestehen ausnahmslos aus Models, lauter ranke, gestylte Blondinen, in ihrer Truppe der Frauenbefreiung darf keine mitmarschieren, die nicht dem männlichen Ideal von appetitlich hergerichteten Happen Weibes entspräche.

R., der überlegene Didaktiker, der mich in die Vorzüge des technologischen Fortschritts eingeschult und mir die Zukunft in leuchtenden Farben ausgemalt hatte, war verärgert, dass er, ganz gegen seine Gewohnheit, ausgerechnet gegen mich den Skeptiker geben musste. Aber auch ich konnte meines Triumphes, ihn einmal, das erste Mal sagen zu hören, was sonst ich zu behaupten pflege, nicht froh werden, denn in Wahrheit stört er mich, sobald er sich in meinem Revier niederlässt. Ich brauche R., aber nicht als Skeptiker, der ich selber bin, sondern als den zukunftsfrohen Intellektuellen, gegen den ich mich behaupten muss.

In der Früh, wenn ich mir noch ein paar Runden im Halbschlaf gönne, träume ich seit Wochen denselben Traum. Ich befinde mich in einem Foyer, das für einen Stehempfang gerüstet ist, lange Reihen mit typischen Kongresshappen sind aufgestellt, und eine Garde junger Männer und Frauen ist angetreten, die nur mehr darauf wartet, die Kongressgetränke auszuschenken. Endlich öffnen sich die Türen, aus dem Festsaal quellen die Leute heraus, und während die meisten sich beeilen, Brötchen und Prosecco zu ergattern, schaut ein älterer Herr, klein, in eine Art von Mao-Anzug gesteckt, mit seiner berühmten weißen Löwenmähne zu mir. Wundersam öffnet sich vor ihm eine Gasse durch das Gewirr, sodass er näher tritt, den Zeigefinger auf mich richtet und sagt: »Von Ihnen frage ich mich schon die ganze Zeit, wer Sie sind?« Wer er ist, weiß ich, denn ihn kennt alle Welt, es ist Albert Einstein, der ein kleines braunes Lederetui in der Hand hält, aus dem er eine Visitenkarte herausfingert und sie mir überreicht, indem er sich zugleich mit einer formellen Verbeugung als »Einstein« vorstellt.

Nun will ich ihm meine Visitenkarte überreichen, greife in die äußere Brusttasche des Sakkos, dort, wo manche Männer ein Stecktuch haben, pflege ich drei, vier Visitenkarten aufzubewahren, aber dieses Mal befindet sich ein Stecktuch in der Tasche, was mich wundert, und so lange ich in die rechte Außentasche des Sakkos und fühle mit Erstaunen, dass sich dort ein Packen mit Visitenkarten befindet, wie auch in der linken Sakkotasche, und in den Hosentaschen zu beiden Seiten und hinten rechts, es müssen Hunderte sein, die meine Taschen, wie ich jetzt bemerke, ausbuchten, und als ich endlich die erste in die Hand nehme, um sie Einstein, der mich ruhig mit einem spöttischen Lächeln mustert, zu überreichen, werfe ich kurz einen Blick auf sie und sehe, dass es nicht meine Visitenkarte ist, sondern die eines Univ. Prof. Dr. Martin Grübel, Bochum, Einstein nimmt sie in die Hand, spitzt die Lippen, lässt einen kleinen Pfiff hören und sagt dann: »Ihre Visitenkarte möchte ich haben, nicht die vom alten Grübel«, und ich beeile mich, eine zweite, dritte, dreißigste herauszufischen, auf jeder steht ein anderer Name, mit Adressen aus Santa Monica und Nizza, aus Ljubljana und von den Hebriden, Einstein nimmt eine jede interessiert in die Hand und liest laut den Namen vor, dann reicht er sie einem Sekretär oder eher Diener weiter, der auf einmal einen Schritt hinter ihm steht und die Visitenkarten eine nach der anderen in den prall werdenden Postsack stopft, den er auf dem Boden abgestellt hat.

Ich überreiche Einstein Hunderte Visitenkarten, darunter jene von Albert Ehrenstein – einem Dichter voller Sprachwitz, utopischem Drängen und tiefer Verzweiflung, der in einem Armenhospital in New York gestorben ist und dessen Lebenswegen ich in meinem ersten Buch nachgegangen bin –, aber so viele ich auch herausnehme, meine eigene kann ich nicht finden, und je mehr Visitenkarten ich aus der Hosentasche ziehe, umso mehr scheinen es in diesen wie von selbst zu werden, und ich komme kaum nach, sie Einstein zu überreichen. Inzwischen haben die Kongressteilnehmer aufgehört zu essen, zu trinken, zu plaudern, sie stehen um uns herum, gebannt, als würden sie einem Weltexperiment zusehen, Einstein nimmt jede Karte, die ich ihm reiche, liest laut den Namen vor, sagt ein paar Worte über die Person, deren Name auf ihr steht, die er dann seinem Diener übergibt, der sie in den Postsack steckt. Nun, sagt Einstein endlich nach Stunden, wie halten wir es mit Ihnen? Leben Sie Ihr ganzes Leben immer nur von den Leistungen anderer? An dieser Stelle pflege ich zu erwachen. Das ist kein schöner Traum, werden manche sagen, und doch liebe ich es, morgens noch einmal einzunicken, um Träume wie diesen zu träumen. Ich glaube, sie sind es, die mich für den Tag wappnen.

Von der Liebe in Zeiten der Bombe
Liebesgeschichten (5)

Wenn das Küssen verboten wird, muss das Bomben erlaubt werden. Ach, die Liebe mag blühen, wo sie will, auch in Tirol. Und erst in einem Innsbrucker Café, das den italienischen Namen »Insieme« trägt und einem türkischen Wirt gehört. Das Lokal war bei jungen Leuten beliebt, die eines Tages, als sie den Blick von ihren Smartphones hoben, staunend entdeckten, dass sie den Objekten ihres Begehrens nicht nur formalisierte Nachrichten schicken, sondern sich diesen sogar unmittelbar körperlich zuwenden können. Der Wirt aber hielt, was er nun alle Tage zu sehen bekam, nicht nur für ungehörig, sondern für unsittlich, sodass er eine Verordnung erließ, die das Küssen, Händchenhalten und öffentliche Geknutsche im ganzen Restaurantbereich untersagte. Wir sehen ihn, wie er argwöhnisch aus der Küche herauslugt, ob er wieder Küssende, die vom Alter her seine Kinder sein könnten, dabei erwischte zu tun, was sich für diese nicht gehört.

Sein sündenfürchtiger Moralismus brachte ihn, wohin er nie gelangen wollte, ins lokale Fernsehen und die Schlagzeilen der regionalen Presse. Er versuchte sich den Journalisten zu erklären und tat es nach seiner Weise, indem er sie darüber belehrte, dass Küssen zu jenem Vorspiel gehöre, bei dem sich für ihn der Spaß aufhört, weil es keinen anderen naturgegebenen Zweck hat, als den sexuellen Akt selbst einzuleiten. Das war so engstirnig gedacht, dass den liberalen Innsbrucker Eltern, die froh waren, dass ihre Kinder miteinander verkehrten und nicht mehr nur die per Internet geschickten erotischen Fotos voneinander anschauten, der Kragen platzte. Ein Sturm der Entrüstung fegte über den ratlosen Wirt, und als ihm anonyme Freunde der Liebe brieflich ankündigten, sein Lokal mit Bomben in die Luft zu jagen, hat er aufgegeben. Ein Monat, nachdem er Anstand und Sitte in Tirol wieder einführen wollte, hat er sein Lokal zusperren müssen, ein Opfer der Liebe in den Zeiten der Bombe.

Was ist das für ein Buch, mit dem ich fast zu Ende gekommen bin? Es handelt von zwei Jahren. Zwei Jahren meines Lebens. Zu dem nicht nur gehört, was mir selbst in diesen zwei Jahren widerfahren ist. Von zwei Jahren unserer Geschichte, aber nicht von allem, was diese Geschichte ausmacht. (Von allem kann keiner schreiben. Aber nur über sich zu schreiben ist langweilig.) Das Ich, das schreibt, und das Ich, über das geschrieben wird: sie beide sind sich selbst nicht genug. Ihnen ist aber auch die Welt nicht genug, sie müssen sie zu der ihren machen. (Die Welt ist zu groß, als dass man sie zu seiner machen könnte. Das Ich ist zu groß, und die Welt ist zu groß.) Ich schreibe, um mir etwas von der Welt ins Ich zu bergen und etwas von mir in die Welt zu retten. Wie könnte man sich vor der Welt retten, schrieb Kafka in den »Zürauer Aphorismen«, außer wenn man sich zu ihr flüchtet? (Jetzt habe ich nachgeschaut, weiß ich doch, dass ich gewohnheitsmäßig falsch zitiere und meine eigenen Gedanken jene Gedanken verformen, in denen ich mich früher entdeckt zu haben glaube. Kafka schrieb etwas anderes, ich habe es dem dritten Band meiner Journale, »Zu früh, zu spät«, sogar als Motto vorangestellt und seither dennoch in mir verändert: »Wie sollte man sich über die Welt freuen, außer wenn man sich zu ihr flüchtet.« Zwischen freuen und retten ist ein Unterschied, Kafka war ein heller, lichter Autor, Rettung war ihm zu wenig, um die Freude ging es ihm). Ich schreibe von zwei Jahren meines Lebens, aber nicht nur von diesen zwei Jahren, sondern von vielen mehr, und nicht nur von meinem Leben und schon gar nicht von allem, was mein Leben ausmacht. Ich komme mit mir alleine nicht aus in einem Buch, es braucht mehr als nur mich, aber umgekehrt reichen alle Bücher, die ich geschrieben haben werde, nicht aus, mich, meine gesamte Persönlichkeit in ihnen zu fassen. Der chronikalische Rahmen des Journals wird mir zu eng, weil ich kein chronikalisches Leben führe. In die zwei Jahre drängen sich Erfahrungen und Erinnerungen, die viel weiter zurückreichen, zwanzig oder fünfzig Jahre, und wenn ich über ein Buch zu sprechen beginne, das ich gerade gelesen habe, fallen mir andere Bücher ein, die ich vor langem gelesen, in Zeitungen besprochen habe, und die Lektüre des neuen Buches bereichert mich nicht nur, weil ich es noch nicht kannte, sondern auch, indem es mich an jene anderen Lektüren erinnert und damit an mich selbst zu einem früheren Zeitpunkt. So fließen die Erinnerungen an das, was ich gehört und gelesen und erlebt habe, ineinander, und da mich das unaufhörliche Durchdringen einer Zeit meines Lebens mit seinen anderen Zeiten fasziniert, muss ich gegen das Chronikalische der Chronik verstoßen.

Die Nacht auf den 59. Geburtstag. Draußen geht das erste verfrühte Sommergewitter über der Stadt nieder, der Regen trommelt, wie ich es gern von ihm habe, auf das Blechdach über dem Schlafzimmer. Ich liege lange wach, dann schleiche ich auf bloßen Füßen die Treppen hinunter, in die Kammer, in der der Computer steht. Ich schalte ihn ein, bin erstaunt, wie laut er nächtens aufrauscht, warte, bis der Bildschirm blau erstrahlt, öffne das E-Mail-Programm: 157 Nachrichten im Posteingang, die ich noch nicht beantwortet habe. Ich schließe kurz die Augen, drücke dann auf Löschen, warte einige Augenblicke, bis ich den Befehl bestätige, und schalte den Computer gleich wieder aus. Vorsichtig gehe ich im Dunklen die Treppen hinauf und merke, dass ich mit mir selbst zu sprechen begonnen habe: Jetzt kommen die Jahre, in denen ich …

Aus folgenden Werken wurde zitiert:

Wisława Szymborska: Auf Wiedersehn. Bis morgen. Gedichte. Aus dem Polnischen übersetzt und herausgegeben von Karl Dedecius. Suhrkamp Verlag, Frankfurt am Main 1995.

Konstantinos Kavafis: Das Gesamtwerk. Aus dem Griechischen übersetzt und herausgegeben von Robert Elsie. Ammann Verlag, Zürich 1997.

Juan Gelman: Dibaxu. Debaju. Darunter. Aus dem Sephardischen und Spanischen von Tobias Burghardt. Edition 350 im Verlag der Kooperative Dürnau. Dürnau 1999.

Inhalt